Josef Boxberger, Heinz Dlugosch, Ingo Döker, Herbert Fuchs,
Eberhard Mensing, Peter Pöttinger, Walter Seitz

DER TENNISTRAINER

Lehrpraxis für Übungsleiter und Trainer

BLV Verlagsgesellschaft
München Wien Zürich

CIP-Kurztitelaufnahme der Deutschen Bibliothek

Der Tennistrainer : Lehrpraxis für Übungsleiter u.
Trainer / Josef Boxberger ... – München; Wien;
Zürich: BLV Verl.-Ges., 1987.
  ISBN 3-405-13295-9
NE: Boxberger, Josef [Mitverf.]

Autoren und Mitarbeiter
(Fachgebiete siehe Inhaltsverzeichnis):

Dr. Dr. habil. JOSEF BOXBERGER
Fachübungsleiter Tennis

EWALD BRUNNER
B-Trainer, staatl. gepr. Tennislehrer

HEINZ DLUGOSCH
B-Trainer, staatl. gepr. Tennislehrer

Dr. INGO DÖKER   *Sportarzt*

HERBERT FUCHS
B-Trainer, staatl. gepr. Tennislehrer

ROLF HUBER
A-Trainer, staatl. gepr. Tennislehrer

Dr. HELMUT KÜMPFEL   *B-Trainer*

EBERHARD MENSING
B-Trainer, staatl. gepr. Tennislehrer

ERHARD NESSLER   *Dipl.-Sportlehrer*

Dr. PETER PÖTTINGER
B-Trainer, staatl. gepr. Tennislehrer

Dr. WALTER SEITZ
Fachübungsleiter Tennis

Koordination: Dr. Helmut Kümpfel

Grafik: Bernd von Ankershoffen

© 1987 BLV Verlagsgesellschaft mbH, München
8000 München 40

Gesamtherstellung: Ludwig Auer, Donauwörth

Printed in Germany · ISBN 3-405-13295-9

Inhalt

Vorwort   **6**

Einleitung   **7**

Die Entwicklung des Tennisspiels   **9**
DR. WALTER SEITZ

**Soziologische Aspekte des
Tennissports**   **10**
DR. WALTER SEITZ
Einführung 10
Sport und Gesellschaft 10
Konflikte 11
Statistik 11
Soziale Schichtung 11

**Spielregeln und Wettkampf-
bestimmungen**   **12**
DR. WALTER SEITZ
Abgrenzungen 12
Auslegung 12
Jährliche Neuerungen 13
Wettspielbestimmungen 13
Tennisregeln der ITF 13
Pausenregelungen für Turnierspieler 13

**Ausgewählte Rechts- und
Versicherungsfragen**   **14**
DR. WALTER SEITZ
Der Übungsleiter-Vertrag 14
Besteuerung 14
Haftung des Tennistrainers 16
Sozialversicherungspflicht 17

**Praktische Arbeit in Verein,
Bezirk, Verband**   **18**
HERBERT FUCHS / DR. WALTER SEITZ
Turnierauslosung 19

Tennis-Turnierverwaltungs-
Programm 21
Kooperation: Schule – Verein –
Verband 22
Talent und Tennis 22

Praxis der Turnierbetreuung 26
EWALD BRUNNER / DR. WALTER SEITZ

Ausbildung und Aufgaben des Tennislehrers und -trainers 28
DR. HELMUT KÜMPFEL / DR. WALTER SEITZ

Einzelheiten zum Aufgaben- und
Einsatzbereich 30
Testatheft und Trainerbuch 31

Sportorganisation 32
DR. WALTER SEITZ

Deutscher Sportbund, Deutscher Tennis
Bund 32
Landessportverbände, Landes-
fachverbände 33
Finanzierungsfragen: Sportförderungs-
mittel 33

Biologisch-medizinische Grundlagen 35
DR. INGO DÖKER

Aufbau und Funktion menschlicher
Organsysteme 35
Sportverletzungen und Sportschäden 41
Ernährung 45

Sportpsychologische Grundlagen 47
DR. PETER PÖTTINGER

Grundbegriffe 47
Psychisches Training im Tennis 49
Sozialpsychologische Aspekte
im Tennis 51

Sportpädagogische Grundlagen des Tennisunterrichts 53
DR. PETER PÖTTINGER

Grundbegriffe 53
Lernziele im Tennisunterricht 55
Lerninhalte im Tennisunterricht 56

Lehrmethoden im Tennisunterricht 57
Methodische Maßnahmen und
Hilfen 59
Methodische Reihen im Tennis-
unterricht 64
Unterrichtsstile im Tennissport 66
Unterrichtsorganisation im Tennis-
sport 67
Die Vorbereitung des Tennis-
unterrichts 68
Kriterien für die Beurteilung von Lehr-
proben 71

Bewegungslehre 72
EBERHARD MENSING

Technik des Tennisspiels 72
Bewegungskoordination 79
Bewegungsmerkmale des Tennis-
spiels 80
Das Erlernen von Tennis-
bewegungen 81

Grundlagen der Tennistaktik 84
DR. PETER PÖTTINGER

Grundbegriffe 84
Allgemeine taktische Grundsätze
im Tennis 86
Spezielle taktische Grundsätze
im Tennis 87
Taktische Grundsätze beim Doppelspiel 91

Materialkunde 93
DR. DR. JOSEF BOXBERGER

Der Tennisplatz 93
Tennisbälle 95
Tennisrahmen 96
Tennissaite 100
Bespannung 101

Tennismechanik 102
DR. DR. JOSEF BOXBERGER

Auswirkungen des Ballfluges auf das
Zeitverhalten 102
Auswirkungen des Ballfluges auf das
Weg-Zeit-Verhalten 104
Kräfte am Schläger 105
Ballrotation 106

Treffpunkthöhe beim geraden
Aufschlag 109

Grundlagen der Trainingslehre 111
HEINZ DLUGOSCH

Grundbegriffe 111
Allgemeine und tennisspezifische
Konditionsschulung 116
Trainingsplanung 128

Schulung der speziellen Kondition 133
HERBERT FUCHS / ERHARD NESSLER

Aufwärmen vor dem Spiel 133
Übungen mit dem Sprungseil 134
Gymnastik mit dem Tennisschläger 134

Training mit Kindern und Jugendlichen 135
HERBERT FUCHS / ROLF HUBER

Ballgewöhnungsübungen 135
Kindertennis mit der Ballmaschine 136

Tennispraxis 138
HERBERT FUCHS / ROLF HUBER

Ballgewöhnungsübungen 138
Kindertennis mit der Ballmaschine 139
Gruppentraining Vor- und Rück-
hand 141
Gruppentraining Flugball 144
Gruppentraining Aufschlag und
Schmetterball 147
Gruppentraining mit der Ballback-
Wand 148
Allgemeines Mannschaftstraining 150
Mannschafts-Grilltraining 156
Mannschaftstraining mit der Ball-
maschine 159
Anfängerunterricht 161

Literaturverzeichnis 166

Vorwort

Der Tennissport hat in den letzten Jahren in der Bundesrepublik Deutschland einen gewaltigen Aufschwung genommen. Nicht nur die spektakulären Erfolge unserer Spitzenspieler und -spielerinnen haben hierzu beigetragen, auch viele andere Faktoren – sei es die zunehmende Freizeit, das gestärkte Gesundheitsbewußtsein und vieles mehr – haben den »Tennisboom« bewirkt. Tennis ist heute für sehr viele Bürger eine willkommene und selbstverständliche Freizeitbeschäftigung. Der Tennis-Verband sieht diese Entwicklung selbstverständlich mit Sympathie, weil sie ein Beweis dafür ist, daß der nicht unbeträchtliche Einsatz an Freizeit und Engagement nicht fruchtlos ist, sondern einer entwicklungsfähigen und erfolgreichen Sache zugute kommt.

Die Folgerungen aus der stetigen Aufwärtsentwicklung des Tennissports sind vielfältig. Sie betreffen Fragen der Infrastruktur ebenso wie die Frage, auf welche Weise Tennis als Spitzen- und Breitensport in bester Weise vermittelt wird. Sport ist eine dynamische Sache, die sowohl hinsichtlich der Technik als auch hinsichtlich der Ausrüstung ständigen Veränderungen unterworfen ist. Insofern ist es naheliegend, auch ein Lehrbuch über den Tennissport in regelmäßigen Abständen zu überarbeiten und neu herauszubringen. Bei der Überarbeitung und Neuformulierung des Buches »Der Tennis-Übungsleiter« ist auf Grund der vielen neuen Erkenntnisse in Praxis und Theorie ein neues Werk entstanden, das jetzt den Titel »Der Tennistrainer« trägt und als Standardwerk der Tennisliteratur den Trainern und Übungsleitern an die Hand gegeben werden soll. Ich hoffe sehr, daß dieses Buch den verdienten breiten Anklang findet und nicht nur im Bereich des Bayerischen Tennis-Verbandes, sondern bundesweit zur Pflichtlektüre wird.

Dr. Georg Frhr. von Waldenfels
Präsident des Bayerischen Tennis-Verbandes

Einleitung

Als der Deutsche Sportbund (DSB) 1976 seine freizeitpolitische Konzeption neu festlegte, tat er dies unter Berücksichtigung der Tendenz, daß der Sport sich zur wachstumsintensivsten Erscheinungsform unseres modernen Freizeitlebens entwickeln würde.

Das neue Freizeitverhalten führte dazu, daß inzwischen mehr als 30 Millionen Bundesbürger einer sportlichen Betätigung nachgehen. Die Beweggründe sind dabei ganz verschiedener Natur: Erlebnisdrang, Selbstbestätigung, Gesundheitsbewußtsein, Erholungsbedürfnis, der Wunsch nach Geselligkeit, Kommunikation, nach Tapetenwechsel, der Wunsch, sportlichen Leitbildern nachzueifern. All dies trägt zur Selbstverwirklichung und zum Lebensinhalt des Menschen bei. Der Sport hat sich in die alltägliche Lebensweise der Menschen integriert.

Diese Entwicklung zu einer Breitensportkultur hat besonders dem Tennissport enorme Impulse verschafft, einmal durch die Vorbildfunktion unserer Spitzenspieler und -spielerinnen, zum anderen durch die Strukturmerkmale des Tennisspiels. Es ist besonders breitensportgeeignet und bietet eine Vielzahl von Möglichkeiten zur Entfaltung sportmotorischer Handlungsprozesse: Bewegungsintensität, Bewegungspräzision, Ausdauerkomponente, Spannungsmomente, Konzentration, Antizipationsprozesse, Erlebnisreichtum, Situationsvielfalt. Der Tennissport eignet sich für Ungeübte jeder Altersklasse, auch für weniger leistungsfähige Menschen, er ist relativ rasch erlernbar und führt zur Bereicherung der Lebensqualität.

Die neue Größenordnung des Tennissports stellt den Deutschen Tennis Bund (DTB) mit seinen Landesverbänden und Vereinen vor neue gesellschaftspolitische Aufgaben, wie z. B. die Präferenz des vereinsgetragenen Tennissports und dessen Realitäten und mißt auch der Ausbildung von Trainern eine erhöhte Bedeutung bei.

Mit Beginn der systematischen Trainerausbildung ab 1981 – nach den Richtlinien des DSB – hat der DTB durch sein abgestuftes Lizenzsystem (Rahmenrichtlinien) neue Akzente gesetzt. Eine rasch steigende Anzahl an Übungsleitern und B-Trainern zusätzlich zu den staatlich geprüften Tennislehrern hat den Vereinen in allen Landesverbänden die Möglichkeit gegeben, sich auf den Ansturm und die vielfältigen Motive der neu hinzugekommenen Tennissporttreibenden einzustellen.

Das bisherige statistische Zahlenbild gibt Veranlassung, die positiven Bemühungen in der Trainerausbildung fortzusetzen, damit der Lehr- und Ausbildungsbetrieb in den Vereinen und auch auf kommerziellen Tennisanlagen den Anforderungen in allen Aufgabenbereichen optimal entspricht. Oberstes Ziel muß sein, daß nur lizenzierte Trainer und Lehrer sowohl im Breitensport als auch im Leistungssportbereich unterrichten.

Vielfältigkeit und Ausbildungsstruktur der Trainerausbildung nach den Rahmenrichtlinien werden im Abschnitt »Tennistrainer und Tennislehrer in Deutschland« skizziert.

Das vorliegende Buch wurde nach diesen Richtlinien in den Lernzielbereichen konzipiert, um die gesteigerten Anforderungen an den Tennistrainer in der Unterrichtung aller Altersgruppen qualitativ und quantitativ besser abdecken zu können. Nach jahrelanger erfolgreicher, anerkannter Ausbildungsarbeit im Bayerischen Tennis-Verband (BTV) wurde von der Lehrkommission des BTV die Vielfältigkeit der Ausbildungsbereiche in einer informativen Publikation zusammengefaßt. Die Autoren sind sowohl vom fundierten Wissen als auch von den praktischen Fähigkeiten her prädestiniert, die Bandbreiten vom Freizeit- und Breitensport bis zum Leistungssport zu beschreiben.

Die Rahmenrichtlinien des Deutschen Tennis Bundes wurden aufgrund der Entwicklung in Lehre und Forschung der Sportwissenschaft überarbeitet, 1986 trat die revidierte Fassung in Kraft. Die inhaltliche Gliederung des vorliegenden Buches wurde in der Reihenfolge der Bereiche dieser Richtlinien vorgenommen. Aus der Fülle der Themen, Inhalte, Lehren, Methoden und Beispiele wird in diesem Buch das Grundlagenwissen für

Ausbildung, Prüfung und praktische Arbeit anwendungsgerecht dargestellt. Der Begriff »Tennistrainer« schließt den Übungsleiter mit ein, so daß dieser Ausdruck nur in der qualifizierten Auslegung bestimmter Vorschriften, Anordnungen zu lesen ist.

Die Autorenschaft stellte sich die Aufgabe, dem auszubildenden Tennistrainer, dem interessierten Tennisspieler, dem Sportlehrer und Sportstudenten ein praktisches, fachkundiges Buch in die Hand zu geben, um Wissen, Freude und Erfolg zu vermitteln:

■ Ein Lehr-Lern-Arbeitsbuch.
■ Mit verständlicher Systematik, straffer Gliederung, knappen Formulierungen, übersichtlichen Lernzielbereichen, instruktiven Grafiken und praxisnahen Übungsbeispielen.
■ Mehr Wissen für ein besseres Training.

Dr. Helmut Kümpfel
Referent für das Landeslehrwesen BTV

Die Entwicklung des Tennisspiels

Die Herkunft des Wortes »Tennis« ist nach wie vor unklar. Die meisten Autoren führen es auf altfranzösisch »tenez« (»haltet den Ball« oder: »bitte nehmt entgegen«) zurück. Schon in einem Glossar von 1617 wird es so erläutert. Andere Erklärungsversuche (z. B. nach Tinnis, Stadt in Arabien, oder nach Tenne) haben sich nicht durchgesetzt.

Die Entstehung des Tennisspiels läßt sich anhand einer Reihe von Entwicklungen verfolgen, die 1874/1877 zu den Grundlagen des modernen Tennis führten. Vorläufer des Tennisspiels finden sich ab dem 14. Jahrhundert. Die bekanntesten Urväter des modernen Tennis sind das »Jeu de Paume« (Frankreich), das »Royal (oder Real) Tennis« (England), das »Giuoco di Racchetta« (Italien) und das »Pelota« in Spanien. Der Höhepunkt des »Jeu de Paume« liegt im 16. Jahrhundert (im Jahre 1596 soll es in Paris über 280 Ballhäuser gegeben haben!).

Die Geschichte des modernen Tennis beginnt im Jahre 1874, in welchem Major Walter Clopton Wingfield sein »Sphairistike or Lawn Tennis« als Patent eintragen ließ. Seine Regeln wurden verschiedentlich abgeändert, bis im Jahre 1877 zur Vorbereitung des ersten Turniers von Wimbledon Regeln aufgestellt wurden, welche die Grundlage für die heutigen Spielregeln bilden. Hierbei wirkte unter anderem Julian Marshall mit, der 1878 in seinen »Annals of Tennis« einen Rückblick auf das »Royal Tennis« gab.

In den Jahren 1896 bis 1924 war Tennis offizieller Wettbewerb bei den Olympischen Spielen. Größere Erfolge errangen die deutschen Spieler dabei nur 1912 in Stockholm. Im Jahre 1900 wird der Davis-Cup zum ersten Mal ausgetragen. Den ersten deutschen Wimbledon-Sieg im Einzel errang Cilly Aussem im Jahre 1931 in einem rein deutschen Endspiel. Schon 1881 war der erste Tennis-Club in Deutschland gegründet worden (der TC Rot-Weiß Baden-Baden), und 1902 wurde der DTB, 1911 der VDT ins Leben gerufen. 1970 und 1985 gelang es Deutschland, im Davis-Cup jeweils den zweiten Platz zu erringen. Als herausragend sind die beiden Wimbledon-Siege von Boris Becker und die Erfolge von Steffi Graf anzusehen.

Die Mannschaftswettbewerbe innerhalb der Bundesrepublik sind nach bekannten und wichtigen Persönlichkeiten des deutschen Tennissports benannt. C. A. von der Meden war Gründungspräsident des DTB (Mannschaftswettbewerbe Herren), Dr. h. c. Poensgen war Gründer des Rochusclub Düsseldorf (Mannschaftswettbewerbe Damen). Henner Henkel wurde 1937 als Dritter der Weltrangliste geführt (Mannschaftswettbewerbe Junioren) und der Erfolg von Cilly Aussem in Wimbledon wurde schon erwähnt (Mannschaftswettbewerbe Juniorinnen). Die Mannschaftswettbewerbe der Senioren und Seniorinnen sind nach Dr. Heinrich Schomburgk, dem Ehrenpräsidenten des DTB, benannt. Unvergessen ist Gottfried von Cramm, der 1935 bis 1937 im Endspiel von Wimbledon stand (Mannschaftswettbewerbe Nachwuchs bis 22 Jahre). Seit 1987 gibt es die »Franz-Helmis-Spiele« (Mannschaftswettbewerbe der Jungsenioren), benannt nach dem Ehrenpräsidenten des DTB. Vielleicht sollte man hier auch noch an Wilhelm Bungert denken (Endspiel Wimbledon 1967).

Soziologische Aspekte des Tennissports

Einführung

Einblick in grundlegende soziologische Erkenntnisse wird heutzutage in allen Bereichen verlangt. Überall wird geklagt, daß das Fachwissen überbetont, Bezüge zur Gesellschaft und damit zur Wirklichkeit vernachlässigt werden. Auch dem Tennistrainer sollten zumindest die tennisspezifischen Grundfragen der Sportsoziologie geläufig sein.

Die Rahmenrichtlinien des DTB sehen eine Darstellung der Begriffe und grundsätzlichen Aussagen der Sportsoziologie vor und eine Wiedergabe der Aufgaben, Ziele und Wirkungen des Sports in unserer Gesellschaft. Zusätzlich sollen Tennisvereine und -verbände aus sportsoziologischer Sicht und ihre Funktion in der Gesellschaft in der Ausbildung behandelt werden. Die vorliegende Darstellung kann wegen dieser Einschränkungen die allgemeine Literatur zur Sportsoziologie nicht ersetzen.

Die Lehrbriefe für Übungsleiter stellen Struktur, Organe und Aufgaben der Selbstverwaltung des Sports dar (K. H. Gieseler), die öffentliche Sportverwaltung (M. Semder) und Aufgaben, Ziele und Funktionen der Turn- und Sportbewegung (M. Semder). In den Materialien für Jugendleiter wird die Jugend in der modernen Gesellschaft beleuchtet, die Herausforderung des Sports in der Gesellschaft dargestellt, das Freizeitverhalten und Gestaltungsformen Jugendlicher angesprochen und es wird die außerschulische Jugendbildung im Sport als Bestandteil der Jugendpolitik angesehen. Diese Materialien gehen ferner auf Grundfragen der Sportpolitik und auf das Problem »Sport und Massenmedien« ein. Die vorliegende Darstellung setzt die Kenntnis dieser Grundmaterialien voraus, vertieft sportsoziologische Grundfragen und geht auf einige Fragen ein, die unmittelbar hilfreich für die praktische Arbeit des Tennistrainers sind.

Durch Erläuterung des Wortes »Tennissoziologie« kann ein wenig an Grundwissen gegeben werden. Die Herkunft des Wortes »Tennis« ist oben (S. 9) erklärt. Soziologie ist grob gesagt die Wissenschaft von der Gesellschaft, Sportsoziologie etwas genauer: die Wissenschaft von den wechselseitigen Beziehungen zwischen Sport und Gesellschaft (einschließlich Kleingruppen und Einzelnem). Der »Becker-Boom« hat den Einfluß des Sports auf die Gesellschaft sehr deutlich werden lassen. Die Erfolge von Steffi Graf werden dies verstärken. Umgekehrt beeinflussen die Einstellung und die Struktur der Gesellschaft den Sport, auch den Tennissport, erheblich. So sind für unsere Freizeitgesellschaft Freizeit- und Breitensport unerläßlich. In einer von Massenmedien überfluteten und beherrschten Gesellschaft steigt die Bedeutung von Idolen und damit der Drang, zum (Sport-)Idol zu werden.

Sport und Gesellschaft

Für den Tennistrainer wie für den Tennissoziologen ist die Frage interessant, weshalb gerade die schwedischen Männer so gut Tennis spielen. Edberg, Wilander, Nyström standen 1986/87 unter den »Top-Ten« der ATP-

Weltrangliste, weitere vier Schweden waren unter den besten Fünfundzwanzig. Auf der Nabisco-Grand-Prix-Rangliste sah es ähnlich aus. Sicher hat Borg eine nicht unerhebliche Rolle gespielt. Nicht ohne Einfluß ist aber auch die Struktur der schwedischen Gesellschaft und der schwedischen Tennisvereine. Die Vereine haben fast durchwegs einen deutlich höheren Anteil an Jugendlichen als etwa die deutschen Vereine. Das DTB-Jahrbuch von 1985 weist für 1984 einen Jugendlichenanteil von ca. 25% aus, während der Anteil 1984 in Schweden bei 41,6% lag. 1964 lag der Jugendlichenanteil im DTB bei 22,5%, 1954 bei 30,6%. Zusätzlich arbeiten in Schweden viele Übungsleiter mit hohem Engagement gegen vergleichsweise wenig Geld (10 bis 15 DM/Stunde) und sie arbeiten »interessiert und enthusiastisch«. Niemand wird bestreiten können, daß diese Besonderheiten der sozialen Struktur für die Spielstärke der Spitze von Einfluß waren.

Warum spielen aber dann die schwedischen Frauen nicht so gut? Von den 52 000 Jugendlichen in schwedischen Vereinen (1984) waren nur 11 000 Mädchen, also 41 000 Buben. Von den 41,6% Jugendlichen waren danach 8,8% Mädchen und 32,8% Buben. Im DTB waren (ebenfalls 1984) 13,6% aller Mitglieder Buben und 11,2% Mädchen. Der Vorstoß der Männer in Schweden ist also zu Lasten der Frauen gegangen. Wenigstens dieser Fehler wird in den Vereinen des DTB nicht gemacht. Dagegen ist ein Trend zur »Seniorisierung« unverkennbar.

Konflikte

Ein anderes Thema der Tennissoziologie sind Konflikte. Hierfür interessieren sich Sozialpsychologen, aber auch Soziologen, wenn sie das Verhalten vor allem in Kleingruppen untersuchen. Auch der Tennistrainer steht in einer solchen sozialen Gruppe: Im Verein mit seinen Unterrichtsgruppen, den Eltern und den Funktionären. Zwischen all diesen Personen und Personengruppen kann es zu Konflikten kommen (etwa bei unterschiedlicher Herkunft, bei ungleicher Spielstärke, bei abweichender sportlicher Einstellung).

Die Lösung von Konflikten soll zwei Grundsätze beachten:

- Konflikte aufdecken:
  In der Regel werden sie angesprochen werden müssen. Dazu genügt aber nicht, daß sie nur dumpf gefühlt, sie müssen bewußt gemacht werden.
- Konflikte positiv lösen:
  Das Kind, das Schwierigkeiten macht, darf nicht auf die Bank gesetzt werden. Jeder Beteiligte muß aus dem Konflikt mit dem Gefühl herauskommen, auch ein bißchen gewonnen, nicht nur verloren zu haben.

Statistik

Tennissoziologisch interessant (Bewertung der eigenen Rolle) sind statistische Zahlen. Der DTB ist der drittgrößte Spitzenverband im DSB mit über 1,7 Millionen Mitgliedern seiner Vereine (1986). Vor ihm stehen Fußball und Turnen. In der Fernsehrangliste (nach Sendezeiten) führt Fußball vor Tennis, Alpinem Skilauf und Motorsport. Daß Tennis auf dem Weg vom Exklusiv- zum Massensport ist, zeigt sich daran, daß es in einer Beliebtheitsskala nach Einschaltquoten an erster Stelle steht.

Soziale Schichtung

Die enorme Zunahme an Tennisspielern in den letzten Jahren in der Bundesrepublik Deutschland hat nur wenig an der sozialen Struktur des Tennissports verändert. Sowohl der hohe Stand der Schulbildung als auch das Überwiegen der gehobenen Berufsschichten lassen erkennen, daß sich die soziale Schichtung kaum nach unten verändert hat. Lediglich der Anteil der mittleren Beamten und qualifizierten Angestellten hat sich erhöht. Vor allem die Tennisleistungsspieler und -spielerinnen entstammen wohlhabenden Familien der sozialen Oberschicht. Annähernd 9 von 10 Ranglistenspielern/-innen haben Gymnasium oder Hochschule absolviert bzw. streben Abitur oder Hochschulabschluß an. Der Tennisleistungssport ist auffällig akademisch orientiert und erfordert offensichtlich ein hohes Maß an Verfügungsmöglichkeit über Freizeit und Geld.

Spielregeln und Wettkampfbestimmungen

Abgrenzungen

Zu beachten sind vor allem

- Tennisregeln der Internationalen Tennis Federation (ITF) (abgedruckt im DTB-Jahrbuch und in den Sonderausgaben der Landesverbände; die Anmerkungen und Fälle hierzu sind ebenfalls »amtlich«).
- Im Bereich des DTB: Wettspielordnung des DTB (abgedruckt im DTB-Jahrbuch); Jugend-Ordnung des DTB; Bundesliga-Statut des DTB (beide ebenfalls im DTB-Jahrbuch).
- Im Bereich der Landesverbände: Wettspielbestimmungen (z. B. des BTV; in den jährlichen Sonderausgaben der Landesverbände).

Die Tennisregeln und die Vorschriften der ITF gelten gemäß § 1 Abs. 2 der Wettspielordnung des DTB für alle Wettspielveranstaltungen, die vom DTB, von den Verbänden, deren Vereinen oder von einem von dem zuständigen Mitgliedsverband genehmigten Turniervorstand abgehalten werden. Nach § 33 Ziff. 1 der Wettspiel-Bestimmungen des BTV gelten die Bestimmungen der Wettspielordnung des DTB und die Spielregeln der ITF ergänzend. Die Tennisregeln der ITF regeln das Match selbst, während die Wettspielordnung des DTB und die Wettspielbestimmungen der Landesverbände die organisatorischen Fragen behandeln. Aus der Jugend-Ordnung des DTB ist vor allem der § 20 wichtig (ärztliches Unbedenklichkeitszeugnis oder Sportgesundheitspaß; Teilnahme an Erwachsenen-Turnieren; Pausen).

Auslegung

Bei der Auslegung der Tennisregeln der ITF ist zu beachten, daß diese Regeln international einheitlich gelten, die Auslegung also »welteinheitlich« erfolgen muß. Bei Zweifeln ist auch die Originalfassung mit heranzuziehen. Die Wettspielordnung des DTB und die Wettspielbestimmungen der Landesverbände sind als Regelungen im Bereich der Verbandsautonomie anzusehen. Sie sind aus sich heraus und einheitlich auszulegen. Die Entstehungsgeschichte ist für die Auslegung ohne Bedeutung. Bei unklarem Wortlaut (Problem der Semantik) ist nach Sinn und Zweck der Regelung zu fragen und die Auffassung des fairen und vernünftigen Sportmannes mit heranzuziehen. Dies rechtfertigt allerdings nie, sich über den klaren Wortlaut von Bestimmungen hinwegzusetzen. Es gibt auch keine Regeln ersten (strikt zu beachten) und zweiten Grades (Anwendung unfair, wie z. B. die Fußfehlerregel). Durch Vereinbarung abdingbar sind Regeln nur, wenn sie dies selbst zulassen. Gerichtliche Entscheidungen haben die Vereins- und Verbandsautonomie zu beachten. Die neuere Rechtsprechung des Bundesgerichtshofes hat aber die Eingriffsmöglichkeiten erweitert.

Jährliche Neuerungen

Die Spielregeln und Wettspielbestimmungen sind keine statischen Gebilde. Sie werden, falls notwendig, jährlich in Einzelheiten geändert, z. B. wegen Vorkommnissen, die Regellücken aufgezeigt haben oder wegen Änderung der Verhältnisse. Die jährlichen Neuausgaben des DTB-Jahrbuches und der Landesverbände kennzeichnen überwiegend die letzten Änderungen durch einen schwarzen Balken am Rand. Auch in den Fachzeitschriften (DTZ, Bayern-Tennis, Hessen-Tennis usw.) wird jährlich nach den Mitgliederversammlungen berichtet und erläutert.

Wettspielbestimmungen

Das sind die Regelungen der Organisation der Mannschaftswettbewerbe auf Bundes- und Landesebene. Zum Teil reichen die Regelungen der Landesverbände bis in die Kreise. Der Übungsleiter kennt in der Regel diese Bestimmungen, weil er nach den DTB-Rahmenrichtlinien über Wettkampferfahrung verfügen muß. Die Wettspielbestimmungen können auch Regeln für Einzelwettbewerbe enthalten. Sie sehen insbesondere Genehmigungspflichtigkeit solcher Wettbewerbe (auch Schaukämpfe) vor.
Wichtige Punkte der Wettspielbestimmungen sind Auf- und Abstieg und Doppel-Aufstellungen. Wesentlich für den Übungsleiter als Betreuer von Mannschaften sind die Regeln über Oberschiedsrichter, für das Spiel ohne Schiedsrichter und über die Sportkleidung.

Tennisregeln der ITF

Diese Spielregeln gelten im wesentlichen seit 1877 (siehe »Die Entwicklung des Tennisspiels«). Auch in diesem Bereich sollte der Tennistrainer über ausreichende Kenntnisse und Erfahrungen verfügen. Eine größer angelegte Strukturierung oder Systematisierung ist hier nicht möglich. Grundlegend ist die Unterscheidung zwischen Einzelspiel (Reg. 1–32) und Doppelspiel (Reg. 33–40). Überall da, wo vom männlichen Geschlecht die Rede ist, ist auch das weibliche Geschlecht inbegriffen (Anmerkung am Ende der Tennisregeln).

Schwierigkeiten macht häufig die unterschiedliche Regelung von Fehlern beim Aufschlag (Reg. 10) und im übrigen Spiel (Reg. 20), hierbei ist zusätzlich Regel 24 zu beachten. Regel 21 und 25 unterscheiden zwischen Behinderung des Gegners und des Spielers selbst. Der Begriff der »ständigen Einrichtungen« ist in Regel 2 bestimmt, die Tie-Break-Regel findet sich in Regel 27. Für den Tennistrainer ist vor allem Regel 31 (Beratung von Spielern) wichtig. Ratschläge während der zulässigen Pausen nach Sätzen sind zulässig, auch in Einzelwettbewerben.

Pausenregelungen für Turnierspieler

Viel Unklarheit herrscht in der Praxis darüber, welche Turnierspieler wann und wie lange Pausen machen dürfen. Dies gilt vor allem für Jugendliche. Auch der Tennistrainer ist aufgerufen, darauf zu achten, daß die Kinder im Bedarfsfall auf ihrem Pausenanspruch bestehen. Die Pausen werden bestimmten Spielerinnen und Spielern im Interesse ihrer Gesundheit zugestanden. Pausen sind von anderen Unterbrechungen (z. B. durch Verletzung) zu unterscheiden.
Mädchen und Buben unter 12 Jahren (Altersklasse IV) haben bei Jugendwettbewerben Anspruch auf eine Pause von 5 Minuten nach dem 1. Satz und von 10 Minuten nach dem 2. Satz. Dies folgt aus § 20 Nr. 3 der DTB-Jugendordnung in der Neufassung 1986. Zum Teil enthalten die Wettspielbestimmungen der Landesverbände parallele oder ergänzende Bestimmungen. Für alle anderen Altersklassen der Jugend gibt es in der DTB-Jugendordnung keine Sonderregelung mehr.
Alle Spielerinnen haben Anspruch auf eine Pause von 10 Minuten nach dem 2. Satz (Regel 30 e der Tennisregeln der ITF; Sonderregelungen in der DTB-WO). Dazu gehören Seniorinnen, Damen und Juniorinnen. Gleiches gilt für Senioren (§§ 30, 52 Abs. 1 der Wettspielordnung des DTB; z. T. auch Wettspielbestimmungen der Landesverbände, z. B. § 18 Nr. 2 der BTV-Wettspielbestimmungen).
Keinen Anspruch auf Pausen haben also (wenn die Turnierausschreibung keine Sonderregelung enthält, was gemäß Regel 30 e zulässig wäre) alle Spieler im Alter zwischen 13 und 44 Jahren, d. h. alle Herren und Jungsenioren und alle Junioren der AK I–III.

Ausgewählte Rechts- und Versicherungsfragen

Der Übungsleiter-Vertrag

Das Vertragsmuster, das auf der nächsten Seite abgedruckt ist, ist speziell für den Fachübungsleiter Tennis entwickelt worden, gilt aber entsprechend für andere Tennistrainer. Bei eventuellen Änderungen müssen die Beteiligten auf Ausgewogenheit achten.

Besteuerung

Über die Tennistrainerbesteuerung herrscht viel Unsicherheit bei Vereinen und Tennistrainern. Die korrekte Erfüllung der steuerlichen Pflichten gehört zu den allgemeinen staatsbürgerlichen Aufgaben und sollte für den Sportsmann selbstverständlich sein.

Mit der folgenden Darstellung werden nur die zwei grundlegenden Problemkreise angesprochen, die für die Praxis des Tennistrainers im Vordergrund stehen: Ab wann besteht Steuerpflicht für gezahlte Aufwandsentschädigungen? Muß an den Verein eine Lohnsteuerkarte gegeben werden?

Gemäß § 3 Nr. 26 Einkommensteuergesetz bleiben steuerfrei: Aufwandsentschädigungen für nebenberufliche Tätigkeiten als Übungsleiter, Ausbilder, Erzieher oder für eine vergleichbare nebenberufliche Tätigkeit zur Förderung gemeinnütziger, mildtätiger und kirchlicher Zwecke (§§ 52 bis 54 Abgabenordnung) im Dienst oder Auftrag einer inländischen juristischen Person des öffentlichen Rechts oder einer unter § 5 Abs. 1 Nr. 9 des Körperschaftssteuergesetzes fallenden Einrichtung. Als Aufwandsentschädigung sind Einnahmen für die vorne bezeichneten Tätigkeiten bis zur Höhe von insgesamt 2400 DM im Jahr anzusehen. Nebenberufliche Tätigkeiten im Sinne dieser Bestimmung setzen keine hauptberufliche Tätigkeit voraus. Auch Hausfrauen, Studenten und Arbeitslose können deshalb diese Freibeträge beanspruchen. Die aus der Übungsleitertätigkeit erzielten Einkünfte dürfen aber nicht die Bestreitung des Lebensunterhaltes ermöglichen (Finanzgericht München, Entscheidungen der Finanzgerichte 1984 Nr. 65; Rundbrief Bundesfinanzminister Ziff. 3). Es zählt nur die Tätigkeit zur Förderung gemeinnütziger Zwecke und nur für eine Einrichtung, welche unter § 5 Abs. 1 Nr. 9 Körperschaftssteuergesetz fällt. Tennisvereine sind fast durchwegs gemeinnützig, so daß diese Voraussetzungen vorliegen. Übersteigen die Einahmen die Aufwandsentschädigung von 2400 DM, dann unterliegen sie grundsätzlich der Einkommensteuer bzw. dem normalen Lohnsteuerabzug. Allerdings bleiben andere Vorschriften, nach denen die Erstattung von Aufwendungen ebenfalls steuerfrei ist (z. B. § 3 Nr. 16 Einkommensteuergesetz: Reisekostenerstattung), unberührt.

Hilfreich ist in diesem Zusammenhang die von KÜHL erarbeitete Unterscheidung nach Hauptberuf und Nebenberuf (leicht abgeändert), die auf Seite 16 zu finden ist.

Formular eines Vertrages zwischen Tennisverein und Übungsleiter (Trainer)

Vertrag

Zwischen

dem ....., vertreten durch den 1. Vorsitzenden Herrn .... – im folgenden Verein –

und Herrn .... – im folgenden ÜL (T) –

kommt folgender **Vertrag** zustande:

1. Gegenstand des Vertrages ist der nebenamtliche Tennisunterricht (zusätzlich: Konditionstraining, Theorie[1])) durch den ÜL (T) im Verein.
2. Der ÜL (T) gestaltet den Unterricht nach seinem Ermessen, im Einvernehmen mit dem Jugendwart.
3. Der ÜL (T) übernimmt ..... Gruppen zu je ..... Teilnehmern. In einer dieser Gruppen spielen Anfänger, in der anderen Gruppe Mitglieder einer der Jugendmannschaften. Die Zuweisung der Gruppen geschieht durch den Jugendwart nach dem vom ÜL (T) vorgegebenen zeitlichen Rahmen.
4. Der ÜL erhält für jede Zeitstunde eine Vergütung von ..... DM, für jede Unterrichtsstunde (45 Minuten) eine solche von ..... DM. Für das Konditionstraining wird eine Vergütung von ..... DM für die Unterrichtsstunde vereinbart.
5. Pflichten des ÜL (T):
   – Einhaltung der Satzung und anderer Ordnungen des Vereins;
   – sportlich vorbildliche Haltung des ÜL (T) und Durchsetzen der Fairneß bei den Kindern;
   – Führen eines Trainerbuches mit jederzeitigem Einsichtsrecht des Vereins;
   – regelmäßige Durchführung von Lernzielkontrollen;
   – Betreuung zusätzlich bei Verbandsspielen und Turnieren nach Einzelabsprache;
   – Erstellung von zwei Matchanalysen je Jahr für jeden Spieler;

   – monatliche, genaue Abrechnung;
   – Abgabe einer Bestätigung gemäß § 3 Nr. 26 EStG;
   – jederzeitige Vorlage des Übungsleiterausweises in stets gültiger Ausfertigung.
   Der ÜL (T) übernimmt die Aufsichtspflicht im Sinn von § 832 BGB.
6. Pflichten des Vereins:
   – Stellen guter Bälle in ausreichender Menge;[2])
   – Stellen des Trainingsplatzes;
   – kostenloses Stellen einer Ballwurfmaschine;
   – pünktliche Zahlung der Vergütung nach Abrechnung;
   – Überlassen jeweils des neuesten Exemplars der Wettspielbestimmungen;
   – jährliche Anschaffung des DTB-Jahrbuchs mit Benutzungsrecht durch den ÜL (T);
   – Aufnahme in den Verteiler für die im Vorstand umlaufenden Fachzeitschriften Tennis.
7. Die regelmäßige Unterrichtzeit beträgt ..... Minuten.
8. Der Vertrag beginnt am 1. April 19.. und läuft bis zum 31. März des folgenden Jahres. Er verlängert sich um jeweils ein Jahr, wenn er nicht von wenigstens einer Seite bis spätestens 31. Dezember schriftlich gekündigt wird.
9. Der ÜL (T) versichert ausdrücklich, über alle steuerlichen und sozialversicherungsrechtlichen Fragen ausreichend unterrichtet zu sein.

_____
Verein

_____
Übungsleiter (Trainer)

[1]) Unzutreffendes streichen.
[2]) Alternativ: Zahlung von Ballgeld zum Kauf von Trainingsbällen in guter Qualität und ausreichender Zahl.

Steuerlich relevante Unterscheidung nach Haupt- und Nebenberuf

	Hauptberuf	Nebenberuf	
1. Fall:	unselbständig Lohnsteuer	unselbständig § 3 Nr. 26 darüber LSt.	2400,– DM
2. Fall:	unselbständig Lohnsteuer	selbständig § 3 Nr. 26 u. U. § 46 II Nr. 1	2400,– DM 800,– DM
			3200,– DM
		darüber ESt.	
3. Fall:	selbständig Einkommensteuer	unselbständig § 3 Nr. 26 darüber LSt.	2400,– DM
4. Fall:	selbständig Einkommensteuer	selbständig § 3 Nr. 26 darüber ESt.	2400,– DM

ERKLÄRUNG

zur Berücksichtigung der steuerfreien Aufwandsentschädigung gemäß § 3 Nr. 26 EStG von höchstens 2400 DM im Kalenderjahr bei der Berechnung der Lohnsteuer.

Die Steuerbefreiung wird im laufenden Kalenderjahr bei den Einnahmen aus einer anderen selbständig oder nichtselbständig ausgeübten Tätigkeit

– nicht
– in Höhe von _____ DM
in Anspruch genommen.

_____   _____
Datum   Unterschrift

Eine Lohnsteuerkarte muß vom Arbeitgeber dann verlangt werden, wenn ein Übungsleiter als unselbständiger Arbeitnehmer anzusehen ist. Die Finanzverwaltung geht im allgemeinen davon aus, daß ein Tennistrainer unselbständig arbeitet, wenn er durchschnittlich mehr als 6 Stunden je Woche für den Verein tätig ist. Erhält allerdings der Tennistrainer jährlich nicht mehr als 2400 DM Aufwandsentschädigung, dann ist die Vorlage der Lohnsteuerkarte nicht erforderlich. Nachdem aber der Freibetrag nur für alle Übungsleitertätigkeiten im Sinne von § 3 Nr. 26 Einkommensteuergesetz zusammen einmal gewährt wird, muß sich der Verein unbedingt eine Erklärung des Tennistrainers geben lassen, in welcher festgehalten ist, in welcher Höhe der Freibetrag in diesem Verein in Anspruch genommen wird (Rundbrief Bundesfinanzminister Ziff. 9, 2. Absatz). Diese Erklärung könnte, wie oben rechts beispielhaft dargestellt, lauten.
Der Freibetrag wird nicht auf der Lohnsteuerkarte eingetragen. Deshalb darf der Verein auch nur die 2400 DM übersteigende Aufwandsentschädigung in der Lohnsteuerkarte bestätigen. Sollte eine Erklärung abgegeben sein, dann wird der die Erklärung übersteigende Betrag bestätigt.

Haftung des Tennistrainers

Der Tennistrainer kann – je nach den Umständen im einzelnen – dem Schüler als Vertragspartner gegenübertreten oder (Regelfall) im Auftrag und als Erfüllungsgehilfe des Vereins. Er haftet dem Schüler für Schäden anläßlich seiner Tätigkeit aus unerlaubter Handlung (§ 823 Abs. 1 und 2 BGB), wenn er widerrechtlich und schuldhaft seine Pflichten verletzt. Bei Bestehen eines Vertragsverhältnisses zum Schüler tritt die Haftung aus Vertrag hinzu. Die Haftung gegenüber dem Verein richtet sich nach dem Vertrag (S. 15) und den Grundsätzen über die Haftung bei »positiver Vertragsverletzung«. Nach dem Trainervertrag übernimmt der Tennistrainer die Aufsichtspflicht im Sinne von § 832 BGB. Kommt er dieser Verpflichtung nicht oder nicht ausreichend nach, so haftet der Tennistrainer jedem Dritten, der hierdurch Schäden erleidet. Dies kann ein Mitspieler in der Gruppe sein (wenn z. B. nicht auf ausreichenden Abstand beim Üben geachtet wird) oder ein Unbeteiligter (z. B. ein Autofahrer, wenn die Schüler absichtlich Bälle auf die Straße schlagen). Elementare Anforderungen sind (vgl. Heusslein, DTZ Nr. 12/84, S. 30)

- Beachten der Leistungsfähigkeit der Schüler (z. B. altersgemäße Belastung)
- Schaffen notwendiger Sicherungsvorkehrungen (z. B. Abstand und Schlagrichtung beachten)
- Erläuterung der durchzuführenden Übungen unter Hinweis auf besondere Gefahren (z. B. beim Rundlauf)
- Überwachen der Ausführung.

Ein Ausschluß der Haftung für fahrlässiges Handeln ist durch Vereinbarung möglich (z. B. mit den gesetzlichen Vertretern der Schüler) (§ 276 Abs. 2 BGB), wäre aber wohl nur bei leichter Fahrlässigkeit fair (vgl. § 11 Nr. 7 des Gesetzes zur Regelung der Allgemeinen Geschäftsbedingungen).

Sozialversicherungspflicht

Die Sozialversicherung umfaßt
- Krankenversicherung
- Rentenversicherung
- Arbeitslosenversicherung.

Die Pflicht zur Sozialversicherung besteht grundsätzlich bei jeder gegen Entgelt ausgeübten Beschäftigung. Für den Tennistrainer ergeben sich wichtige Einschränkungen der Versicherungspflicht im Bereich der nebenberuflichen Tätigkeit. Für ordentliche Studierende an einer Hochschule besteht Versicherungsfreiheit für Tätigkeiten während der Semesterferien oder bei Beschäftigung nicht über 20 Wochenstunden (§§ 172 Abs. 1 Nr. 5, 1228 Abs. 1 Nr. 3 RVO; § 4 Abs. 1 Nr. 4 AVG, § 169 Nr. 1 AVG). Im übrigen entfällt die Versicherungspflicht z. B., wenn das Einkommen des Tennistrainers aus der Trainertätigkeit bei einer wöchentlichen Arbeitszeit von weniger als 15 Stunden die Grenze für geringfügig Beschäftigte (zur Zeit 430 DM monatlich) nicht übersteigt. Dabei ist § 3 Nr. 26 EStG mit heranzuziehen (vgl. dazu S. 14). D. h., für die Berechnung des Einkommens sind nur die Beträge zu berücksichtigen, die 200 DM monatlich übersteigen. Bei Bezügen bis zu (zur Zeit) 630 DM monatlich besteht deshalb keine Versicherungspflicht. Gleiches gilt, wenn die Tätigkeit 2 Monate bzw. 50 Arbeitstage nicht übersteigt. In Zweifelsfällen empfiehlt sich eine Rückfrage bei einer gesetzlichen Krankenkasse oder Ersatzkrankenkasse.

Praktische Arbeit in Verein, Bezirk, Verband

In den Vereinen, Bezirken und Landesverbänden sind immer auch Personen haupt- und ehrenamtlich tätig, die über genügend praktische Erfahrung verfügen. Einige haben eine Ausbildung zum Organisationsleiter o. ä. abgeschlossen. Der Tennistrainer wird hier, wenn er nicht selbst verwaltend tätig ist, allenfalls anregend mitwirken. Die folgenden Stichworte sollen dabei helfen.

Personen: Keine Trainer ohne Ausbildung, Mannschaftsmitglieder in den Vorstand, Jugendwart muß Mitglied des Vorstands sein.

Schulungen: Tennislehrgänge beschicken, Organisationsleiterausbildung, Schiedsrichterausbildung, Übungsleiterausbildung, Jugendleiterausbildung, Ausbildung zum Ferienbetreuer, Lehrgang Internationale Jugendarbeit, Platzwartkurs, Erste-Hilfe-Kurs, Theorieabende für alle.

Organisation: Ämter legt die Satzung fest, Ämter strukturieren (Organisationsplan), Zusammenarbeit mit Sportarzt, Vorbelegsystem gemischt (Vorbuchung eine Woche und Belegmöglichkeit nur für Anwesende), Mannschaftsführerbesprechungen vor Beginn der Verbandsspiele, Geschäftsverteilungsplan, Kontenplan, Aktenablageplan, Trainer-Besprechungen, Einführung Trainerbuch, Organisation des Jugendtrainings durch Trainer, Gesamtplan für Verbandsspiele, Formulare für Turniere bereithalten, Kontakt zu Urkundenschreiber, Kontakt zur Presse.

Institutionen: Stiftung früherer Vorsitzender, Förderverein, Meckerkasten, Sprechstunden, Vergnügungsausschuß, Ehrenrat, Jugendvertreter, Vertreter Da-menmannschaft und Vertreter Herrenmannschaft, Schiedsrichterobmann, Breitensportvertreter.

Jugendarbeit: Kinderspielplatz (Sandkasten), Jugendplatz für Abende und Wochenenden, Ausgabe von Erwachsenenspielausweisen an fortgeschrittene Jugendliche, Freistunden für Mitgliederkinder, Ferien-Trainingscamps, Talentsuche, ausgeglichener Altersaufbau bei Buben und Mädchen (Pyramide), Betreuung der Jugendmannschaften durch ihren Tennistrainer, Organisation des Jugendtrainings (mit Lernzielkontrollen zur Verbesserung der Gruppeneinteilung), Jugendkodex, Broschüren DTB, Beratung der Tenniseltern, Doppel-K.o.-System, Jugendbus für gemeinsame Fahrt zu Turnieren.

Wettkämpfe: Vorbereitungsspiele im Frühjahr, Freundschaftsspiele im In- und Ausland, Vereinsmeisterschaften, Stadtmeisterschaften, Verbandsmeisterschaften, offene Turniere, Einladungsturniere, Anmeldung von Turnieren beim Landesverband.

Geräte, Sachmittel: Video-Anlage (Schulung beim Landessportverband, Leihmöglichkeit), Video-Analyse, Ballwand, Datenverarbeitung (schon mit Homecomputer möglich; PC leasen oder kaufen; Mitbenutzung von Geräten bei Gemeinden, Banken oder Mitgliedern), Tennishalle (oder Rahmenvertrag), Ballwurfmaschine für alle (Münzautomat), Tenniszeitungen, DTB-Jahrbuch, Wettkampfbestimmungen und Spielregeln.

Aktionen: Alkoholfrei billiger als Bier, Umfrage unter Mitgliedern, Tennisflohmarkt, Bastelkreis für Tombola, fair miteinander leben, Lehrstellen für Jugendliche, Ehrung durch Gemeinde, Sportabzeichen.

Betreuung Freizeit- und Breitensport: Senioren- und Hausfrauentennis, Rad-Rallye, Sie + Er-Turnier (Schleifchen-Turnier), Handicap-Turnier, Mannschaftsspieler mit allen, Circuit für alle, Konditionstraining (Sommer/Winter), Skigymnastik, Aufstiegsfeiern, Lehrfilme.

Bezirksarbeit: Kontakt zu den Bezirksorganen halten, Kenntnis der Organisationsstruktur, motorischen Wettkampf im Verein vorbereitend üben, Bezirksberufungen beachten, Ranglistenbogen rechtzeitig einsenden (nur zum Teil fließen Ergebnisse direkt ein), Jugendbeirat im Bezirk.

Verbandsarbeit: Kontakt zu den Verbandsorganen halten, Kenntnis der Organisationsstrukturen unerläßlich (S. 32 ff.), Besuch der Mitgliederversammlungen, Information durch Tenniszeitungen (z. B. DTZ, Verbandsorgane), Ehrungen durch Landessportverband und Landesfachverband, Sportplakette des Bundespräsidenten.

Turnierauslosung

Der Tennistrainer wirkt häufig an Auslosungen mit. Er wird darüber hinaus in vielen Vereinen Ansprechpartner sein. Er sollte daher die Grundsätze der Auslosung beherrschen.

Es soll angestrebt werden, daß bei einer Teilnehmerzahl von 16 und mehr Spielern 4 Spieler, bei einer Teilnehmerzahl von 32 und mehr Spielern 8 Spieler, bei einem 64er-Feld und einem 128er-Feld 16 Spieler gesetzt werden. Damit soll verhindert werden, daß z. B. bereits in der ersten Runde die beiden besten Spieler des Turniers aufeinander treffen. Durch die Setzung wird das gesamte Feld (Tableau) in Viertel aufgeteilt. Überwiegend gilt die Regel, daß der spielstärkste Spieler Platz Nr. 1 der Setzliste erhält. Auch die folgenden Plätze werden entsprechend der Spielstärke vergeben. Bei einigen Turnieren wird traditionsgemäß der Vorjahressieger an Nr. 1 gesetzt. Nennung und Auslosung sind in §§ 17 bis 22 der DTB-Wettspielordnung geregelt. In der folgenden tabellarischen Zusammenstellung bedeutet die erste Ziffer den Rang auf der Setzliste der Spieler, die zweite Ziffer die Platznummer im Tableau (Liniennummer auf dem Auslosungsblock). Die Platznummern der Setzliste werden je nach der Größe der Spielfelder nach folgendem Schema verteilt:

Verteilung der Gesetzten im Teilnehmerfeld

16er-Feld		32er-Feld		64er-Feld		128er-Feld	
Platz	Nummer	Platz	Nummer	Platz	Nummer	Platz	Nummer
	1 an 1		1 an 1		1 an 1		1 an 1
	2 an 16		2 an 32		2 an 64		2 an 128
	3 an 9		3 an 17		3 an 33		3 an 65
	4 an 8		4 an 16		4 an 32		4 an 64
			5 an 9		5 an 17		5 an 33
			6 an 24		6 an 48		6 an 96
			7 an 25		7 an 49		7 an 97
			8 an 8		8 an 16		8 an 32
					9 an 9		9 an 17
					10 an 56		10 an 112
					11 an 41		11 an 81
					12 an 24		12 an 48
					13 an 25		13 an 49
					14 an 40		14 an 80
					15 an 57		15 an 113
					16 an 8		16 an 16

Die Auslosung ist problemlos, wenn die Zahl der Spieler mit Einschluß der gesetzten Spieler und etwaiger Scheinnennungen 4, 8, 16, 32, 64, 128 usw. (Potenz von 2) ist.

Andernfalls treten in der ersten Runde Freiplätze, sog. Rasten ein.

Die Zahl der Rasten ist gleich dem Unterschied zwischen der nächsthöheren Potenz von 2 und der Zahl der Spieler.

Beispiel: Es sind 22 Spieler gemeldet: die nächsthöhere Zahl der Potenz von 2 ist 32. Die Differenz zwischen 32 (nächsthöhere Potenz von 2) und 22 (Anzahl der gemeldeten Spieler) ist die Anzahl der Rasten, in diesem Fall 10.

Bei einer ungeraden Zahl von Rasten erhält die untere Hälfte des Tableaus immer eine Rast mehr, z. B. 25 gemeldete Spieler in einem 32er-Feld ergibt 7 Rasten und zwar 3 Rasten in der oberen Hälfte und 4 Rasten in der unteren Hälfte des Tableaus.

Wo stehen diese Freilose (Rasten)? Zuerst werden die gesetzten Spieler wie vorher beschrieben plaziert, dann werden die Rasten von oben nach unten (obere Hälfte des Tableaus) und von unten nach oben (untere Hälfte des Tableaus) eingetragen (siehe Tableau bzw. Auslosungsblock).

Wie kann man sich die Auslosungssysteme merken? Falls alle gesetzten Spieler in die Viertel kommen, lautet die Quersumme der Gesetzten wie folgt:

16er-Feld (Quersumme 5):	1 spielt gegen 4
(Halbfinlae)	3 spielt gegen 2
32er-Feld (Quersumme 9):	1 spielt gegen 8
(Viertelfinale)	5 spielt gegen 4
	3 spielt gegen 6
	2 spielt gegen 7
64er-Feld (Quersumme 17):	1 spielt gegen 16
(Achtelfinale)	9 spielt gegen 8
	5 spielt gegen 12
	13 spielt gegen 4
	3 spielt gegen 14
	11 spielt gegen 6
	7 spielt gegen 10
	15 spielt gegen 2
64er-Feld (Quersumme 9):	siehe 32er-Feld
(Viertelfinale)	

128er-Feld (Quersumme 17): (Achtelfinale)	siehe 64er-Feld
128er-Feld (Quersumme 9): (Viertelfinale)	siehe 32er-Feld

Beispiel einer Auslosung mit 8 Gesetzten

1	**Gesetzter Nr. 1**	Gesetzter Nr. 1	
2	Rast	ohne Spiel	
3	Maier Paul	Maier Paul	
4	Rast	ohne Spiel	
5	Müller Josef	Müller Josef	
6	Rast	ohne Spiel	
7	Huber Gerhard		
8	**Gesetzter Nr. 8**		
9	**Gesetzter Nr. 5**		
10	Otto Volker		
11	Blüm Carsten		
12	Bauer Lothar		
13	Opitz Paul		
14	Wagner Herbert		
15	Osterberger Karl		
16	**Gesetzter Nr. 4**		
17	**Gesetzter Nr. 3**		
18	Koch Bernd		
19	Brenner Gerhard		
20	Flach Johann		
21	Sachs Thomas		
22	Kraft Dirk		
23	Sieber Hans		
24	**Gesetzter Nr. 6**		
25	**Gesetzter Nr. 7**	Gesetzter Nr. 7	
26	Rast	ohne Spiel	
27	Rast	Berger Albert	
28	Berger Albert	ohne Spiel	
29	Rast	Schlegel Heinz	
30	Schlegel Heinz	ohne Spiel	
31	Rast	Gesetzter Nr. 2	
32	**Gesetzter Nr. 2**	ohne Spiel	

Zur Variation der Begegnungen werden in der Praxis zum Teil die Nrn. 3 und 4 der Gesetzten auf die Plätze 9 und 24 (oder 16 und 17) und die Nrn. 5 bis 8 auf die Plätze 8, 16, 17 und 25 (bzw. 8, 9, 24 und 25) des Tableaus gelost.

Tennis-Turnierverwaltungs-Programm

Ein solches Programm wird zum Beispiel von Siemens angeboten. Als Hardware wird ein Siemens PC-D samt Peripherie vorausgesetzt. Sinnvoll ist die Kombination mit einem Vereinsverwaltungs-Programm (welches vor allem Mitgliederverwaltung, Rechnungs- und Mahnwesen, Buchhaltung und Bilanzierung und Textverarbeitung umfassen sollte).

Durch einen Blick in das Hauptmenü lassen sich die Leistungen eines solchen Turnierverwaltungs-Programms gut erläutern:

verteilt. Eingegebene Ergebnisse werden gespeichert, zugleich die nachrückenden Begegnungen ausgeworfen. Außerdem werden die Spielpläne fortgeschrieben. Manuelle Eingriffe sind möglich.

Zu (8): Auch hier bietet die listenmäßige Erfassung (offene Posten, Zahlungseingänge, Gesamtbewegungen) entscheidende Vorteile. Quittungen werden automatisch erstellt.

Zu (9): Die Rangliste des veranstaltenden Vereins kann unter Berücksichtigung der Turnierergebnisse geändert werden (nach Platznummern und/oder nach Punkten).

```
┌─────────────────────────────────────────────┐
│                  HAUPTMENÜ                    │
├─────────────────────────────────────────────┤
│                                               │
│  Ändern von Standardwerten . . . . . . . (1)  │
│  Turnierplanung . . . . . . . . . . . . . (2) │
│  Teilnehmer erfassen . . . . . . . . . . (3)  │
│  Teilnehmer ändern/löschen. . . . . . . . (4) │
│  Gesamtliste der Teilnehmer . . . . . . . (5) │
│  Spielplan . . . . . . . . . . . . . . . (6)  │
│  Platzbelegungsplanung . . . . . . . . . (7)  │
│  Verwaltung vom Nenngeld . . . . . . . . (8)  │
│  Rangliste . . . . . . . . . . . . . . . (9)  │
│  Zurück ins PC-D Hauptmenü . . . . . . . (0)  │
│                                               │
├─────────────────────────────────────────────┤
│  Ihre Wahl?                              ☐    │
└─────────────────────────────────────────────┘
```

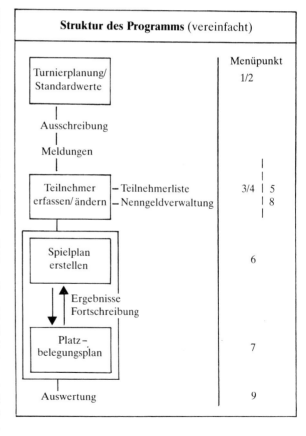

Struktur des Programms (vereinfacht)

Zu (1): Hier werden Standardwerte, wie Beginn und Ende des Turniers, Anzahl der Plätze, Nenngeld und Schiedsrichtergebühren eingetragen.

Zu (2): Das Programm berechnet z. B. die für die Durchführung des Turniers erforderliche Zeit.

Zu (3)–(5): Die listenmäßige Erfassung ist manuell sehr aufwendig; v. a. spätere Änderungen sind lästig und machen die Listen unübersichtlich. Die Spieler können insgesamt oder getrennt nach Damen und Herren ausgegeben werden.

Zu (6): Das Tableau (die Auslosung) kann unter Berücksichtigung von Setzung, Tauschen, Absagen (samt Hereinnahme der »Lucky Looser«) und Wildcards durch Losen (Zufallsgenerator) erstellt werden. Manuelle Eingriffe sind möglich.

Zu (7): Hier werden die Wettkämpfe auf die Plätze

Kooperation: Schule – Verein – Verband

Tennis in der Schule erlebt in den letzten Jahren durch die Initiativen des Deutschen Tennis Bundes (DTB) und seiner Mitgliedsverbände einen Aufschwung. Im DTB und in den Landesverbänden sind Referenten für das Schultennis berufen.

Leider gibt es zu wenig Tennisanlagen, die für den Sportunterricht genutzt werden können. Um Tennis im Rahmen des Sportunterrichts nicht streichen zu müssen, sollten ortsansässige Tennisclubs und -vereine ihre Anlage (kostenlos) dem Schultennis in den weniger stark frequentierten Vormittags- und Mittagsstunden zur Verfügung stellen. Nur so ist es möglich, daß der Aufwärtstrend im Schultennis weiter anhält: Schule, Verein, Kommune und Verband müssen eng zusammenarbeiten. Zwischen dem Verein und der Schule sollte ein Bindeglied geschaffen werden. Es wäre sinnvoll, wenn im Club die Position eines Schultenniswarts besetzt wird.

DTB und Landesverbände konnten in den letzten Jahren feststellen:

- Tennis wird in über 1000 Schulen gespielt.
- Viele Vereine haben die vorteilhafte und notwendige Kooperation mit den Schulen erkannt.
- Aus einer Kooperation mit der Schule und der Kommune können für den Verein Vorteile erwachsen:
  - Kinder werden bereits in der Schule auf Tennis vorbereitet,
  - dem Verein werden Talente zugeführt,
  - Lehrkräfte aus der Schule können für die Jugend- und Lehrarbeit gewonnen werden.

Talent und Tennis

Talentbegriff und Talentbestimmung

Nach einem Bericht der dpa (Süddeutsche Zeitung vom 4. 7. 84) besaß damals Steffi Graf »ein komplettes Schlagrepertoire, den Kampfgeist eines Tigers und die Schnelligkeit einer Gazelle«, um im Bild der englischen Journalisten zu bleiben. Es fehlten nur noch ein wenig Kraft und Routine. Schöpft dies den Talentbegriff aus? Tennistalent ist ein Kind von ca. 8 bis 10 Jahren, das bestimmte körperliche und psychische Bedingungen aufweist, die bei günstigen Umweltbedingungen im Alter von ca. 18 bis 21 Jahren mit größter Wahrscheinlichkeit zu hohen Leistungen führen (nach GABLER). Dabei werden die körperlichen und psychischen Bedingungen zu den personeninternen Faktoren, die Umweltbedingungen zu den personenexternen Faktoren zusammengefaßt. Eine Fragebogenaktion im Jahre 1984 bei Übungsleiteranwärtern im Rahmen der Ausbildung ergab, daß subjektiv und spontan für den fertigen Tennisspieler Technik, Ballgefühl und Konzentrationsfähigkeit als die wichtigsten Faktoren angesehen werden, während für das Kind Bewegungsbegabung, Ballgefühl und Motivation im Vordergrund stehen; die Koordinationsfähigkeit kam knapp danach. Wer sich mit der Talentbestimmung näher befassen will, wer im Verein Talentsuche durchführen möchte, sollte sich unbedingt mit der angegebenen Literatur, vor allem mit GABLER/ ZEIN, eingehend vertraut machen. Aus dem Beitrag von GABLER in diesem Buch (Talentsuche und Talentförderung im Tennis) soll eine Übersicht über die Talentfaktoren wiedergegeben werden (Abb. rechts).

Schema Kooperation: Schule – Verein – Verband

Verband ⇄	Schule	⇄ Verein ⇄	Kommune
Referent für Schultennis	Lehrer	Sportwart ↑ Jugendwart ↑ Schultenniswart	Sportbeauftragter

Talentsuche und Talentauswahl

Gemeint ist hier die Auswahl unter Kindern, die überhaupt noch nicht Tennis gespielt haben. Alles andere ist Sache der Talentförderung. Der BTV führt jährlich einmal in Zusammenarbeit mit einem Münchner Sporthaus einen Kindertalenttest durch, der als Anregung für Kinder brauchbar, aber zu einfach ist. NESSLER hat 1985 im Auftrag des BTV erstmals unter über 1000 Schulkindern einen Talenttest mit 7 Stationen durchgeführt. Dieser bietet für ein bestimmtes Entwicklungsstadium einen guten Ansatz. Die 14 besten Kinder wurden vom BTV ein Jahr lang einmal wöchentlich kostenlos trainiert. Das Institut für Sport und Sportwissenschaft der Universität Heidelberg hat für den DTB einen Test zur allgemeinen Bewegungsbegabung und zur speziellen Bewegungsbegabung/Tennis entwickelt. Dieser Test ist von BÖS/WOHLMANN fortentwickelt und 1987 (DTB: Modellversuch Tennistalent) veröffentlicht worden. Hier findet sich neben dem Allgemeinen Sportmotorischen Test (AST) auch ein Tennis-Technik-Test (TT). Er dient der Diagnose der tennistechnischen Leistungsfähigkeit sowie der Beurteilung von Entwicklungs- und Trainingsprozessen. Bei der Erprobung des ersten Heidelberger Tests mit über 50 Kindern wurden folgende Erfahrungen gemacht:

- Eine kurze Notiz in der Presse bringt genügend Teilnehmer.
- Es müssen ausreichend Helfer bereitgehalten werden (für die Begleitung der Gruppen und für die »Verwaltung«).
- Die Altersunterschiede dürfen nicht zu groß sein. Ideal ist eine Trennung nach Jahrgängen: höchstens zwei Jahrgänge sollten zusammengefaßt werden.
- Buben und Mädchen müssen getrennt beurteilt werden.
- Jeder Streß soll vermieden werden. Die Kinder sollen Freude an der Veranstaltung empfinden. Der Test kann nur den augenblicklichen Stand wiedergeben! Dies kann sich jährlich ändern.
- Jede Gruppe (ca. 6 bis 8 Kinder) sollte von 1 bis 2 Übungsleitern oder Helfern durch alle Stationen begleitet werden.

Talentfaktoren.

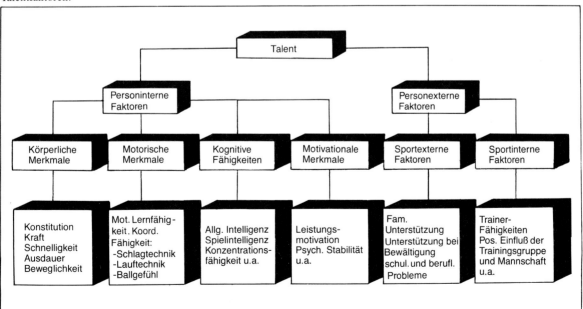

- Belohnungen für die Kinder sind unerläßlich! Also Würstl und Limonade (gegen Gutschein) bereitstellen und Urkunden ausgeben.
- Während des Testverlaufs sollte ein erfahrener Trainer zusätzlich subjektiv werten und die Besten notieren.

Ein solcher Test kann nur eine Einführungsveranstaltung sein. Deshalb sollten die Besten (z. B. drei) sofort in den Verein aufgenommen und dort weitergefördert werden. Für alle anderen sollten Gruppenstunden auch ohne Mitgliedschaft angeboten werden.

Talentförderung in der Grundstufe

Sichtung und Förderung fallen primär in die Zuständigkeit des Vereins. Zur Grundausbildung und zum Grundlagentraining im Sinn des DTB-Konzepts (Alter 6 bis 12 Jahre, fließend) gehören:

- Gruppentraining und Einzelstunden je nach Fortschritt.
- Sportärztliche Betreuung. Vorlage einer ärztlichen Unbedenklichkeitsbestätigung.
- Aufgabenstellung für die Kinder (Hausaufgabenheft selbst führen lassen), auch wenn sie untereinander spielen.
- Mehrkampftraining wie im Buch beschrieben: es umfaßt auch das Konditionstraining.
- Regelmäßige Lernzielkontrollen durchführen, z. B. durch Mehrkampf, Zielspielen im kleinen und großen Tennisfeld; Beurteilungen im Trainerbuch festhalten.
- Zur Förderung der Gemeinschaft Zusatzprogramme für die Kinder, z. B. Filmvorführungen (Tennis- und Kinderfilme), Jugendabende, Jugendlager (Ausflüge, Bergwanderungen, Veranstaltungen besuchen usw.), Wochenend- und Ferienlehrgänge mit Tennis, Ballspielen und Freizeitspielen.

Ziel: Ein Platz in der Jahrgangsbestenliste des Bezirks, Landesverbands und DTB wird angestrebt, selbstverständlich auch ein fester Platz in der Knaben- und Mädchenmannschaft (notfalls mit Spielern aus Nachbarvereinen, sofern von den Vereinen gewünscht).
Die Dauer dieser Förderstufe kann je nach Talent und Fortschritt 2 bis 4 Jahre in Anspruch nehmen.

Urkunde für Talenttest.

Deutscher Tennis Bund: In der Altersklasse V (10 Jahre und jünger) und IV (12 Jahre und jünger) steht das breite Grundlagentraining im Vordergrund. Neben dem Erlernen der vielseitigen Tennistechnik sollen deshalb auch benachbarte Sportarten herangezogen werden, so daß eine allgemeine sportliche Grundausbildung erreicht werden kann. Die kindgemäß auszurichtenden Wettkämpfe spielen deshalb keine dominierende Rolle. Der neue Mehrkampfwettbewerb trägt der allgemeinen sportlichen Grundausbildung Rechnung.

Talentförderung in der Turnierstufe

Hierunter fällt die tennisspezifische Spezialisierung von Training und Wettkampf, ein Aufbautraining und Hochleistungstraining im Sinn des DTB-Konzepts (Alter 10 bis 18 Jahre, fließend). Die Zuständigkeit liegt bei Verein, Bezirk, Landesverband und DTB.

- Kleinere Fördergruppe (Pyramide).
- Beginn der gezielten finanziellen Förderung durch den Verein (zusätzlich zu den privat bezahlten Trainerstunden). Beginn der Förderung durch den Bezirk, Landesverband und DTB (Stützpunkte, Koordination!).
- Einzeltraining steht gleichberechtigt neben Gruppentraining und tritt später in den Vordergrund.
- Matchbetreuung, Matchanalyse, Taktik.
- Pädagogische, soziale und medizinische Betreuung

und begleitende Maßnahmen wie in der Grundstufe. Berücksichtigung von Schule und Beruf!

- Leistungsbezogene Gruppeneinteilung (gemäß Lernzielkontrollen und Wettkampfergebnissen).
- Spezialisierung des Konditionstrainings.
- Theorie: Video, Lehrfilme, Regelkunde, Ausrüstung, Ernährung, Sportmedizin.
- Patenschaften, Fördergruppen.

Das Förderungskonzept des Deutschen Tennis Bundes: In der Altersklasse III (13–14 Jahre) und II (15–16 Jahre) steht die *tennisspezifische Spezialisierung von Training und Wettkampf* im Vordergrund. Es wird empfohlen, daß Jugendliche erst ab der AK II an Erwachsenenturnieren (auch Medenspielen usw.) teilnehmen sollen. In der Altersklasse I (17 bis 18 Jahre) soll nicht nur die internationale Spitze im Jugendbereich, sondern auch der Anschluß an das Erwachsenentennis erreicht werden. Deshalb steht hier die auf Grund strenger Selektionsmaßnahmen mögliche, *gezielte und systematische Eingliederung in den Erwachsenenbereich* im Mittelpunkt, wobei der Frage der individuellen Betreuung eine besondere Bedeutung zukommt.

Praxis der Turnierbetreuung

Die Turnierbetreuung liegt zwischen Counselling und Coaching (S. 51). Sie ist Teil der Verbandsarbeit. Sie kann aber auch im Verein zum Tragen kommen, etwa bei der Betreuung während der Mannschaftswettkämpfe (vor allem der Jugend), oder wenn es dem Verein gelingt, ein Turnier oder eine Serie von Turnieren mit einer Gruppe von Jugendlichen zu beschicken. Der Umfang der Vorbereitung richtet sich nach der Bedeutung des Turniers. Bei Freundschaftsspielen reicht möglicherweise ein geringerer Aufwand aus. Folgende Fragen und Abschnitte sind zu unterscheiden:

- Auswahl des Betreuers.
- Vorbereitungsphase.
- Reisebeginn.
- Eintreffen am Turnierort und allgemeine Vorbereitung.
- Wettkampf.
- Nachbereitungsphase.

Nachfolgend das Wesentliche in Stichworten.

Auswahl des Betreuers

Der Betreuer muß folgende Eigenschaften haben:

- Tennisfachmann (guter Spieler und Pädagoge).
- Vertrauenswürdigkeit und Integrität.
- Kontaktfreudigkeit.

Vorbereitungsphase

- Einverständnis der Eltern.
- Kostenübernahme.
- Ärztliches Attest (Sportgesundheitspaß).
- Ballmarke erfragen (vorbereitendes Training).
- Transportmittel.
- Überprüfen der Tennisschläger (Bespannung, Griff).
- Genaue Adresse der Anlage (Telefon); evtl. Stadtplan.
- Fahrtzeit.
- Quartier (Nähe zur Anlage).
- Trainingsplätze (evtl. benachbarte Anlage; Privatplatz).
- Reisepaß (Auslandsfahrten), Verfalldatum!

Reisebeginn

- Schläger.
- Geld/Schecks.
- Ausweise.
- Spielerpässe.
- Koffer für 1. Hilfe bei Sportverletzungen werden fertig angeboten.
- Besondere Medikamente für einzelne Spieler.
- Mineralgetränke (Pulver).
- Thermosflasche.
- Vollständige Kleidung (Checkliste; mehrfach).
- Griffbänder, Tapes, Saiten (evtl. auch Bespannungsmaschine), Elastocross, Saitenöl.
- Trainingsbälle (Turnierballmarke).
- Ranglisten mitnehmen (für eigene Spieler – Setzung – und Gegner).
- Sprungseile.

- Matchanalysebögen.
- Straßenatlas/Stadtplan oder Fahrkarten.
- Spiele (z. B. Backgammon).
- Fotoapparat/Filmkamera/Videokamera.

Eintreffen am Turnierort und allgemeine Vorbereitungen

- Vorstellung bei Turnierleitung und Oberschiedsrichter.
- Turnierplan studieren und notieren (Setzliste, Zeiten, zur Abstimmung der Trainingszeiten und des Aufwärmens).
- Besonderheiten der Plätze feststellen (Belag, Wind, Lärm, Auslauf).
- Wo und wie wird von der Turnierleitung informiert?
- Richtige Ernährungsmöglichkeiten.
- Ablenkungsmöglichkeiten (Kino, Eis, Minigolf, Kegeln); Betreuer muß mit!
- Captain-Meeting.
- Quartier belegen.
- Gemeinsames morgendliches Aufwärmen und Einschlagen (mit Betreuer).
- Kontakte zu anderen Betreuern.
- Gegner beobachten.
- Vorbesprechung mit den Spielern.
- Matchbeobachtung oder Betreuung auch durch Spieler.
- Doppelaufstellung bei Mannschaftswettkämpfen vorbesprechen.
- Zeit und Ort der Siegerehrung (alle sollten hingehen!).

Wettkampf

- Rechtzeitig aufstehen, mindestens 3 Stunden vor dem Wettkampf.
- Eigene Spieler beobachten (Matchbesprechung; mindestens Stichworte).
- Leistung des Schiedsrichters.
- Abstellbare Störungen.
- Spielbeginn kurz vor Regen, kurz vor Einbruch der Dunkelheit.
- Unterbrechung bei Regen (Brillenträger! Entscheidung durch den Oberschiedsrichter, siehe Regel 29 der Tennisregeln der ITF).

- Pausen möglich und nötig (S. 13).
- Unterbrechung bei Verletzung (siehe Regel 30 der Tennisregeln der ITF).
- Fairneß der eigenen Spieler.
- Ist Coaching zulässig (siehe Regel 31 der ITF; ergänzende Regelungen der Landesverbände, z. B. § 18 Nr. 6 WettSpB BayTV).
  Wenn zulässig: abstellbare technische Mängel, abstellbare taktische Schwächen, vom Spieler nicht bemerkte Schwächen des Gegners, ausreichende Flüssigkeitsaufnahme, beruhigen oder anfeuern, je nach Spielertyp, mentales Training beim Seitenwechsel (außer im Tie-Break).
  Wenn nicht zulässig: unzulässiges Coaching gegenüber Gegner monieren, Coaching bei zulässigen Pausen nach Sätzen immer zulässig.

Matchanalyse

Zweck
Die Matchanalyse hat folgende Vorteile und Ziele:

- Erkennen besonderer Schwächen bei bestimmten Schlägen (so daß sie beim Training beseitigt werden können).
- Ermittlung der Ursachen von Sieg oder Niederlage (zur realistischen Einschätzung der eigenen Leistung).
- Möglichkeit längsschnittlicher Vergleiche über Jahre.
- Erkennen einseitigen Einsatzes taktischer Mittel.

Grundsätze der Matchanalyse
- Grobanalyse/Feinanalyse einzelner Schläge.
- Aufschlag besonders festhalten (As, direkter Gewinnpunkt, Fehlerquote, 1. Aufschlag, Doppelfehler, 2. Aufschlag).
- Return gesondert beurteilen.
- Aus der Sicht des eigenen Spielers notieren.
- »Big Points« (Satzbälle, Tie-Break, Matchbälle) hervorheben.
- Passierschläge: statt Strich wird P geschrieben.
- Unterscheidung nach Drallarten nur bei Feinanalysen.
- Ursachen für »unforced errors« schwer zu erfassen.
- Doppel-Analyse schwierig (z. B. Strich für Spieler A, Kreuz für B).

Ausbildung und Aufgaben des Tennislehrers und -trainers

Die Rahmenrichtlinien (RR) des Deutschen Tennis Bundes (DTB) wurden 1981 von der Mitgliederversammlung verabschiedet und gelten verbindlich für die Mitgliedsverbände. Eine Überarbeitung der RR erfolgte 1986. Auf der Mitgliederversammlung des DTB 1986 hat der Bundesausschuß den Verband Deutscher Tennislehrer (VDT) als außerordentliches Mitglied in den DTB aufgenommen. Damit wurde die Voraussetzung geschaffen, daß unter dem Dach des DTB Lehrarbeit und Ausbildungswesen für Tennistrainer und Tennislehrer in den Ausbildungsstufen einheitlich, überschaubar und qualifiziert ablaufen.

Der Fach-Übungsleiter stellt die erste Stufe dar. Vor Beginn der Ausbildung, die in den Verbänden des DTB durchgeführt wird, hat der Bewerber einen Informations-, Zulassungs- oder Techniklehrgang zu absolvieren, damit die Zulassungsregularien nach den Rahmenrichtlinien erfüllt sind.

Übersicht über die Ausbildungsgänge.

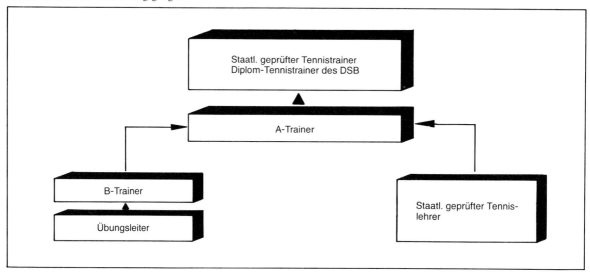

Zu den Hauptaufgaben des Fach-Übungsleiters zählen:
- Freizeit- und breitensportorientierte Gruppen anleiten.
- Grundlagentraining im Kinder- und Jugendbereich leiten.
- Leistungsorientierte Spieler(innen) auf unterer Wettkampfebene trainieren.

Entsprechend diesen Aufgabenbereichen sind die Ausbildungsinhalte in Praxis und Theorie konzipiert:
Praxis: Erarbeitung der technischen Fertigkeiten, Übungs- und Spielformen im Gruppen- und Einzeltraining.
Theorie: Vermittlung von Grundlagenwissen in den Lernzielbereichen der Bewegungslehre, der Trainingslehre, der Sportpädagogik (Didaktik/Methodik), Psychologie, Sportmedizin, Sportorganisation und im soziologischen und verwaltenden Bereich.
Diese Ausbildung umfaßt 120 Unterrichtseinheiten. Die Fach-Übungsleiter-Lizenzen werden von den Landesverbänden ausgestellt und haben eine Gültigkeit von 4 Jahren. Zur Verlängerung der Lizenz muß der Übungsleiter an Fortbildungsveranstaltungen teilnehmen.
Der B-Trainer ist die zweite Stufe innerhalb der Ausbildungsmöglichkeiten. Die Voraussetzungen zu dieser weiterführenden Ausbildung: besonders erfolgreicher Abschluß der Übungsleiterprüfung, gute Vereinsarbeit, leistungsorientierte Spielstärke. Auch hier erfolgt die Ausbildung in den Verbänden.
Zu den Hauptaufgaben des B-Trainers gehören:
- Aufbautraining im Nachwuchsbereich, für Förder- und Leistungsgruppen.
- Systematisches Training von Leistungsmannschaften.

Die in der Übungsleiterausbildung erworbenen Kenntnisse werden vertieft und sind auf folgende Schwerpunkte ausgerichtet:
Praxis: Leistungsorientiertes Schlagtraining, spezielle Technikvariationen, Wettspielpraxis (Taktik), Trainingsformen für das Mannschaftstraining.
Theorie: Tennisspezifische Bewegungslehre, altersspezifische Merkmale in der motorischen Entwicklung, psychophysische Leistungsentwicklung, systematischer Trainingsaufbau, vertiefte Kenntnisse im biologisch-medizinischen Bereich, besondere Aufgaben im verwaltenden, organisatorischen Bereich.

Die Ausbildung umfaßt 60 Unterrichtsstunden. Die Lizenzen werden von den Landesverbänden ausgestellt und haben eine Gültigkeit von 2 Jahren. Zur Lizenzverlängerung muß der B-Trainer an Fortbildungsveranstaltungen teilnehmen.
Der A-Trainer stellt die dritte und letzte Stufe in der Ausbildung dar, für die der DTB zuständig ist. Die Anmeldung erfolgt durch den Mitgliedsverband an den DTB. Der Kandidat muß im Besitz einer gültigen B-Lizenz sein und diese Prüfung mit überdurchschnittlichen Leistungen absolviert haben. Eine besonders qualifizierte Trainertätigkeit ist nachzuweisen. Auch staatlich geprüfte Tennislehrer können bei gleichen Voraussetzungen zur A-Trainerausbildung zugelassen werden.
Zu den Aufgabenbereichen des A-Trainers gehören:

- Aus- und Fortbildung von Übungsleitern und B-Trainern.
- Leistungsentwicklung von Kaderspielern in Bezirks-, Landes- und Bundesstützpunkten.

Entsprechend diesen Aufgaben sind die Ausbildungsinhalte in Praxis und Theorie wie folgt:
Praxis: Lehrpraktische Ausbildung unter Berücksichtigung des Trainings im Leistungstennis, individuelle Ausprägung der Technik.
Theorie: Trainingslehre, Leistungstraining, Bewegungslehre, Bewegungsanalysen, Didaktik/Methodik des Trainings, Psychologie in Training und Wettkampf, biologisch-medizinischer Bereich, sportorganisatorisch-verwaltender Bereich.
Die A-Trainerlizenz hat 2 Jahre Gültigkeit. Der DTB veranstaltet jährlich Trainerseminare, an denen die A-Trainer teilnehmen, um so ihre Lizenz zu verlängern. Weitere Informationen und ausführlichere Inhalte über die Rahmenrichtlinien können beim Deutschen Tennis Bund oder dem jeweiligen Landesverband angefordert werden.
Zusätzlich zu den aufgeführten Ausbildungsgängen in den Landesverbänden und beim DTB ist eine weitere, fortführende Ausbildungsstufe zum Diplom-Tennistrainer des DSB möglich. Das Studium erfolgt an der Trainerakademie in Köln und dauert im Direktstudium 18 Monate. Im Fortbildungsstudium (4 Jahre Heimstudium) und im Weiterbildungsstudium (2½ Jahre) werden 2 weitere Ausbildungsgänge zum Diplom-Tennis-

trainer angeboten. Auskunft über die Voraussetzungen, die Ausbildungsabschnitte und Lehrveranstaltungen erteilt die

Trainerakademie Köln e. V.,
Guts-Muths-Weg 1, 5000 Köln 41.

Der Ausbildungsgang zum *Staatlich geprüften Tennislehrer* (Fachsportlehrer im freien Beruf) soll ergänzend in die Rahmenrichtlinien des DTB einfließen. Als Ausbildungsstätten stehen hier zur Verfügung: TU München und TU Duisburg. Die Zielsetzung der Trainerausbildung liegt im Leistungssport, das Hauptaufgabengebiet des staatlich geprüften Tennislehrers ist im Breitensport zu sehen.

Auskünfte über die Ausbildungsvoraussetzungen und Ausbildungskonzepte erteilt der

Verband Deutscher Tennislehrer e. V.,
Alfred-Delp-Str. 22, 6450 Hanau 1.

Rechtsgrundlage für die Ausbildung in Bayern ist die Ausbildungs- und Prüfungsordnung für Fachsportlehrer im freien Beruf (APOFspl) vom 29. 11. 1973 (GVBl. S. 6) mit Änderungen 1975, 1976 und 1978 (siehe die Neufassung in der Bayer. Rechtssammlung, Abschnitt 227–3–2–K, v. a. §§ 32 ff.).

Einzelheiten zum Aufgaben- und Einsatzbereich

In Übereinstimmung mit den Rahmenrichtlinien für die Ausbildung im Bereich des DSB vom 3. 12. 1977 (2. Auflage 1980, erhältlich beim DSB) legen die Rahmenrichtlinien des DTB jeweils Aufgaben- und Einsatzbereiche für Übungsleiter und B-Trainer fest.

Übungsleiter

Der Aufgabenbereich des Übungsleiters ist die »Anleitung freizeit- und breitensportorientierter Gruppen«, »die Grundausbildung und Anleitung im Leistungssport auf der unteren Wettkampfebene« sowie das »Grundlagentraining im Kindes- und Jugendalter«. Dabei wird zu Recht betont, daß der Übungsleiter vor allem mit der Gruppe arbeiten soll. Demgemäß sehen manche Zuschußrichtlinien Zuschüsse ebenfalls nur bei Gruppen-

arbeit vor. Im Rahmen der Grundausbildung und der Anleitung im Leistungssport auf der unteren Wettkampfebene sind Einzelstunden nicht ausgeschlossen. Sie sollten aber unter dem Gesichtspunkt zurücktreten, daß immer noch ein Mangel an guten Übungsleitern herrscht.

Der Übungsleiter wird vor allem im Verein eingesetzt. Die Verbandsarbeit wird angesichts des beschränkten Aufgabenbereichs die Ausnahme sein. Als Status ist »ehrenamtlich/nebenberuflich« vorgesehen. Damit ist eine Tätigkeit als hauptamtlicher Trainer bei einem Verein und, entsprechend dem Einsatzbereich, auch Arbeit auf einer kommerziellen Anlage ausgeschlossen. Die DTB-Rahmenrichtlinien sehen in Abschnitt 2.1.5.4. den Lizenzentzug vor, wenn der Übungsleiter oder B-Trainer schwerwiegend und schuldhaft gegen Bestimmungen des Verbandes verstößt oder seine Stellung mißbraucht.

B-Trainer

Der Aufgabenbereich des B-Trainers umfaßt den des Übungsleiters, darüber hinaus aber das »Aufbautraining im Nachwuchsbereich« und das »Training von Leistungsmannschaften«. Die in der früheren Fassung der Rahmenrichtlinien genannten Punkte »Talentsichtung, Talentauswahl und Talentförderung« sollten zusätzlich einbezogen werden. Der B-Trainer kann vom Verein, aber auch von Stützpunkten und Landesverbänden eingesetzt werden. Im Verein kann er, auch wegen der angestrebten Gleichstellung mit den staatlich geprüften Trainern, als Trainer in Verbandsliga, Oberliga, Regionalliga und Bundesliga eingesetzt werden, soweit die Spielstärke, die ohnehin größer als die des Übungsleiters sein sollte, dies zuläßt.

Der B-Trainer kann auch hauptberuflich arbeiten. Die Arbeit auf der kommerziellen Anlage sollte die Ausnahme bleiben, weil es nicht dem Sinn der Ausbildung durch die Verbände entspricht.

Idealismus als gemeinsame Basis

Wesentlich für Übungsleiter und B-Trainer ist, daß die Ehrenamtlichkeit als möglicher Status in beiden Bereichen mitgenannt ist. Dies sollte jedenfalls Anlaß sein, darüber nachzudenken, ob eine solche Tätigkeit lediglich »Job« ist, also Ballzuspielen mit gelegentlichen Korrekturen. Im Vordergrund muß das dauerhafte und zähe Engagement für den Tennissport und speziell die Jugendausbildung stehen. Mit dem Herzen dabei sein! Das hat Schweden vorgemacht. Die Vereine sollten unbedingt verlangen, daß der Übungsleiter und der B-Trainer zusätzlich zur Lehrarbeit auf dem Platz die Betreuung von Gruppen bei Verbandsspielen und auf Turnieren mit übernimmt. Dementsprechend sollen die Vereine im Übungsleiter und B-Trainer zuerst den Idealisten sehen und die Aufwandsentschädigung als Anerkenntnis des Engagements. Schon bei der Auswahl der Personen für die Ausbildung sollte dies berücksichtigt werden. Die Zusammenarbeit zwischen Vereinen und Übungsleitern bzw. B-Trainern ist wie bei allen Tennistrainern dauerhaft angelegt.

Testatheft und Trainerbuch

Zweck des Testatheftes

Das Testatheft enthält auf der zweiten Umschlagseite auch Hinweise dazu, wie es ausgefüllt wird. Im Hauptteil des Hefts sind für die Einzelnachweise je 5 Spalten vorgesehen. Diese Einzelnachweise sind vor der Lizenzierung zum Teil durch die Mitgliedsverbände vorgeschrieben (z. B. Bayern, Abschnitte 3.1.3 und 4.1.3 der Richtlinien Fachübungsleiter Tennis 1984, siehe Muster). Für die Verlängerung der Lizenz schreiben die Abschnitte 3.1.7.3 und 4.1.7.3 einen Tätigkeitsnachweis (Testatheft DSB) vor (z. B. für Bayern konkretisiert durch Abschnitt 9.3 der Richtlinien Fachübungsleiter Tennis 1984). In Bayern etwa werden 50 Übungseinheiten (je 45 Minuten) je Jahr vorausgesetzt. Jeweils zum nächsten Ausbildungsabschnitt oder zur Fortbildung muß zusätzlich die Gesamtstundenzahl durch den Vereinsvorsitzenden mit Unterschrift bestätigt werden.

Hinweise zum Führen des Testaheftes

Übungsleiter und B-Trainer sind für die korrekte Führung des Testaheftes selbst verantwortlich. Die Einzelnachweise sehen das Datum der Übungseinheit

vor und die Unterrichtszeit. Dabei ist die Unterrichtszeit in Unterrichtseinheiten zu je 45 Minuten anzugeben. Die Übungsinhalte können nur pauschal und abgekürzt bezeichnet werden. Übungsobjekte sollen überwiegend Gruppen sein: dies schließt Einzelunterricht für den Verein nicht aus. Unterricht außerhalb des Vereins oder ohne ausdrücklichen Auftrag oder Billigung des Vereins zählt nicht. Die Unterschrift des Sportwarts (bei Jugendlichen, soweit in der Satzung vorgesehen: Jugendwarts) kann durch geschweifte Klammern bis zu 5 Zeilen zusammenfassen, aber nicht mehr als 2 Wochen (wegen der Prüfungsmöglichkeit).

Muster eines Testaheftes

Datum 1987	Unterrichts- zeit	Übungs- inhalte	Übungs- objekte	Unterschr. Sportwart
4. 10.	17–18.30	GrdSchl.	Gruppe M	
7. 10.	17–18.30	V/R/V/R	Gruppe K	
9. 10.	16–18.15	V Drive Topspin	Gruppe Juniorinnen	
10. 10.	16–18.15	R Drive Topspin	Gruppe Junioren	
11.10.	16–17	V u. R	Gruppe Jüngste	

Zusätzliches Trainerbuch

Ein Blick auf den vorstehenden Auszug zeigt, daß für interne Zwecke des Tennistrainers und des Vereins das Testatheft nicht ausreicht. Der Verein sollte deshalb, auch im Interesse des Tennistrainers, verlangen, daß ein Trainerbuch geführt wird (vgl. S. 15). Dieses wird wichtig für den Fall, daß der Übungsleiter erkrankt oder in Urlaub geht oder den Verein wechselt. Hier kann sein Vertreter oder Nachfolger schnell sehen, was gearbeitet wurde und wie die Unterrichtstätigkeit fortgesetzt werden kann. Zusätzlich erhält der Verein konkrete, fachmännische Anhaltspunkte über die Befähigung der Jugendlichen.

Sportorganisation

Deutscher Sportbund, Deutscher Tennis Bund

Der Deutsche Sportbund (DSB) ist die Dachorganisation des deutschen Sports. »Ordentliche Mitgliederorganisationen sind die Landessportbünde und die Spitzenverbände, die international ein oder mehrere Fachgebiete vertreten.« (§ 5 Abs. 1 Satzung DSB). Der Deutsche Tennis Bund (DTB) ist der Spitzenverband in Deutschland für Tennis und damit Mitglied des DSB. Organe des DTB sind die Mitgliederversammlung (im folgenden Organisationsschema MV), das Präsidium (Pr) und der Bundesausschuß (BA).

Organisation DTB.

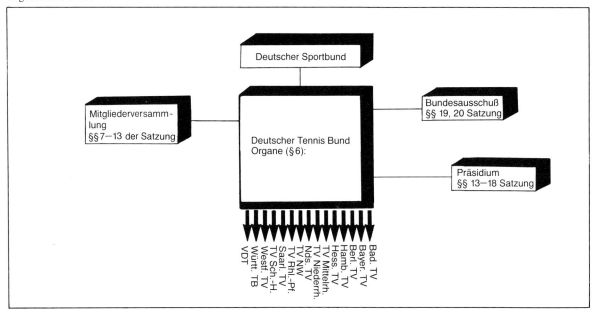

Landessportverbände, Landesfachverbände

Für jedes Bundesland besteht ein Landessportbund oder -verband, für die Bundesrepublik Deutschland einschließlich West-Berlin also elf. Sie sind die regionalen, überfachlichen Zusammenschlüsse der Landesfachverbände und/oder Vereine (Auflistung mit Anschriften bei GIESELER S. 67). In Bayern etwa ist es der Bayerische Landessportverband (BLSV). Hier sind die Tennis-Vereine Mitglied des BLSV und dadurch Mitglied des Bayerischen Tennis-Verbandes (BTV). Beispielhaft sind die Zusammenhänge zwischen DSB, DTB, BLSV und BTV im folgenden Organisationsschema dargestellt (siehe unten).

Finanzierungsfragen: Sportförderungsmittel

Rechtliche Grundlagen der öffentlichen Sportförderung

Die öffentliche Sportförderung beruht auf den Haushaltsplänen des Bundes, der Länder und der Gemeinden, z. T. auch der Regierungsbezirke und Landkreise.

In Bayern etwa sind Grundlage die Art. 23, 44, 44a und 59 der Bayer. Haushaltsordnung, samt der diese Artikel betreffenden Verwaltungsvorschriften. Die Förderung erfolgt in der Regel ohne Rechtsanspruch und nur im Rahmen der verfügbaren Haushaltsmittel. Für alle Zuschußmöglichkeiten bestehen Richtlinien, um die Gleichmäßigkeit der Vergabe sicherzustellen. Jeder Verein sollte die wesentlichen Richtlinien in der Ablage (Bereich Schatzmeister) verfügbar halten. Vereinsrechtlich wird wohl eine Verpflichtung der Vereinsorgane bestehen, alle Zuschußmöglichkeiten auszuschöpfen. Die öffentlichen Zuschüsse sollten durch Spendenaktionen ergänzt werden.

Sportstätten

Gegenstand dieser Förderung sind Neubau, Umbau und Erweiterung von Sportstätten oder der Erwerb eines Objektes (in der Regel ohne Grundstückskosten) und gegebenenfalls Umbau, wenn damit ein an sich notwendiger Neu- oder Erweiterungsbau ersetzt wird. Zuschüsse kommen hier vor allem vom zuständigen Landessportverband und von der Kommune (Gemeinde), u. U. aber auch vom Landkreis.

In Bayern sind die Einzelheiten für Zuschüsse des BLSV geregelt in den Richtlinien über die Gewährung von Zuwendungen des Freistaates Bayern zur Förde-

Beispiel für die Organisation eines Landesverbandes.

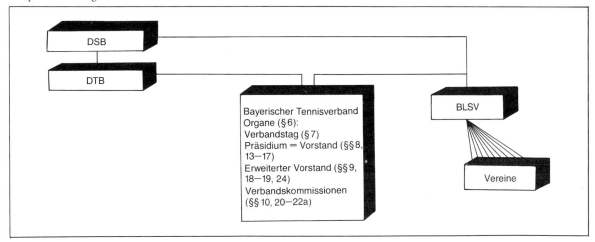

rung des Sports im Bereich des BLSV vom 18. 1. 1983 (Beilage zu Nr. 6 des Bayer. Staatsanzeigers, v. a. Abschnitt II, Nr. 3–15). Hauptproblem sind bestehende Antragssperren wegen Antragsstaus.

Großgeräte

Gegenstand dieser Förderung sind etwa Netzpfosten, Netze und Ballwurfmaschinen. Die entsprechenden Zuschußrichtlinien legen den Gegenstand und die Höchstbeträge fest. In Bayern etwa ist dies durch die zu 2.2. zitierten Richtlinien vom 18. 1. 1983 (v. a. Nr. 16–23) geschehen. Hierzu gibt es einen Großgerätekatalog (z. Z. vom 24. 10. 85). Denkbar ist, daß auch andere Institutionen (z. B. Kommunen) Zuschüsse gewähren.

Übungsleiterzuschüsse

Hier werden staatliche Zuschüsse gewährt zu den Kosten für anerkannte Übungsleiter. Der Zuschuß (abgerechnet über den Landessportverband) beträgt z. B. in Bayern zur Zeit 3 DM je anerkannter Übungsstunde. Hinzu kommen 3 DM von Gemeinde und/oder Landkreis. Rechtsgrundlage in Bayern sind die Richtlinien über die Gewährung von Zuwendungen des Freistaates Bayern zu den Kosten für Übungsleiter in Sportvereinen vom 17. 11. 1986 (veröffentlicht z. B. als Beilage zu Bayern-Sport Nr. 51/1986). In Hessen werden die Übungsleiter nach den Richtlinien für die Förderung nichtinvestiver sozialer Maßnahmen (Maßnahmenförderungsrichtlinien – MFR) vom 24. 4. 1978 (letzte Änderung vom 21. 4. 1981 – StAnz. S. 1087) bezuschußt. Rheinland-Pfalz hat die Richtlinien über die Vergabe und Verwendung der dem Landessportbund zugewiesenen Landesmittel (RdErl. d. MfS-GuSp. v. 21. 1. 1976) erlassen, welche durch die Ordnung zur Ausbildung und Förderung von Übungsleitern/Fachübungsleitern und Organisationsleitern des Landessportbundes Rheinland-Pfalz vom März 1984 ergänzt wird. In Württemberg schließlich kann die Zuweisung von Zuschußplätzen gemäß den Förderungsrichtlinien des WLSB beantragt werden (s. Journal vom 12. 12. 1985, S. 7). In einigen Ländern werden Mindestteilnehmerzahlen vorausgesetzt (z. B. in Bayern in der Regel 10); hier könnten die Gruppen durch einen Helfer (der nicht bezuschußt wird) halbiert werden.

Eine indirekte Bezuschussung ergibt sich aus steuerlichen Erleichterungen, z. B. durch den Übungsleiter-Freibetrag (S. 14).

Jugendförderung

Der Bund gibt Zuschüsse für internationale Jugendbegegnungen (Bundesjugendplan; an DTB oder Sportjugend des zuständigen Landessportverbandes wenden). Die Länder bezuschussen Einrichtungen der Jugendarbeit (Baumaßnahmen), die Mitarbeiterbildung, Jugendbildungsmaßnahmen, Grenzlandfahrten, Verdienstausfall (Auskünfte überwiegend bei der Sportjugend). Auch Sonderurlaub kann gewährt oder bezuschußt werden. Die Kommunen unterstützen sportliche Veranstaltungen und die Teilnahme an repräsentativen Sportveranstaltungen (z. B. Deutsche Meisterschaft). Hier sollte man engen Kontakt zum Sportamt halten. Der Kreisjugendring fördert die überfachliche Jugendarbeit. Manche Gemeinden und Landkreise geben auch allgemeine Jugendzuschüsse (gestaffelt nach der Zahl der jugendlichen Mitglieder).

Weitere Förderungsmöglichkeiten

Die Zahl der Möglichkeiten ist kaum überschaubar. Das Land Berlin etwa fördert Sportbegegnungen in Berlin/West durch Fahrtkostenzuschüsse für Hin- und Rückreise (zuständig: Landessportbund Berlin e. V.). Jugendbegegnungen mit Frankreich werden durch das Deutsch-Französische Jugendwerk unterstützt (DTB oder Sportjugend). Berlin, Bonn, Brüssel, Luxemburg und Straßburg etwa geben Zuschüsse für Städtefahrten. Die Landesarbeitsämter unterstützen Bauten im Rahmen der Arbeitsförderungsmaßnahmen (ABM-Maßnahmen). Im Rahmen der Zulassung zum Studium bei bestehendem Numerus Clausus bemüht sich der DSB um Anerkennung als Härtefall bei Hochleistungssportlern.

> *Hinweis:* Angesichts der Vielzahl und Unüberschaubarkeit der öffentlichen Förderungsmaßnahmen ist ständiger, enger Kontakt zu allen zuschußgebenden Institutionen und Ämtern unerläßlich.

Biologisch-medizinische Grundlagen

Aufbau und Funktion menschlicher Organsysteme

Der menschliche Körper besteht aus einer sehr großen Zahl kleinster Einheiten, den Zellen. Da der Mensch ein sehr kompliziertes Lebewesen ist, können nicht alle Zellen die gleichen Aufgaben vollbringen. Sie haben sich deshalb für bestimmte Funktionen spezialisiert. Deshalb gibt es Knochen-, Knorpel-, Muskelzellen und andere. Diese Zellen gleicher Bauart und Funktion bilden dann die entsprechenden Gewebe.

Um eine höhere Funktion vollbringen zu können, genügt oft nicht eine Gewebeart. Dann fügen sich mehrere verschiedene Gewebe zu einem Organ zusammen, z. B. findet sich am Skelett Knochen-, Knorpel- und Bindegewebe.

Skelett

Das Skelett ist der passive Bewegungsapparat. Ein Knochen bewegt sich nicht selbst, er wird bewegt.

Knochenaufbau
Man unterscheidet
- Röhrenknochen, z. B. an den Gliedmaßen,
- platte Knochen, z. B. Brustbein, Schulterblatt,
- unregelmäßige Knochen, z. B. Hand- und Fußwurzelknochen.

Ein Knochen besteht von außen nach innen aus folgenden Schichten (Abb.): Die Knochenhaut besteht aus Bindegewebe, sie enthält außerdem Blutgefäße und – im Gegensatz zum Knochengewebe – Nerven, sie ist deshalb schmerzempfindlich. Die Rindenschicht ist sehr fest, die Zellen liegen dicht beieinander. Die

Knochenbau.

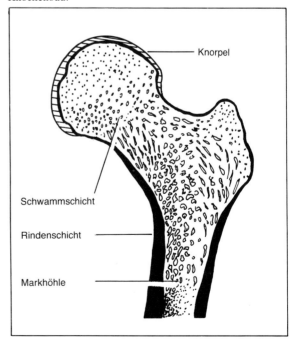

Knorpel

Schwammschicht

Rindenschicht

Markhöhle

Schwammschicht hat einen aufgelockerten Aufbau aus Knochenbälkchen, welche entlang den physikalischen Zug- und Drucklinien verlaufen. Die Markhöhle enthält Knochenmark; bei den platten Knochen befindet sich darin blutbildendes Mark, in den Röhrenknochen Fettmark.

Knochenverbindungen
Knochen können fest miteinander verwachsen sein (z. B. am Schädel), sie können durch Knorpel (z. B. am Brustkorb) oder durch Bindegewebe (z. B. an Unterarm und Unterschenkel) verbunden sein.
Die beweglichen Verbindungen von Knochen untereinander erfolgen über Gelenke.

Aufbau der Gelenke
Man unterscheidet nach den Bewegungsmöglichkeiten einachsige Gelenke, Scharniergelenke (z. B. das Ellbogengelenk) und mehrachsige (z. B. die Kugelgelenke an Schulter und Hüfte). Alle Gelenke bestehen aus:

- den knöchernen Gelenkenden zweier Knochen,
- dem Knorpelüberzug zur Erhöhung der Gleitfähigkeit,
- der Gelenkkapsel aus Bindegewebe,
- den Bändern aus Bindegewebe zur Verstärkung der Kapsel,
- der Gelenkschmiere innerhalb der Kapsel, die die Gleitfähigkeit der Gelenkflächen gewährleistet.

Spezielle Gelenke
Bei den Kugelgelenken bildet ein Knochen den Gelenkkopf (Oberarm und Oberschenkel), der oder die anderen Knochen bilden die Gelenkpfanne (z. B. am Schulterblatt bzw. den Beckenknochen). Beim Kniegelenk findet sich zusätzlich eine Knorpelscheibe, der Meniskus; er erhöht die Elastizität im Gelenk und verbessert die Führung der Knochenenden.

Teile des Skeletts
Schultergürtel: Er besteht aus dem dreieckförmigen Schulterblatt und dem S-förmig gekrümmten Schlüsselbein. Das Schulterblatt liegt auf der Rückseite des Brustkorbs mit seiner leicht gewölbten Innenseite auf den Rippen auf. Es wird durch Muskulatur fixiert. An der oberen äußeren Ecke bildet es mit dem Schlüssel-

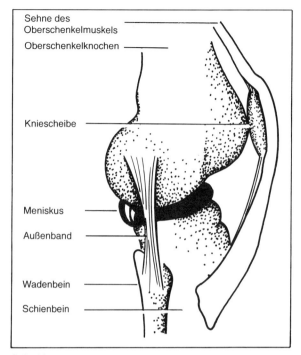

Gelenkige Verbindung zweier bzw. mehrerer Knochen, hier das Kniegelenk.

Schultergelenk.

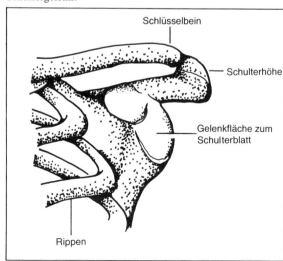

bein das Schultergelenk. Das Schlüsselbein befindet sich vorne oberhalb des Brustkorbes und bildet die Verbindung des Schulterblattes mit dem Brustbein (Abb.).
Arm: Der Oberarmknochen weist an seinem oberen Ende eine Kugel (Verbindung zur Schulter), an seinem unteren Ende einen Knorren (Verbindung zum Unterarm) auf. Der Unterarm besteht aus 2 Knochen, der Elle an der Kleinfingerseite und der Speiche an der Daumenseite. Die Verbindung zum Oberarm erfolgt nur über die Elle (»Ellenbogengelenk«), die Speiche endet unterhalb des Ellenbogens, dort befindet sich das Drehgelenk für die Drehbewegung von Unterarm und Hand. Die Verbindung zur Hand erfolgt nur über die Speiche, die Elle endet knapp oberhalb.
Hand: Die Knochen der Hand sind die 8 Handwurzelknochen, die 5 Mittelhandknochen und 5 Finger mit 2 (Daumen) bzw. 3 Gliedern.
Bein: Am Oberschenkelknochen befindet sich am oberen Ende die Kugel für das Hüftgelenk, jedoch seitlich zum Rumpf versetzt, wodurch der Schenkelhals entsteht. Am unteren Ende ist ein Knorren, der ein Teil des Kniegelenks ist. Den Unterschenkel bilden das Schienbein innen und das Wadenbein außen. Die Verbindung zum Oberschenkel erfolgt über das Schienbein, das Wadenbein endet unterhalb. Die Verbindung zum Fuß schaffen beide Knochen. Der Außenknöchel ist Teil des Wadenbeins, der Innenknöchel Teil des Schienbeins.
Fuß: 7 Fußwurzelknochen, 5 Mittelfußknochen, 5 Zehen mit 2 (Großzehe) bzw. 3 Gliedern.
Wirbelsäule: Sie besteht aus 24 gegeneinander beweglichen Elementen, den Wirbeln (7 Hals-, 12 Brust-, 5 Lendenwirbel) und dem Kreuzbein mit daran hängendem Steißbein. Zwischen den Wirbeln befinden sich Knorpelscheiben (Bandscheiben), sie dienen als Puffer und Stoßdämpfer. Nach hinten haben die Wirbel Fortsätze (Dornfortsatz, Querfortsätze und Gelenkfortsätze), diese bilden gemeinsam den Wirbelbogen. Durch den freibleibenden Innenraum aller Wirbelbögen zieht das Rückenmark, ein Teil des zentralen Nervensystems. Zwischen jeweils zwei Wirbeln verlassen auf beiden Seiten Nerven das Rückenmark (Beginn des peripheren Nervensystems). Besonders stark sind diese Nervenbündel im Bereich der unteren Halswirbelsäule und der Lendenwirbelsäule, weil sie den Arm und das Bein mitversorgen müssen (Ischiasnerv).

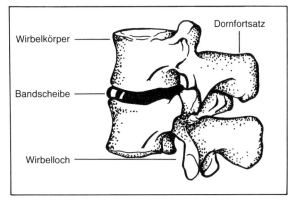

Wirbelsäulenelement.

Skelettmuskel.

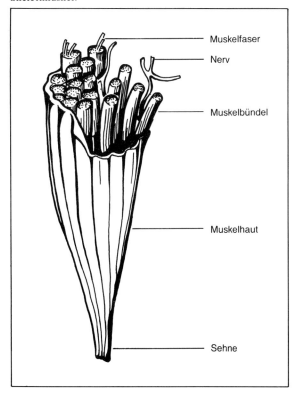

Muskulatur

Die Skelettmuskulatur stellt den aktiven Bewegungsapparat dar. Die Arbeit des Muskels verändert die Stellung von Knochen zueinander, sie stellt Bewegung her. Daneben gibt es noch eine andere Muskelart, die Eingeweidemuskulatur, die feingeweblich einen anderen Aufbau hat.

Muskelaufbau

Ein Skelettmuskel (Abb. S. 37) besteht aus verschiedenen Einheiten. Die kleinste sichtbare Struktur ist die Faser, viele Fasern bilden ein Muskelbündel, eine Gruppe von Bündeln dann den Gesamtmuskel. Im Querschnitt sieht ein Muskel wie ein durchgeschnittenes Fernsehkabel aus. Die einzelnen Bündel und der Gesamtmuskel sind von einer Bindegewebshülle umgeben, der Muskelhaut.

Zur Befestigung am Knochen geht der Muskel an seinem Anfang und Ende in Bindegewebe über und bildet damit die Sehnen. Sehnen sind also ein Teil des Muskels und wachsen in den Knochen ein. Außerdem enthält der Muskel Blutgefäße, die ihm die notwendigen Stoffe zur Energiegewinnung zuführen, und Nervenstränge, die die Impulse zur Steuerung der Muskelarbeit weiterleiten.

Funktion des Muskels

Das äußere Erscheinungsbild für die Arbeit des Muskels besteht in der Zusammenziehung (Kontraktion), dabei verkürzt er sich und wird dicker. An den Befestigungspunkten der Sehnenenden entsteht dadurch eine erhöhte Belastung. Auch in Ruhe ist ein Muskel nie völlig entspannt, er behält eine Dauerspannung.

Zur Energiegewinnung benötigt der Muskel Sauerstoff und Traubenzucker (Glucose), der in Form von Glykogen im Muskel gespeichert wurde. Auf kompliziertem Wege wird dieses Glykogen gespalten, dabei entsteht ATP (Adenosin-Triphosphat), ein weiterer Abbau führt dann zur Kontraktion des Muskels.

Bei starkem Energiebedarf wird diese auch *ohne Sauerstoffverbrauch (anaerob)* bereitgestellt. Dabei bildet sich Milchsäure (Laktat), es kommt zu einer Ermüdung des Muskels. Bei der Energiebereitstellung *mit Sauerstoffverbrauch (aerob)* ist der Energiegewinn wesentlich höher als ohne Sauerstoff, allerdings erfolgt sie langsamer.

Verlauf der Muskeln

Einem Muskel, der eine bestimmte Bewegung bewirkt, entspricht ein anderer Muskel mit genau entgegengesetzter Wirkung. Dieser Muskel wird in der medizinischen Fachsprache *Antagonist* genannt. Die beiden entgegengesetzt wirkenden Muskeln haben die Aufgabe, die Gliedmaßen in Ruhe im Gleichgewicht zu halten und eine dosierte, geführte Bewegung zu ermöglichen. So gehört zu einem »Heber« ein »Senker«, zu einem »Beuger« ein »Strecker«, zu einem »Innenroller« ein »Außenroller«. In der Regel ist für eine solche Bewegung nicht nur ein Muskel, sondern eine Muskelgruppe zuständig.

Um eine Bewegung hervorzurufen, also eine Stellungsänderung zweier Knochen, muß ein Muskel mindestens ein Gelenk überspannen. Die Muskeln zur Bewegung von Fingern und Hand liegen größtenteils am Unterarm, diejenigen für die Bewegung des Unterarms am Oberarm und die für die Bewegung des Oberarms im Bereich des Schultergürtels, also Brust, Schulter, Nacken.

Entsprechend sind die Verhältnisse am Bein: Bewegung Zehen und Fuß: Muskulatur am Unterschenkel. Bewegung Unterschenkel: Muskulatur Oberschenkel. Bewegung Oberschenkel: Muskulatur Becken, im wesentlichen Gesäßmuskulatur.

An Stellen besonderer Belastung verlaufen die Sehnen in zusätzlichen bindegewebigen Hüllen, den Sehnenscheiden, zum Beispiel am Handgelenk und am Fuß. Dadurch wird vermieden, daß die Sehne an diesen Stellen direkt am Knochen anliegt. Unter Umständen bilden Schleimbeutel ein weiteres Polster.

Herz-Kreislauf-System

Herz

Das Herz ist ein Muskelhohlorgan, die Art der Muskulatur entspricht feingeweblich weder der Skelett- noch der Eingeweidemuskulatur, da sie wegen der Dauerbeanspruchung anderen Anforderungen unterliegt.

Das Herz ist innen von einer Bindegewebsschicht, der Herzinnenhaut, ausgekleidet. Außen ist die Muskelschicht vom Herzbeutel umgeben, der aus zwei bindegewebigen Schichten besteht. Der Innenraum ist durch eine durchgehende, größtenteils muskuläre Wand in eine rechte und eine linke Herzhälfte geteilt. Durch

besondere Ausstülpungen der Herzinnenhaut werden diese Hälften nochmals unterteilt in je einen Vorhof und eine Kammer. Diese Gebilde sind die Herzklappen, nach ihrer Form auch Segelklappen genannt.
Zur Ernährung des Herzmuskels dienen die Herzkranzgefäße, die außen auf dem Herzen liegen.
Die Funktion des Herzens besteht in der Kontraktion (Zusammenziehung) des Herzmuskels, das Herz ist eine Muskelpumpe. Dieser Pumpvorgang, bei dem Blut aus dem Herzen herausgedrückt wird, ist der Herzschlag. Diese Arbeitsphase des Herzens heißt Systole. Zwischen zwei Herzschlägen füllt sich das Herz wieder mit Blut; dies ist die Erholungsphase, Diastole.
Die Herzschlagzahl in Ruhe beträgt 60 bis 80 Schläge/Min.; bei maximaler Belastung sind Frequenzen von 200 Schlägen/Min. möglich, bei submaximaler Belastung von 140 bis 170 Schläge/Min.
Die Schlagfolge des Herzens wird von einem selbständigen (autonomen) Reizbildungs- und Reizleitungssystem gesteuert. Dieses ist wiederum von einem Teil unseres Nervensystems, dem vegetativen Nervensystem, abhängig.

Blutgefäße

Aus dem Herzen wird das Blut in die Blutgefäße gepumpt. Die vom Herzen abgehenden Gefäße sind die Schlagadern (Arterien), deren Wand wird durch die Blutwelle des Herzschlages vorgewölbt, so daß der Herzschlag als Puls fühlbar wird.
Die Schlagadern verzweigen sich dann im ganzen Körper, die dünnsten Verzweigungen heißen Haargefäße (Kapillaren). Anschließend vereinigen sich die Gefäße wieder in immer größer werdenden Adern (Venen), die das Blut zum Herzen zurücktransportieren.
Entsprechend dem Druck des Blutstroms ist die Wanddicke der Gefäße unterschiedlich, Arterien haben eine wesentlich dickere Wand als Venen und die Wand der Haargefäße ist so dünn, daß Bestandteile des Blutes durchtreten und andererseits Stoffe aus den Geweben in das Blut übertreten können.
Weil der Druck in den Venen stark abgefallen ist, müssen Hilfsmechanismen dafür sorgen, daß das Blut zum Herzen zurückfließen kann, was besonders für den Rückfluß aus den Beinen erforderlich ist.
Dazu dienen einerseits Klappen an der Veneninnenwand, die das Zurückfließen des Blutes aufhalten, und

andererseits der Druck der arteriellen Pulswelle, der die Venenwand etwas zusammendrücken kann, da Arterien und Venen meistens nebeneinander verlaufen. Schließlich dient auch die Muskelarbeit der Förderung des Blutrücklaufes, da der bei der Kontraktion entstehende Muskelbauch ebenfalls die Venenwand zusammendrückt und das Blut dadurch weiterbefördert (Muskelpumpe).
Es gibt zwei Kreisläufe des Blutes, die mit der Funktion des Blutes zusammenhängen.

- *Großer Kreislauf* oder Körperkreislauf bzw. Versorgungskreislauf: Er versorgt alle Organe mit Sauerstoff und Nährstoffen, es fließt daher sauerstoffreiches Blut aus dem Herzen heraus und es kehrt sauerstoffarmes in das Herz zurück. Deshalb ist anschließend zwingend erforderlich:
- *Kleiner Kreislauf* oder Lungenkreislauf oder Auffrischungskreislauf: Er besteht ebenfalls aus Arterien, Kapillaren und Venen. Dabei tritt in den Haargefäßen der Lunge ein Teil des eingeatmeten Sauerstoffs in das Blut über und steht dann wieder der Versorgung der Organe zur Verfügung.

Blut

Rote Blutkörperchen (Erythrocyten), pro mm^3 4 bis 5 Mill. Sie enthalten den Blutfarbstoff Hämoglobin und dienen dem Sauerstofftransport, was durch das im Blutfarbstoff enthaltene Eisen möglich wird.
Weiße Blutkörperchen (Leukozyten), pro mm^3 ca. 6000 bis 8000. Die Zellformen sind je nach Form und Größe des Zellkerns unterschiedlich, sie dienen der Abwehr von Krankheitskeimen.
Blutplättchen (Thrombocyten), pro mm^3 ca. 150 000 bis 300 000. Sie sind ein Teil des Blutgerinnungssystems.
Der flüssige Teil des Blutes ist das *Plasma*. Tritt Blut aus den Blutgefäßen aus, so gerinnt es, d. h., die festen Bestandteile verklumpen mit Hilfe eines Stoffes aus dem flüssigen Teil, dem Fibrinogen. Der restliche flüssige Teil, also Plasma ohne Fibrinogen, heißt Serum.
Im Serum befinden sich die Grundbausteine der Nahrung, also Fette, Eiweiße und Kohlenhydrate, aber auch Vitamine und Mineralien. Außerdem transportiert das Blut für den Stoffwechsel unseres Körpers notwendige Stoffe, wie z. B. Hormone und Fermente und schließlich auch Stoffwechselprodukte, die zum Teil in der Niere abgefiltert werden.

Störungen und Erkrankungen des Herz-Kreislauf-Systems

Herz: Angeborene Störungen sind Fehlbildungen am Herzen oder falsch abgehende große Gefäße. Dadurch ist die Sportfähigkeit eines Menschen aber stark eingeschränkt, insbesondere für Tennis. Unter Umständen können Störungen der Herzfunktion auch erworben werden. Dazu gehören akute Entzündungen an der Herzinnenhaut. Diese können zu Herzklappenfehlern und damit zur bleibenden Funktionsstörung führen. Akute Entzündungen der Herzmuskulatur können im Prinzip bei jeder fieberhaften Infektion auftreten, die Folge ist eine Leistungseinschränkung des Herzens mit nachlassender Förderleistung. Deshalb muß jede fieberhafte Erkrankung voll abgeklungen sein, bevor der Sportler sich körperlich beansprucht. Durchblutungsstörungen des Herzmuskels können vorübergehend als Angina pectoris oder akut durch eine plötzliche Unterbrechung der Blutzufuhr für einen kleineren oder größeren Bezirk auftreten. Dies führt zum Herzinfarkt.

Im Alter von über 40 Jahren sollte man sich vor größerer körperlicher Beanspruchung erst einer ärztlichen Untersuchung unterziehen, vor allem derjenige, der mit dem Tennissport erst beginnen will.

Ein Sportlerherz ist ein vergrößertes Herz, aber kein krankes Herz. Das Herz und insbesondere die Muskulatur hat sich vielmehr der geforderten erhöhten Leistung angepaßt.

Kreislauf: Eine schlechte Kreislaufleistung und damit eine Unterversorgung von Organen mit Blut kann durch eine schlechte Herzförderleistung hervorgerufen werden. Ursachen können die vorgenannten Störungen sein. Außerdem kann der Kreislauf durch eine schlechte Ausbildung des Gefäßsystems bedingt sein. Bei arteriellen Durchblutungsstörungen ist der Zufluß zu einem Körpergebiet vermindert, Ursache dafür kann jahrelanger Nikotingenuß sein. Verhältnismäßig häufig sind venöse Durchblutungsstörungen, insbesondere durch eine Wandschwäche der Venen (Krampfadern); dadurch kommt es zu einem schlechten Rückfluß und Stauungen vor allem in den unteren Gliedmaßen. Veränderungen des Blutdrucks sind nicht in jedem Fall krankhaft. Während ein zu hoher Blutdruck immer behandelt werden muß, kann ein niedriger für die Funktion noch völlig ausreichend sein. Anders ist die Situation bei plötzlichem Abfall des Blutdrucks (Kollaps).

Die mögliche Belastungsintensität bei hohem Blutdruck darf nur der Arzt festlegen. Eine dosierte Belastung ist z. B. als Trainingsreiz für die Wandspannung der Gefäße und damit der Durchblutung der Organe günstig, wenn der Blutdruck niedrig ist.

Atemwege

Die Atemwege dienen dazu, mit der Einatmungsluft Sauerstoff in den Körper zu bringen und mit der Ausatmungsluft Kohlendioxyd abzutransportieren. In der uns umgebenden Luft sind ca. 20% Sauerstoff, der Sauerstoffgehalt der Ausatmungsluft beträgt aber immer noch 16%. In größerer Höhe über dem Meeresspiegel nimmt der Sauerstoffgehalt der Luft immer mehr ab. Bei körperlicher Aktivität wird vermehrt Sauerstoff gebraucht, dies gelingt nur durch schnelleres, häufigeres Atmen. In Ruhe beträgt die Atemfrequenz eines Erwachsenen 16 bis 20 Atemzüge/Min.

Obere Atemwege

Zu den oberen Luftwegen gehört die Nase. Sie reinigt die Luft, erwärmt sie und feuchtet sie an. Außerdem ist sie ein Sinnesorgan für das Riechen.

Weiter gehören dazu der Rachen und die Luftröhre. Der obere Teil der Luftröhre ist der Kehlkopf, hier wird die durchströmende Luft zur Stimmbildung benutzt.

Untere Atemwege

Die unteren Atemwege befinden sich in der Lunge.

Die Luftröhre teilt sich an ihrem unteren Ende in die beiden großen Hauptbronchien, die in die beiden Lungenflügel führen. Dort verzweigen sich die Bronchien in immer dünnere Röhren, sie bilden den sogenannten »Bronchialbaum«. Am Ende der feinsten Äste dieses Baumes sind die »Blätter«, die Lungenbläschen.

Diese haben so feine Wände, daß Sauerstoff durchtreten kann. Er wird aufgenommen von dem Geflecht der Haargefäße des Lungenkreislaufes, das Blut wird dadurch wieder sauerstoffreich. Gleichzeitig wird Kohlendioxyd in die Lungenbläschen abgegeben und von dort ausgeatmet.

Brustfell

Umhüllt ist die Lunge von zwei dünnen Schichten, dem Rippenfell und dem Lungenfell.

Nervensystem

Zentrales Nervensystem

Das zentrale Nervensystem besteht aus Gehirn und Rückenmark.

In beiden Teilen werden Reize, Signale von außen weitergeleitet und zum Teil umgeschaltet auf andere Leitungsbahnen, welche Reaktionen auf diese Reize auslösen.

Im Gehirn werden die Signale außerdem gespeichert, um sie bei Bedarf wieder abrufen zu können oder sie mit anderen zu vergleichen und vielleicht als bekannt zu erkennen (Erinnerung).

Die Stellen, an denen gespeichert wird, liegen für bestimmte Eindrücke fest (Zentren). Außerdem gibt es Zentren für bestimmte Leistungen, Reaktionen, z. B. das Atemzentrum oder die für die Bewegungsimpulse (Signale an die Muskeln) zuständigen Abschnitte des Gehirns.

Peripheres Nervensystem

Das periphere Nervensystem besteht aus Gefühls- und Bewegungsnerven.

Die Gefühlsnerven beginnen in der Haut und melden ihre Eindrücke an das Rückenmark. Die Bewegungsnerven beginnen im Rückenmark und leiten die Impulse (Kommandos) an die Peripherie, besonders in die Muskulatur. Die Muskeln ziehen sich als Antwort auf diese Signale zusammen, damit wird Bewegung möglich.

Periphere Nerven können sich entzünden, aber auch verletzt werden, da sie oft oberflächlich und an Knochen entlang verlaufen. Bereits beim Austritt aus dem Rückenmarkskanal sind Schäden durch Verrutschen von Wirbeln oder Bandscheiben oder durch Druck von Knochenvorsprüngen möglich.

Vegetatives Nervensystem

Das vegetative Nervensystem versorgt die inneren Organe (Eingeweide). Es ist den willentlichen Kommandos des Gehirns nicht unterworfen; es arbeitet autonom, unwillkürlich.

Das vegetative Nervensystem besteht ebenfalls aus zwei Teilen:

- Der Sympathicus, der im Wesentlichen die Funktionsabläufe fördert, beschleunigt.

- Der Parasympathicus, der meist verlangsamt, hemmt.

Die beiden Teile sind Gegenspieler. Eine Übererregbarkeit dieses Systems wird als Nervosität bezeichnet.

Sportverletzungen und Sportschäden

Sportverletzungen sind akut auftretende Veränderungen von Geweben und Organen während der Ausübung eines Sportes.

Sportschäden sind Veränderungen im Aufbau oder in der Funktion eines Organes, die sich langsam entwickeln, deren Ursachen aber in der Fehl- oder Überbelastung während einer sportlichen Betätigung zu suchen sind.

Schließlich kommen noch Schäden vor, die während der Sportausübung entstehen und in einer Störung oder dem Zusammenbruch von Funktionen bestehen (z. B. Hitzeschäden).

Verletzungen der Knochen

Knochenbrüche (Frakturen)

Unterbrechung der Kontinuität eines Knochens. Komplikation: Verschiebung der Bruchstücke gegeneinander oder Verbindung nach außen (offener Bruch). Als Tennisverletzung selten.

Erste Hilfe: Ruhigstellung durch Behelfsschiene, weitere Versorgung durch den Arzt.

Knochenausrisse

Diese entstehen an der Ansatzstelle von Sehnen bei abrupter starker Beanspruchung eines Muskels. Dabei bleibt ein Stückchen Knochen an der ausgerissenen Sehne hängen.

Erste Hilfe: Ruhigstellung, weitere Versorgung durch den Arzt, entweder konservativ oder operativ durch Fixieren des ausgerissenen Stückes am Knochen.

Verletzungen der Gelenke

Geschädigt werden die Teile des Halteapparates: Kapsel und Bänder, Abnutzungen beeinträchtigen die übrigen Teile.

Zerrung (Distorsion)

Bei der Zerrung handelt es sich um eine Überdehnung des Gewebes.

Riß

Beim Riß ist eine teilweise oder vollständige Zerstörung der Gewebestruktur vorhanden. Eine starke Zerrung ist zunächst nicht von einem Riß zu unterscheiden.

Symptome (Krankheitszeichen): In beiden Fällen Schmerzen und Schwellung durch Austritt von Blut und Gewebewasser.

Erste Hilfe: Spielabbruch, Kälte, Stützverband. Abklärung des Verletzungsausmaßes durch Arzt. Bei Zerrung genügt weitere Ruhigstellung, bei Riß operative Korrektur.

Verrenkung, Auskugelung (Luxation)

Die Gelenkenden stehen nicht mehr in der richtigen Stellung zueinander, Beweglichkeit aufgehoben.

Erste Hilfe: Stützverband ohne Versuch der Einrenkung. Diese bleibt dem Arzt vorbehalten, da erst geklärt werden muß, ob weitere Schäden am Kapsel-Band-Apparat oder Knochen vorliegen.

Verletzungen der Muskeln

Da Sehnen ein Teil des Muskels sind, fallen deren Verletzungen ebenfalls hierunter.

Zerrung

Zerrung bedeutet wiederum eine Überdehnung des Gewebes.

Riß

Eine teilweise oder vollständige Durchtrennung des Muskels. Entsprechend dem anatomischen Aufbau kann es sich beim Muskel um einen Riß von Fasern, eines oder mehrerer Bündel oder des gesamten Muskels handeln. Die tatsächlichen Verhältnisse sind unmittelbar nach der Verletzung kaum zu unterscheiden.

Symptome: Wie bei Gelenkschäden.

Erste Hilfe: Wie bei Gelenkschäden, Kälteanwendung und Ruhigstellung. Arzt hinzuziehen.

Achtung! Sowohl nach Gelenk- wie nach Muskelverletzungen muß die Wiederaufnahme der Funktion vorsichtig mit allmählicher Steigerung der Intensität erfolgen, denn während der Ruhigstellung und Heilung hat das Gewebe an Elastizität verloren. Es muß langsam auftrainiert werden, anfangs am besten unter fachlicher Anleitung (Krankengymnastin, Masseur, Physiotherapeut).

Verletzungen der Haut

Schürfwunden

Schürfwunden sind in der Regel verschmutzt, deshalb nur vorsichtige Säuberung, um nicht Sandkörner oder Steinchen tiefer in die Wunde zu reiben.

Erste Hilfe: Desinfektion, dann je nach Ausdehnung offene Versorgung mit Wundgel oder geschlossene mit steriler Abdeckung, Salbenverband oder Verbandgaze.

Platz- oder Rißwunden

Diese Wunden sind ebenfalls infektionsgefährdet, die Blutung ist in der Regel stärker als bei Schürfwunden.

Erste Hilfe: sterile Abdeckung, bei größeren Wunden wird Naht erforderlich sein, bei stärkerer Blutung Verband als Druckverband.

Achtung! Bei allen offenen Verletzungen der Haut auf vollständigen Impfschutz gegen Wundstarrkrampf (Tetanus) achten!!

Blasen

Blasen entstehen durch umschriebene Reibungen an der oberen Hautschicht. Es kommt zu Gewebeschäden mit Austritt von Gewebewasser. Die Vorstufe ist eine entzündliche Reizung, wodurch es zur Rötung kommt.

Erste Hilfe: Sterile, trockene Abdeckung, kleine Blasen trocknen ein, größere sollten in der Regel unter sterilen Bedingungen geöffnet werden, sofern sie nicht spontan platzen. Offene Blasen sind infektionsgefährdet. Im Vorstadium Abdeckung durch Heftpflaster (kein Wundschnellverband).

Prellungen

Unter Prellung versteht man eine stumpfe, also nicht offene Verletzung von Weichteilen durch eine plötzliche starke Gewalteinwirkung. Dabei kommt es zu Zerreißungen von Gewebe, dadurch zum Austritt von Blut und Gewebewasser, also zur Schwellung. Die Prellung

ist meist sehr schmerzhaft. Steht der Austritt von Blut im Vordergrund, so handelt es sich um einen Bluterguß (Hämatom).
Erste Hilfe: Kälte, Druck- und Stützverband, erst später Salbenverbände.

Erste-Hilfe-Koffer

Im folgenden wird ein Vorschlag für den Inhalt gemacht, der natürlich nach persönlichen Bedürfnissen modifiziert oder erweitert werden kann.
Diese Liste enthält die Materialien für eine Grundversorgung. Vorbeugende Mittel (Sonne, Insektenstiche) sind nicht angegeben.

- Kühlspray
- Hautdesinfektionsmittel
- Wundschnellverband: 4 cm, 6 cm und 8 cm breit
- Heftpflaster: 1,25 cm und 2,5 cm breit
- Elastische Mullbinden, je 2 Stück: 4 cm, 6 cm und 8 cm breit
- Elastische Fixierbinden, je 2 Stück: 4 cm, 6 cm, 8 cm und 10 cm (z. B. Peha-crepp, Peha-haft, Haftelast)
- Mullkompressen: 5 × 5 cm, 7,5 × 7,5 cm und 10 × 10 cm je 2 Stück
- Verbandspäckchen mittel und groß je 2 Stück
- 2 Dreieckstücher
- Sport-Tape in 3 Breiten
- Antihistaminsalbe gegen Insektenstiche
- Sicherheitsnadeln
- Schere
- Splitterpinzette
- Massage-Öl
- Muskel-Fluid
- Schmerztabletten (z. B. Godamed).

Sportschäden

Die am Anfang dieses Kapitels definierten Sportschäden treten am Bewegungsapparat auf.

Knochenhautentzündung

Bei starker Belastung oder wechselnden Trainingsbedingungen – Wechsel von harter zu weicherer Unterlage oder umgekehrt, Wechsel des Schuhwerks – können Zug- und Spannungserscheinungen der Muskulatur auf die Knochenhaut übertragen werden und es kommt dann dort zu schmerzhaften Entzündungserscheinungen. Vor allem betroffen sind die Schienbeine.
Diesen Beschwerden kann durch Anpassung der Trainingsintensität vorgebeugt werden. Zur Behandlung ist Trainingsunterbrechung erforderlich; der Arzt wird entzündungshemmende Maßnahmen ergreifen.

Tennisellbogen

Die Entzündung am Sehnenansatz ist ein häufiger Sportschaden des Tennisspielers (auch Tennis-Arm oder Epikondylitis). Allerdings ist die Entzündung des Sehnenansatzes nicht die einzige Ursache.
Die Reizung des Sehnenansatzes beruht auf mechanischen Überlastungen. Daher ist vor allem die Muskulatur betroffen, die die Hand im Handgelenk nach oben beugt und an der Außenseite des Ellbogens ansetzt.
Das Auftreten hängt weitgehend von der Spieltechnik und dem Sportgerät ab (Schlägergewicht, Griffstärke, Bespannungshärte). Die Behandlung erfolgt durch verschiedene entzündungshemmende Maßnahmen, sie ist

Ellbogengelenk mit Ansatz des Handbeugermuskels.

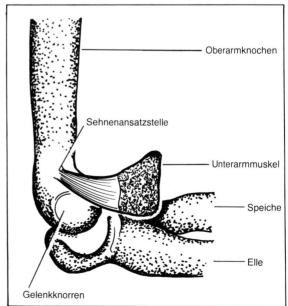

- Oberarmknochen
- Sehnenansatzstelle
- Unterarmmuskel
- Speiche
- Elle
- Gelenkknorren

oft langwierig. Bei hartnäckigen Fällen ist sogar an eine die Sehne entlastende Operation zu denken. Auch verschiedene Arten von Bandagen sind zur Entlastung der Sehne entwickelt worden.

Der Tennisellbogen tritt nicht nur beim Tennisanfänger auf. Beim älteren Menschen setzen sich die Schmerzen oft in den Oberarm fort und erreichen evtl. den Schultergürtel. Dann sind meist Verschleißerscheinungen an der Halswirbelsäule die Ursache. Hinzutreten können rheumatische Prozesse. Dadurch wird verständlich, daß es unterschiedliche Behandlungswege zur Beseitigung der Beschwerden gibt.

Auch in diesen Fällen sind die mechanischen Voraussetzungen und die Technik von ausschlaggebender Bedeutung.

Sehnenscheidenentzündung

Eine starke, anhaltende, ungewohnte Belastung eines Muskels und seiner Sehne überfordert die Gleitfähigkeit der Sehne, insbesondere an den Stellen, wo sie dicht über Knochen verläuft. Es kommt dann zu Reiz- und Entzündungsreaktionen der Sehne selber und der sie dort zum Schutz umgebenden Hülle, der Sehnenscheide. Bevorzugte Stelle ist das Handgelenk. Hilfe bringt nur Ruhestellung, unter Umständen über einen längeren Zeitraum.

Patallaspitzensyndrom

Dabei handelt es sich um einen Reizzustand an der Spitze der Kniescheibe, ausgelöst durch Überbeanspruchung des an der Vorderseite des Oberschenkels liegenden Streckmuskels für den Unterschenkel.

Achillessehnenreizung

Dabei kann es sich um eine Überlastung der Sehne selbst handeln oder um eine Entzündung des umgebenden Gewebes, dem Gleitlager. Auch Veränderungen am Fersenbein können Auslöser sein. Die Behandlung muß auch in diesem Fall mit Sportverbot beginnen. Die weiteren Maßnahmen richten sich nach der Ursache. Wiederholte Entzündungen und Reizungen können eines Tages zum Achillessehnenriß führen.

Muskelkrampf

Ein Muskelkrampf ist eine plötzliche, sehr starke Kontraktion, die über das für die gewünschte Bewegung erforderliche Maß hinausgeht. Außerdem fehlt die normalerweise auf die Kontraktion folgende Entspannung. Als Ursachen kommen u. a. in Frage: momentan schlechte Koordination, Durchblutungsstörung, Übermüdung, Flüssigkeitsverlust (Schweiß), Kälte. Zur Lösung des Krampfes muß die Muskulatur der Antagonisten vorsichtig bewegt und dadurch die betroffene Muskulatur vorsichtig gedehnt werden.

Muskelkater

Es handelt sich um einen schmerzhaften Spannungszustand der Muskulatur, welcher nach der Belastung evtl. auch in größerem Zeitabstand auftritt.

Als Ursache werden angenommen: entweder eine Übermüdung der Muskulatur mit verstärkter Ansammlung von Milchsäure oder kleinste Verletzungen an den Muskelfasern. Im ersten Fall kann eine leichte Tätigkeit des Muskels oder andere durchblutungsfördernde Maßnahmen den Abbau der Milchsäure fördern. Im anderen Fall werden die Beschwerden durch diese Maßnahmen nicht nachlassen, es ist dann Ruhigstellung zur Ausheilung der Mikroverletzungen erforderlich.

Hitzeschäden

Sonnenstich

Er entsteht durch direkte starke Sonneneinstrahlung auf den ungeschützten Kopf und Nacken. Menschen mit schütterem Haar sind besonders gefährdet. Durch die starke Überwärmung und Durchblutung kann es zur Gehirnschwellung kommen.

Symptome sind Kopfschmerz, Schwindel, Erbrechen, in schweren Fällen Bewußtseinsstörung und Bewußtseinsverlust.

Hitzschlag

Dabei handelt es sich um eine allgemeine Überwärmung mit Wärmestau im Körper. Die Symptome sind wie beim Sonnenstich, nur die Gesichtsfarbe ist nicht hochrot, sondern blaß.

Erste Hilfe in beiden Fällen: Lagern im Schatten, Kleidung lockern, Kühlung, mineralhaltige Getränke, wenn Bewußtsein erhalten. Kopfhochlagerung bei rotem, Tieflagerung bei blassem Kopf.

Ernährung

Nahrungsbilanz

Alle Zellen des menschlichen Körpers benötigen für ihren Aufbau und ihre Erneuerung ständig die Zufuhr von Stoffen. Die Funktionsfähigkeit ist außerdem abhängig von der Energiebereitstellung.

Diese Voraussetzung erfüllt die regelmäßige Zufuhr von Nahrung, welche die Grundbausteine von Eiweiß, Fett und Kohlenhydraten, außerdem Vitamine, Mineralsalze und Wasser enthalten muß.

Der Gesamtbedarf an Nahrung ist abhängig vom Körpergewicht und von der Beanspruchung. Die Zufuhr von Nahrung muß im Verhältnis zum Verbrauch gesehen werden, die Nahrungsbilanz also muß stimmen. Deshalb sind bei Angaben über die Nahrungsmenge immer diese Voraussetzungen zu berücksichtigen.

Nahrung und Beanspruchungsform

Außerdem spielen Art und Dauer der Beanspruchung eine Rolle. Für Kraftleistungen benötigen wir mehr Eiweiß, für Ausdauerleistungen mehr Kohlenhydrate. Im Tennis sind vor allem Schnelligkeit und Ausdauer gefordert. Deshalb muß die Zufuhr von Kohlenhydraten im Vordergrund stehen. Lediglich in der Aufbauphase ist eine verstärkte Zufuhr von Eiweiß erforderlich. Normalerweise also mehr Obst, Gemüse, Teigwaren, Kartoffeln, Reis, Brot und weniger Fleisch. Als Faustregel kann gelten, daß die Nahrung zu 60% aus Kohlenhydraten, 15% aus Eiweiß und 25% aus Fett bestehen sollte. Fett dient als Reserve-Energiequelle, deshalb darf es bei der Nahrung eines Menschen mit höherer körperlicher Beanspruchung, wie es beim Sportler der Fall ist, nicht vernachlässigt werden.

Grundbausteine der Nahrung und Energiebereitstellung

Kohlenhydrate werden bei der Verdauung abgebaut zu Einfachzuckern, im wesentlichen zu Glucose (Traubenzucker), diese baut der Körper dann zu der Depotform Glykogen um. Glykogen wird vor allem im Muskel, aber auch in der Leber gespeichert und steht dort zur Energiegewinnung zur Verfügung. Abhängig ist die Energiebereitstellung von der Art, in welcher wir die Kohlenhydrate dem Körper zuführen. Dies ist in der Regel die Stärke, ein Vielfachzucker, der erst in mehreren Schritten zum Einfachzucker abgebaut werden muß. Dies erfordert Zeit. Deshalb gelingt die rascheste Bereitstellung über die Zufuhr von Einfachzuckern.

Die Nahrung liefert Energie durch die Verbrennung mit Sauerstoff. Die Kohlenhydratverbrennung erfolgt rasch mit relativ wenig Sauerstoffverbrauch, während die Fettverbrennung wesentlich mehr Sauerstoff benötigt, die Kohlenhydrate sind also wirtschaftlicher zur Energiegewinnung.

Deshalb ist es in der Wettkampfphase wichtig, die durch den Energieverbrauch entleerten Glykogenspeicher möglichst rasch wieder aufzufüllen, besonders dann, wenn kurze Zeit nach dem Verbrauch eine erneute Beanspruchung zu erwarten ist (Tennisturnier!). Die Auffüllung geschieht durch die Zufuhr leicht verdaulicher, schnell zur Verfügung stehender Kohlenhydrate, wie sie uns in Früchten, Fruchtsäften und Getreide (Müsli-Riegel) zur Verfügung stehen.

Die Depotauffüllung soll möglichst rasch, also zwischen den einzelnen Runden eines Turniers, bei einem langen Match auch zwischendurch erfolgen. Langes Zuwarten entleert die Depots zu stark, die Auffüllung braucht mehr Zeit.

Fett kommt nur als Reserve-Energiequelle in Betracht. Neben dem bereits erwähnten erhöhten Sauerstoffverbrauch ist noch zu berücksichtigen, daß hier die Energiegewinnung fast doppelt so lange braucht wie bei den Kohlenhydraten und außerdem die Ausbeute geringer ist.

Zusammenstellung der Nahrung

Bei der Zusammenstellung der Nahrung muß bedacht werden, daß der Stoffwechsel des Menschen auf eine gemischte Kost ausgerichtet ist. Einseitige Ernährungsweisen mit Überbetonung einzelner Nahrungsbestandteile über das oben empfohlene Maß hinaus oder nur pflanzliche Herkunft erfüllen nicht die Anforderungen, die an die Ernährung eines Sportlers gestellt werden. Gemischte Kost heißt eine Zusammenstellung der Nahrung aus pflanzlichen und tierischen Bestandteilen. Dies ist insbesondere dann erforderlich, wenn hohe körperliche Leistungen erbracht werden müssen. Rein vegetarische Ernährung, also nur aus pflanzlichen Materialien, reicht dann nicht aus, die erforderlichen Nahrungsmengen wären gar nicht zu schaffen. Allenfalls eine lactovegetabile Kost, die neben pflanzlichen Bestandteilen Milch und Milchprodukte enthält, könnte den Bedarf decken.

Vitamine

Neben den Grundnahrungsbestandteilen Fett, Eiweiß und Kohlenhydraten benötigt der menschliche Organismus für seinen Stoffwechsel auch die Vitamine und dies beim Leistungssportler in höherem Maße als beim Nichtsportler. Vitamine werden gebraucht als Vermittler und Anreger von Stoffwechselprozessen. Insbesondere gilt dies für die Vitamine der Gruppe B, die für den Kohlenhydrat- und Eiweißstoffwechsel notwendig sind. Der Normalverbraucher deckt seinen Vitaminbedarf über die Nahrung, dies gilt auch für den Freizeitsportler, wenn er gemischte Kost zu sich nimmt. Lediglich der Leistungs- und Hochleistungssportler könnte in ein Defizit kommen und benötigt deshalb eine zusätzliche Gabe von Vitaminen durch die Einnahme entsprechender Präparate.

Ballaststoffe

Auch der Sportler darf in seiner Nahrung die Ballaststoffe nicht vergessen. Darunter versteht man Nahrungsbestandteile, die nicht verdaut werden, also für den Stoffwechsel nicht verwertbar sind und deshalb den Körper als unverdaute Reste, Schlacken, wieder verlassen. Sie regen die Beweglichkeit des Magen-Darm-Traktes und damit den Weitertransport der Nahrung an. Ballaststofffreie Nahrung kommt auf längere Zeit nur für die Behandlung bestimmter Krankheiten oder für außergewöhnliche Situationen (Astronauten) in Frage.

Flüssigkeit

Für die Funktion des menschlichen Körpers ist die Zufuhr von Flüssigkeit unverzichtbar.
Insbesondere ist auf den Ausgleich des Flüssigkeitsverlustes zu achten, der vor allem durch Schwitzen verursacht wird.

Mineralstoffe

Da Schweiß bekanntlich auch Salze enthält, ist auch an deren Ersatz zu denken. Dabei kommt es nicht nur auf das Kochsalz an, sondern mehr noch auf andere Mineralien. Sie kommen oft nur in sehr geringer Menge im Körper vor und werden daher Spurenelemente genannt; für den Stoffwechsel der Zellen sind sie lebensnotwendig. So wissen wir heute, daß Magnesium für den Muskelstoffwechsel wichtig ist, ein Mangel kann zu Muskelkrämpfen führen.
Mineralwasser ist zum Ausgleich von Wasser- und Salzverlusten sehr gut geeignet, vor allem, wenn die Analyse, der Gehalt an den Inhaltsstoffen die richtige Zusammensetzung aufweist. Größere Verluste kann man damit nicht kompensieren. In einem solchen Fall sind Mineraldrinks angezeigt, unter Umständen auch ein Magnesium-Präparat. Für den Sportler ist wichtig zu wissen, daß er sich auf sein Durstgefühl nicht verlassen kann, dieses hinkt dem Grade der Austrocknung hinterher. Deshalb muß er vor, während und nach dem Spiel Flüssigkeit zu sich nehmen.
Eines ist immer zu bedenken: Auch eine optimal zusammengestellte Ernährung kann niemals das Training ersetzen!

Sportpsychologische Grundlagen

Grundbegriffe

Die *Psychologie* als die Lehre von der menschlichen Psyche beschäftigt sich mit dem »inneren« Menschen, mit seinem Denken, Fühlen, Erleben und Handeln. Aufgrund dieser Beobachtung versucht sie, berufliche und private Lebenshilfen für psychisch Gesunde und Kranke zu geben. Unbestritten ist, daß der Mensch eine psycho-physische Einheit darstellt und daß körperliche Vorgänge in wechselseitiger Abhängigkeit zu seelisch-geistigen Funktionen stehen.

Die *Psyche* des Menschen umfaßt drei Bereiche:

■ Zum Gefühls- und Stimmungsbereich gehören Empfindungen wie Freude, Angst, Glück, Trauer, Zorn und Wut. Sie hängen sowohl von aktuellen Erlebnissen als auch von der durch Vererbung, Erziehung und Umwelt bedingten Grundstimmung ab. So unterscheidet man z. B. ernste und fröhliche Naturelle, Verstandes- und Gefühlsmenschen, friedliche und zornige Typen. Gefühle sind mit Anziehung oder Abscheu zu oder von Personen bzw. Sachen verbunden.

■ Der Charakterbereich ist durch Merkmale geprägt, die nachhaltig und beständig das menschliche Verhalten bestimmen. Der menschliche Charakter setzt sich aus positiven und negativen Eigenschaften, wie Fleiß und Faulheit, Ehrlichkeit und Unwahrhaftigkeit, Beharrlichkeit und Unstetigkeit, Treue und Untreue, Zuverlässigkeit und Unzuverlässigkeit zusammen.

■ Zum kognitiven Bereich (lat. cogito = ich denke) der Psyche gehören das Denken und das Bewußtsein.

Gefühle, Charakter und Denken des Menschen sind sehr eng miteinander verflochten und bestimmen seine Handlungen. Die Beweggründe dafür sind ihm teils bewußt, wenn er vorher rational (vernunftgemäß) abwägt; häufig jedoch unbewußt, wenn er sich von Gefühlen, Trieben und gesellschaftlichen Normen, Idealen und Traditionen leiten läßt.

Die *Sportpsychologie* versucht, im sportlichen Handlungsfeld die Zusammenhänge zwischen Sport und Psyche aufzuklären. Sie zeigt Wege auf, wie Menschen durch Sportausübungen psychisch gesund bleiben und zu einer harmonischen Persönlichkeit reifen können. Die Sportpsychologie ist zunächst im Spitzensport mit dem Ziel der Leistungssteigerung entstanden. Heute untersucht sie außerdem das Verhalten und Erleben der Breitensportler und gibt Hilfen bei motorischen (bewegungsmäßigen) Lernvorgängen.

Grundsätzlich ist festzustellen, daß der Einfluß des Tennisspiels auf die Entwicklung des »inneren« Menschen sowohl positiv als auch negativ sein kann: fleißige und ehrgeizige Menschen können dadurch noch leistungsbewußter und unbeherrschte noch zorniger und unausgeglichener werden. Zu einer positiven Entwicklung von Kindern und Jugendlichen durch Tennis tragen wesentlich verständnisvolle Eltern, pädagogisch und psychologisch erfahrene Trainer sowie nette Spielpartner und gute Vorbilder in den Vereinen bei.

Die *Wettkampfpsychologie* als Teilbereich der Sportpsychologie befaßt sich vor allem mit der psychischen Vorbereitung auf die sportliche Wettkampfleistung.

Die Spielleistung im Tennis hängt neben den Faktoren

Technik, Taktik und Kondition auch erheblich vom psychisch bedingten Wettkampfverhalten ab.

Die Psyche eines Tennisspielers ist von seiner allgemeinen seelisch-geistigen Verfassung nicht zu trennen.

Ein unbeherrschter Mensch wird auch am Tennisplatz oft seine Selbstkontrolle verlieren. Ein im beruflichen und familiären Leben ausgeglichener Mensch wird dies grundsätzlich auch am Tennisplatz sein. Jedoch hält mitunter derselbe als Tennisspieler schlägerschleudernd oder gegnerbeleidigend den hohen psychischen Wettkampfbelastungen nicht stand und offenbart damit eine in Normalsituationen verdeckte Charaktereigenschaft. Die Wettkampfpsychologie möchte dazu beitragen, den meistens leistungsschädlichen, hohen psychischen Druck zu vermindern. Ein Tennisspieler wird eine hohe Wettspielleistung erst dann verwirklichen, wenn der Leistungswille vorhanden ist – wenn er motiviert ist. Mit *Motivation* wird die Ausrichtung der Antriebe oder Strebungen eines Menschen auf ein konkretes Ziel (z. B. Matchgewinn) hin bezeichnet. Diese psychischen Antriebskräfte (Motive) steuern das Verhalten. Sie können im Tennis vielfältig sein: man spielt Tennis, weil es Mode ist, weil es Spaß macht, weil man gesund bleiben möchte, weil man sich entspannen und erholen möchte, weil man von der Technik fasziniert ist, weil Freunde Tennis spielen, weil man sich privaten oder beruflichen Kontakt erhofft, weil man ehrgeizig ist, weil man im Wettkampf seine psychischen und physischen Grenzen erfahren möchte, weil man Geld verdienen möchte, weil man Profi werden möchte.

Die Motive für das Leistungstennis heißen Hoffnung auf Erfolg und Furcht vor Mißerfolg. Die Spitzentennisspieler sind unter Wettkampfbedingungen besonders hoch belastbar. Sie können sich im Wettkampfstreß vor allem deshalb steigern, weil sie sich konzentrieren können, d. h. ihre Aufmerksamkeit völlig in das Wettspiel vertiefen können.

Unter *Streß* (engl. stress = Druck) versteht man im weitesten Sinne jede körperliche bzw. psychische Belastung, die als solche empfunden wird.

Der Tennisspieler fühlt sich im Match vor allem dann unter Streß, wenn ihm Mißerfolg in Form einer Niederlage droht.

Wer ständig verliert, hat keine Spielfreude und kann psychisch und physisch krank werden. Tennisspieler in Streßzuständen können folgende Symptome (Anzeichen) aufweisen: stark beschleunigter Herzschlag, Luftmangel, Erregtheit, Schlappheit, Konzentrationslosigkeit, Harndrang, verstärkte Darmtätigkeit, starkes Schwitzen, Niedergeschlagenheit, bei besonderer Neigung Wutausbrüche.

Die negativen, leistungshemmenden Wirkungen hoher psychischer Belastungen führen entweder zu Hypoaktivierung (hypo = unter) oder zu Hyperaktivierung (hyper = über). Im Tenniswettkampf verhindern die Streßgefühle meistens die für erfolgreiche Schläge nötige Lockerheit und führen zu Verkrampfungen und Verspannungen im seelischen und körperlichen Bereich.

Streßauslösende Faktoren im Tenniswettkampf:

- Langdauernder, stetiger Wechsel zwischen Erfolgs- und Mißerfolgsgefühlen durch Plus- und Minuspunkte.
- Hohe Eigenfehlerquote, da Tennis eine technisch anspruchsvolle Sportart ist.
- Eindeutiger Spielausgang, da kein Unentschieden möglich ist.
- Klare Schuldzuweisungen bei einer Niederlage, da Tennis kein Mannschaftsspiel ist.
- Eigene Pechsträhne und gegnerische Glückssträhne durch Zufallsschläge möglich.
- Benachteiligungen durch Störfaktoren wie Schiedsrichter, Zuschauer, Gegner, Platz- und Wetterbedingungen, Materialfehler.

Zur Verbesserung der Tennispsyche in Streßsituationen tragen sowohl die Techniken der Psychoregulation (S. 49) als auch die Ausbildung einer eigenen, persönlichen »Tennisphilosophie« (Philosophie = Weisheitsliebe, Streben nach Erkenntnis des Zusammenhangs der Dinge in der Welt) bei. Hierzu muß der individuelle Stellenwert des Tennisspiels bezüglich des möglichen Zeitaufwands, einer realistischen Zielsetzung sowie der eigenen spielerischen Begabung von Zeit zu Zeit überprüft werden.

Zu einer stabilen Tennispsyche verhilft auch eine konsequente Wettkampfvorbereitung, welche eine gesunde Lebensweise, ernsthaftes Üben, Trainieren, Aufwärmen sowie eine sorgfältige Ausrüstungs- und Materialkontrolle beinhaltet.

Die *Erwartung* des Tennisspielers vor dem Wettkampf bezeichnet die Einstellung auf kommende Ereignisse wie evtl. künftige Spielpositionen, Spielsituationen und gesamter bevorstehender Spielverlauf. Die Erwartung eines günstigen oder ungünstigen Spielergebnisses gründet sich auf frühere Ergebnisse gegen denselben Gegner, auf Vergleiche von Ranglistenplätzen, auf den indirekten Vergleich mit anderen Gegnern sowie auf die Einschätzung des Trainingszustandes. Erwartungen, die sehr stark auf frühere Ergebnisse fixiert sind, hemmen oft die volle Entfaltung der eigenen Spielmöglichkeiten. Bei einigermaßen gleichen Spielstärken bleiben immer Ungewißheit, Unsicherheit und Zweifel über den Spielausgang.

Der Tennislehrer kann mithelfen, das Anspruchsniveau realistisch anzupassen, indem er von Selbstzweifeln geplagte Spieler bestärkt und selbstüberhebliche in ihren Erwartungen dämpft. Häufig sind auch die Tenniseltern über den wahren Leistungsstand ihres Nachwuchses aufzuklären. Der tatsächliche Leistungsstand sollte erst nach Vorliegen von Spielserien wie z. B. nach Abschluß aller Verbandsspiele und nicht nach einem einzelnen Zufallsergebnis gewürdigt werden.

Ein *Konflikt* (Zusammenstoß, Zwiespalt) liegt vor, wenn in einem Verein oder in einer Tennismannschaft einander entgegengesetzte Verhaltenstendenzen bestehen.

Konflikte werden in vielen Vereinen durch widerstreitende Interessen der Breiten- und Leistungssportanhänger verursacht. Der Zwiespalt entzündet sich dabei meistens an den hohen Kosten für Leistungstennis, wie z. B. häufige Platz- und Hallenbelegung für Training und Wettkämpfe, hoher Material- und Aufwandsersatz, Spiel- und Siegprämien, vor allem, wenn diese Leistungen aus den Mitgliedsbeiträgen finanziert werden. Diese Streitigkeiten können vermieden bzw. vermindert werden durch Mitgliederinformation und Abstimmungen in Vereinsversammlungen, durch Gründungen von Förderkreisen, durch den Einsatz von Sponsoren und Mäzenen. Die Zuwendungen von Sponsoren erfolgen gegen vertragliche Überlassung von Werberechten, die Zahlungen von Mäzenen ohne Gegenleistung durch den Verein.

Konflikte in einer Tennismannschaft können sowohl sportlich wegen Ranglistenplätzen, Teamzugehörigkeit und Ersatzspielereinsatz oder persönlich als Folge von Feindschaften und Antipathien als auch materiell wegen unterschiedlicher Zuwendungen begründet sein.

Bei Doppelaufstellungen sind nicht nur sportliche Aspekte wie die technische und taktische Ergänzung, sondern auch die persönliche Harmonie beider Partner zu berücksichtigen, um Konflikte zu vermeiden.

Unter *Aggression* (Angriff, Überfall) versteht man ein Verhalten, das gegen Regeln, Verträge und Normen verstößt. Aggressives Verhalten liegt vor allem dann vor, wenn beabsichtigt ist, Personen oder Sachen Schaden zuzufügen. Der Spielgedanke und das Regelwerk im Tennis lassen körperschädigende aggressive Handlungen eigentlich nicht zu. Zum aggressiven Tennisverhalten gehören jedoch auch verbale Beschimpfungen und obszöne Gesten gegenüber Gegnern, Zuschauern und Schiedsrichtern, Betrügereien bei Spielentscheidungen sowie Bosheiten und absichtliche Spielverzögerungen. Die Verschärfung der Regeln und deren Überwachung in den letzten Jahren hat wesentlich zur Beschränkung des Rowdytums auf unseren Tennisplätzen beigetragen. Mitunter wird der Begriff »aggressive Spielweise« irrtümlich für offensive Tennistaktik oder offensives Verhalten gebraucht. Von Aggression im Tennis ist außerdem der vollständige psychische und physische Einsatz eines »bissigen«, leistungsmotivierten Spielers abzugrenzen, der das Regelwerk beachtet.

Psychisches Training im Tennis

Sportpsychologen und psychologisch erfahrene Trainer bemühen sich um die psychische Stabilisierung von Leistungssportlern, indem sie beratend und therapeutisch (heilend) deren psychische Probleme angehen.

Psychoregulation im Tennis

Unmittelbar vor Wettkampfbeginn können bei Tennisspielern entweder eine gleichgültige Haltung (Startapathie – Teilnahmslosigkeit) oder ein Zustand mit extrem ausgeprägtem Startfieber, begleitet von Ruhelosigkeit und starker Nervosität, auftreten.

Der Trainer sollte dazu beitragen, daß der optimale Vorstartzustand der leichten Erregung, freudigen und etwas ungeduldigen Erwartung des Spiels erreicht wird. Das Einüben bestimmter Techniken der Psychoregulation kann dabei hilfreich sein. Jedoch sind folgende Voraussetzungen der Psychoregulation zu beachten:

- Entsprechendes Alter und die ernsthafte Bereitschaft zum Mitmachen.
- Verhaltensanalyse durch Beobachtung der äußeren und inneren Verfassung des Spielers:
  Die Trainings- und Leistungsbedingungen müssen hierzu kritisch untersucht werden; der Trainer oder Psychologe muß den Spieler genau kennenlernen, um die Ursachen für psychische Schwächen aufdecken zu können. In diese Diagnose werden neben psychischen Eigenschaften auch Technik-, Taktik- und Konditionsanalysen einbezogen. Deswegen muß der Psychologe auch fundierte Tenniskenntnisse haben.
- Entspannungstechniken, bei denen die Gefahr der Fremdsteuerung des Spielers gegeben ist, werden abgelehnt; deshalb keine Hypnose als »psychisches Doping« im Tennis durchführen.

Das *Autogene Training* (autogen = ursprünglich, selbsttätig) nach SCHULTZ hat das Ziel, mit genau vorgeschriebenen Übungen (z. B. Schwere-, Wärme- und Atemübung) sich nach innen zu versenken und so eine konzentrative Selbstentspannung zu erlernen. Das autogene Training ist sehr zeitaufwendig, und ihm fehlt, als ausschließliche Entspannungstechnik, die für den Tennisspieler auch nötige aktivierende Komponente.
Die *Aktiv-Therapie* (Therapie = Heilbehandlung) nach FRESTER bietet zusätzlich zum autogenen Training eine Aktivierung durch gymnastische Übungen und verbale Formeln wie z. B. »Ich fühle mich sicher«, »Ich mache keine Fehler«, »Ich werde das Spiel gewinnen.«
Bei der *Progressiven Muskelrelaxation* (progressiv = fortschreitend, Relaxation = Entspannung, Erschlaffung) nach JACOBSON wechseln sich Anspannung und Entspannung laufend ab. Der Tennisspieler lernt dabei nach bewußter Anspannung einzelner Muskelgruppen mit jeweils etwa 5 bis 7 Sekunden Dauer, sich anschließend tief zu entspannen.
Das Jacobson-Training eignet sich für den Tenniswettkampf sehr gut, weil die Anspannungs- und Entspannungsphasen kombiniert mit Konzentrationsübungen leicht übertragbar auf die Spielpausen vor dem Ballwechsel und beim Seitenwechsel sind.
Unter *Mentalem Training* (mental = gedanklich, geistig) versteht man das Erlernen oder Verbessern eines Bewegungsablaufes durch intensives Vorstellen ohne gleichzeitiges tatsächliches Üben dieser sportlichen Handlung.
Ausgehend vom sog. Carpenter-Effekt, nach dem die Wahrnehmung einer Bewegung beim Wahrnehmenden einen Antrieb hervorruft, dieselbe Bewegung auszuführen, sind zusätzlich für das mentale Training noch eigene Denkprozesse des Spielers nötig. Das Mentale Training kann in verschiedenen Formen durchgeführt werden:

- Der Spieler beschreibt den Bewegungsablauf mit eigenen Worten.
- Er beobachtet sich oder andere Spieler, z. B. auch mit Video, und stellt sich dieses Vorbild danach intensiv vor seinem inneren Auge vor.
- Der Tennisspieler führt gedanklich den Aufschlag, Return usw. aus und achtet dabei auf seine Körperempfindungen.

Das *Mentale Training* wird auch als methodische Lernhilfe im Tennisunterricht verwendet.
Wenn psychoregulative Techniken ausführlich eingeübt wurden, dann können sie dem Tennisspieler langfristig zu psychischer Eigenregulation verhelfen und damit unabhängiger vom Trainer machen.
Manche Tennisspieler vertrauen nicht so sehr den beschriebenen wissenschaftlich begründeten Psychoregulationstechniken als vielmehr auf sog. »naive« *Psychoregulation,* deren positive psychische Wirkungen durchaus nicht zu leugnen sind. Die individuelle Bandbreite der durch Aberglaube, Zeremonien, Schrullen und Rituale gekennzeichneten erfolgverheißenden Aussprüche, Handlungen und Verhaltensweisen bei Tennisspielern reicht von schäbiger Tenniskleidung über den »Siegschläger« und den Talisman bis hin zu geheimnisvollen Beschwörungsformeln und Aufmunterungsrufen. Diese einfältig-unbefangenen Maßnahmen des psychischen Trainings sind dann abzulehnen, wenn der Blick für eine realistische Spielstärkeneinschätzung und Fehleranalyse dadurch getrübt wird.

Psychische Wettkampfvorbereitung im Tennis

Außer den Techniken der Psychoregulation gibt es noch eine Reihe anderer psychischer Wettkampfhilfen, die den Spielern von Trainern mitgegeben werden.

Die Lebensberatung im weitesten Sinne, auch *Counselling* genannt (engl. to counsel = raten, beraten), umfaßt die trainingsbegleitende Beratung und Betreuung im Hinblick auf das sportliche und außersportliche Verhalten.

Der Betreuer reduziert die psychische Belastung des Spielers als Folge familiärer, schulischer, beruflicher, sozialer, verletzungsbedingter und materieller Probleme, indem er selbst oder durch Einschaltung von Spezialisten (Ärzte, Anwälte, Steuerfachleute, Vereinsvorstände) Konflikten vorbeugt oder diese löst. Der Spieler kann sich somit völlig auf Training und Wettkampf konzentrieren.

Vielfältige Möglichkeiten zur Stabilisierung der Wettkampfpsyche kann der Trainer im Rahmen des *Coaching* (engl. to coach = trainieren) ausschöpfen.

Die Planung, Überwachung und Durchführung eines umfassenden Technik-, Taktik- und Konditionstrainings schaffen dem Spieler die Basis für Selbstvertrauen und Sicherheit vor und während des Wettkampfes. Ratschläge über Psychoregulation und über eine leistungsfördernde Lebensweise sowie über die Spielkonzeption und das psychotaktische Verhalten am Wettkampftag stärken die Tennispsyche ebenfalls. Der Trainer kann das psychotaktische Verhalten am Wettspieltag durch Tips über Ausrüstungskontrolle, über rechtzeitiges und zweckmäßiges Aufwärmen und Einspielen sowie durch Hinweise während des Matches – sofern dies erlaubt ist – beeinflussen.

Großes psychologisches Einfühlungsvermögen braucht der Trainer bei Matchanalysen nach Niederlagen, da der Spieler einerseits über die Ursachen genau aufgeklärt, aber andererseits psychisch für das nächste Spiel wieder aufgerichtet werden sollte.

Die Wettkampfbetreuung von Kindern und Jugendlichen durch ihre Eltern verstärkt meistens die psychische Belastung und ist deshalb nicht empfehlenswert.

Der Grundgedanke des sog. *Modellierten Trainings* besteht in der Konstruktion von kritischen Spielsituationen mit hohen physischen und vor allem psychischen Belastungen im Training. Als Folge des Trainings unter ungünstigen Bedingungen, wie holprige Plätze, Lärm, schlechtes Material, Handicaps, besonders lange oder kurze Spieldauer, absichtliche Fehlentscheidungen und Störungen, soll der Spieler vor psychisch bedingten Fehlreaktionen im Wettspiel bewahrt werden.

Sozialpsychologische Aspekte im Tennis

Die wichtigsten Voraussetzungen für eine erfolgreiche Zusammenarbeit zwischen *Spieler und Trainer* stellen gegenseitiges Vertrauen und die Achtung der Persönlichkeit des anderen dar. Der Spieler bringt dem Trainer bei Beginn des gemeinsamen Trainings in der Regel große Wertschätzung bezüglich seiner fachlichen und menschlichen Qualitäten entgegen.

Im Verlauf des gemeinsamen Tennistrainings bildet sich oft bei jugendlichen Spielern ein starkes Abhängigkeitsverhältnis des Schülers vom Trainer heraus, wodurch dieser mitunter sogar eine Art Vater-Funktion übernimmt.

In der nächsten Phase schließlich versucht der inzwischen gereifte und erfolgreiche Spieler, sich dem Einfluß des Coaches zu entziehen. Sein auf Spielerfahrung basierendes Können verleiht ihm häufig ein Überlegenheitsgefühl, das sein Unabhängigkeitsstreben verstärkt. In dieser Zeit kann es auch zu Konflikten kommen, die oft durch Niederlagen ausgelöst werden und ihre eigentlichen Ursachen in zu hochgesteckten, unerfüllbaren Leistungserwartungen oder in der Verweigerung harter Trainingsanforderungen durch den Schüler haben.

Gelingt es beiden, diese Ausbildungskrisen durch gegenseitiges Verständnis vor allem von seiten des Trainers aus zu überwinden, dann bleibt eine Partnerschaft zwischen einer gereiften Spielerpersönlichkeit und dem Coach als beratender Fachmann.

Andernfalls kann ein Trainerwechsel für die weitere Spielerausbildung und -Betreuung sinnvoll sein.

Um Enttäuschungen zu ersparen, wird ein erfahrener Trainer von einem Spieler nicht Dankbarkeit erwarten.

Das Verhältnis der *Spieler einer Tennismannschaft untereinander* kann durch Konflikte (S. 49) geprägt sein. Der sportliche Erfolg einer Tennismannschaft hängt jedoch nicht in dem Maße wie in anderen Mannschaftsspielen von einer geschlossenen Mannschaftsleistung ab, sondern vielmehr von der Summe der Einzelergebnisse. So wird der sportliche Erfolg eines Tennisteams vor allem durch das Konkurrenzprinzip der Einzelspieler bestimmt, das sich in den für die Mannschaftsaufstellung maßgeblichen Ranglistenplätzen ausdrückt. Problematisch bleibt oft die Nominierung der Nr. 6 bzw. der Einsatz von Ersatzspielern. Klare Abmachungen vor Beginn der Punktspiele vermeiden unnötigen Ärger und Unruhe während der Wettspielsaison. Vor allem sollte die Aufstellung nicht von einem einzelnen Ergebnis abhängen, um den psychischen Druck nicht noch mehr zu vergrößern.

Ganz ohne Teamgeist kommt jedoch eine Tennismannschaft auch nicht aus. In diesem Zusammenhang ist vor allem an das Doppel zu denken, bei dem die Partner sportlich und menschlich harmonieren sollten und an die gegenseitige Hilfestellung und Unterstützung bei der Matchbetreuung.

Eine wichtige Aufgabe zur Gestaltung einer angenehmen, leistungsfördernden Mannschaftsatmosphäre übernimmt neben dem Trainer auch der Mannschaftsführer, der von den Spielern entweder aus den eigenen Reihen oder als Nichtmannschafts-Mitglied gewählt werden sollte. Im letzten Fall kann er als Unbefangener manche Mannschaftsquerelen leichter schlichten.

Der Mannschaftsführer sollte Außenseiter integrieren, die Mannschaftsinteressen diplomatisch vertreten und in Zusammenarbeit mit dem Trainer und dem zuständigen Sportwart die Mannschaft gegen Kompetenzübergriffe von Mitgliedern und anderen Vereinsfunktionären abschirmen.

Ein schlechtes Klima zwischen *Spielern und Funktionären* resultiert oft daraus, daß die Leistungen der anderen Seite nicht angemessen gewürdigt werden. Dabei übersehen Tennisspieler im gehobenen Leistungsniveau häufig, daß Vereinsvorstände ihre Tätigkeit ehrenamtlich ausführen. Andererseits ist die Leistungsmotivation von Spielern gering, wenn sie bei Niederlagen mit schadenfrohen Kommentaren von Vereinsfunktionären rechnen müssen, da diese mitunter nur bei Siegen hinter ihrer Tennismannschaft stehen.

Sportpädagogische Grundlagen des Tennisunterrichts

Grundbegriffe

Unbestritten ist die Tatsache, daß der Sport im Rahmen unserer Gesellschaft große Bedeutung erlangt hat.

So werden heute dem Sport als Kultur- und Bildungsgut einige für die Erziehung junger Menschen bedeutsame Aufgaben zugeschrieben. Die Bildungsinhalte des Sports in bezug auf seine gesundheitlichen, sozialen, politischen und persönlichkeitsfördernden Wirkungen werden dabei besonders herausgestellt.

Mit diesen Funktionen (Aufgaben) wird der Sport unter anderem als Unterrichtsfach in den Schulen begründet. Die Pädagogik als Erziehungslehre umfaßt sowohl einen praxisorientierten (praktische erzieherische Maßnahmen) als auch einen theoretischen Bereich (Erziehungswissenschaft).

Bezieht man die Erziehungslehre auf den Sport, der früher als »Leibesübungen« bezeichnet wurde, dann spricht man von Sportpädagogik.

Die Abhängigkeit der Sportpädagogik von Erziehungs- und Sporttheorie kann so dargestellt werden:

Sportwissenschaft	Erziehungswissenschaft
↘	↙
Sportpädagogik	

Die Sportpädagogik gehört zur Sporttheorie (Sportwissenschaft) ebenso wie Trainingslehre, Bewegungslehre, Sportmedizin, Sportbiologie, Sportsoziologie, Sportgeschichte, Sportpsychologie, Sportpolitik, Sportrecht und Sportökonomie.

Im Mittelpunkt sportpädagogischer Überlegungen steht die Frage nach der sinnvollen Gestaltung des Sportunterrichts.

Im Sportunterricht geht es sowohl um die Erziehung des heranwachsenden Menschen durch den Sport als auch um die Vermittlung sportlicher Verhaltensweisen.

Aufgaben des Sportunterrichts

- Erziehung zum Sport beinhaltet somit die Durchführung von Lernvorgängen, wodurch beim Schüler bewegungsmäßige (motorische) Fertigkeiten (z. B. Aufschlagtechnik) und konditionelle Eigenschaften (z. B. Schnellkraft, Beweglichkeit) gefördert werden.
- Erziehung durch Sport zielt auf die Persönlichkeitsbildung des Schülers als Folge des sportlichen Handelns (z. B. Selbstbeherrschung im Tenniswettkampf, Überwindung der Übermüdung, Verhalten bei Sieg oder Niederlage).

Die Lehre vom Sportunterricht wird als Sportdidaktik bezeichnet. Die Sportdidaktik beschäftigt sich vorrangig mit den Unterrichtsinhalten und -zielen. Die didaktische Fragestellung für den Tennislehrer lautet:

»Was unterrichte ich?«
Antworten, z. B.:
»Aufschlagvariante Topspinaufschlag«
»Regelkunde: Fußfehler«
»Formen des modellierten Trainings«.

»Wozu unterrichte ich?«
Antworten, z. B.:

»Schulung der motorischen Fertigkeit 2. Aufschlag«
»Kenntnisvermittlung über regelgerechten 2. Aufschlag«
»Vorbereitung auf psychische Belastung im Match«.

Die Sportmethodik macht Aussagen über die Art und Weise, wie die Lerninhalte an den Schüler herangebracht werden, d. h. über die Wege des Unterrichtsverfahrens.
Die sportmethodische Fragestellung für den Tennislehrer lautet somit:

»Wie gehe ich vor, um dem Schüler den Rückhand-Slice beizubringen?«
Antwort, z. B.: »Durch Aufbau einer methodischen Reihe im Anschluß und nach Wiederholung des Rückhand-Volley«.

»Womit erleichtere ich dem Schüler das Erlernen des Flugballes?«
Antwort, z. B.:
»Durch Verwendung des verkürzten Griffes als methodische Hilfe«.

Didaktisches und methodisches Vorgehen hängen voneinander ab, jedoch müssen die didaktischen Fragen zuerst entschieden werden.

Modelle des Sportunterrichts

Die Überlegungen über eine sinnvolle Gestaltung des Sportunterrichts haben zu verschiedenen sportdidaktischen Modellen geführt. Unter einem sportdidaktischen Modell versteht man dabei die Beschreibung der in der Realität des Sportunterrichts ablaufenden Vorgänge.
Das »Didaktische Dreieck« geht von dem erzieherisch geprägten Verhältnis zwischen Schüler und Lehrer aus und bezieht bei der Analyse der Unterrichtsabläufe die Lernziele und Lerninhalte mit ein.

Didaktisches Dreieck.

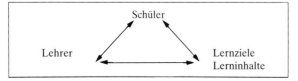

Das »Unterrichtstheoretische Sportdidaktikmodell« stellt die Voraussetzungen, Elemente und Folgen des Sportunterrichts besonders deutlich heraus.
Der Sportunterricht besteht aus Interaktionen (wechselseitiges Handeln) zwischen lehrendem und lernendem Menschen.
Hierbei sind als Rahmenbedingungen des Unterrichtens anthropologische und sozialkulturelle Voraussetzungen zu berücksichtigen. Unter Anthropologie versteht man die naturwissenschaftlich orientierte Menschenkunde.
Anthropologische (biologische) Voraussetzungen:

■ Entwicklungsstand; unterscheide zwischen biologischem und kalendarischem Alter!
■ Gesundheitszustand.
■ Sportliche Voraussetzungen.
■ Lernfähigkeit und Lernbereitschaft.

Soziokulturelle Voraussetzungen:

■ Soziales Milieu; Unter-, Mittel- bzw. Oberschichtzugehörigkeit.
■ Wirtschaftliche Verhältnisse.
■ Politische Interessen; auch unterschiedliche sportpolitische Interessen und Motive von Eltern, Lehrern, Vereinsfunktionären sind zu berücksichtigen.
■ Kulturelle Voraussetzungen; z. B. Bildungsstand.

Diese unterschiedlichen Voraussetzungen bewirken, daß Tennisunterricht jedesmal anders abläuft:
entweder
in Form des differenzierten Sportunterrichts in der Schule durch den Sportlehrer
oder
auf einer kommerziell betriebenen Tennisanlage durch hauptberufliche Tennislehrer
oder
im Rahmen des sog. »Kindertrainings« im Tennisclub durch den Übungsleiter.
Die Elemente (Grundbestandteile) des Sportunterrichts umfassen die Lernziele, Lerninhalte, Lehrmethoden einschließlich der methodischen Hilfen sowie die Unterrichtsorganisation.
Meistens durch den Lehrer getroffene Entscheidungen über die Auswahl von Lerninhalten, über den Einsatz von methodischen und organisatorischen Maßnahmen, setzen Lernzielbestimmungen voraus (Entscheidungsebene).

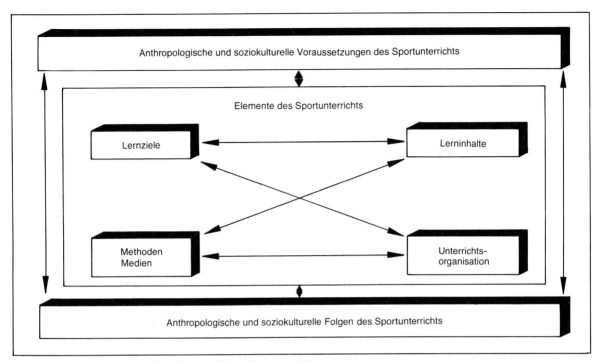

Unterrichtstheoretisches Sportdidaktikmodell (nach GRÖSSING 1975).

Die Wechselwirkung (Interdependenz) aller Unterrichtselemente wird an folgendem Beispiel deutlich:
Wenn im Tennisunterricht das Lernziel »Erlernen der Aufschlagtechnik« festgelegt wurde, dann ist der Tennislehrer bezüglich der Auswahl der Lerninhalte, der Lehrmethoden und der Unterrichtsorganisation bereits eingeschränkt.

Die anthropologischen und sozialkulturellen Folgen des Sportunterrichts sind vom Lehrer immer wieder zu überprüfen. Im Sportunterricht werden nämlich Lernvorgänge geplant, organisiert und auf ein bestimmtes Ziel ausgerichtet. Da das Lernen letztlich eine Verhaltensänderung des Schülers bezweckt, sind von Zeit zu Zeit Lernzielkontrollen nötig.

So sollte im Tennisunterricht immer wieder die Qualität der Schlagtechnik oder der Konditionszustand beispielsweise durch Ballmaschinen-Tests überprüft werden.

Lernziele im Tennisunterricht

Damit die Schüler tennisspielfähig werden, ist eine Reihe von Lernzielen zu verwirklichen:

Motorische Lernziele beziehen sich auf die bewegungsmäßigen Fertigkeiten und Grundeigenschaften. Zur Motorik gehört die Gesamtheit der menschlichen Bewegungshandlungen.

Die Schüler sollen verschiedene Schlagtechniken lernen und ihre Kraft, Schnelligkeit, Ausdauer und Beweglichkeit (Flexibilität) sowie das psychomotorische Koordinationsvermögen verbessern.

Kognitive Lernziele betreffen das Denk-, Wahrnehmungs- und Erinnerungsvermögen (lat. cogito = ich denke).

Kenntnisse über das Regelwerk und über Bewegungsabläufe sind ebenso nötig wie das Verständnis für Spielsituationen.

Affektive Lernziele beeinflussen den Gefühls-, Interessen- und Wertbereich der Schüler (im Affekt = in starker Gemütserregung). Unsichere, am eigenen Können zweifelnde Schüler sind »aufzubauen«. Von einem verantwortungsbewußten Tennislehrer ist außerdem pädagogische Hilfestellung für ein angemessenes Verhalten und realistische Eigenbewertung bei Sieg oder Niederlage zu fordern. Die Schüler sind auch zu Regelbeachtung und Fairness zu erziehen. Soziale Lernziele berühren das Verhältnis des Tennisschülers oder Tennissspielers zu Mitschülern, Mannschaftskameraden, Gegnern, Zuschauern, Funktionären und Schiedsrichtern. Auf korrektes Sozialverhalten ist im Tennisunterricht unter anderem auch wegen der ohnehin vorhandenen negativen Vorbildwirkung einiger »Enfants Terribles« im Spitzentennis zu achten.

Lerninhalte im Tennisunterricht

Lerninhalte im Tennisunterricht sind tennissportliche Fertigkeiten und Beanspruchungsformen einfacher und zusammengesetzter Art, die entsprechend den gesetzten Lernzielen, den in Erfahrung gebrachten Voraussetzungen sowie den didaktisch-methodischen und organisatorischen Grundsätzen ausgewählt wurden.

Die 4 Lerninhaltskomplexe technisches, taktisches, konditionelles und psychisches Spielverhalten bestimmen letztlich die Spielleistung im Tennis und müssen im Tennisunterricht aufgebaut und verbessert werden.

Da die Technik des Tennisspiels relativ kompliziert ist, muß zunächst durch eine *umfassende Technikschulung* die Voraussetzung für erfolgreiches taktisches, konditionelles und psychisches Matchverhalten gelegt werden. Dabei ist jedoch zu beachten, daß technische Fertigkeiten nicht Selbstzweck sind, sondern im Bezug zur Spielfähigkeit vermittelt werden. Besonders bei Kindern würde sich andernfalls Lustlosigkeit einstellen, wenn nämlich der natürliche Spieldrang ausgeschaltet und die vom Spiel ausgehende Motivation entfallen würde.

Außerdem sind die Lerninhalte so auszuwählen, daß in Abstimmung zur verfügbaren Unterrichtszeit vorrangig die Schlagtechniken in Einzel- und Komplexübungen (Schlagverbindungen) gelehrt werden, die im Tennisspiel am häufigsten eingesetzt werden (z. B. Aufschlag, Return, Grundlinienschläge vorrangig vor Volley, Stop und Halbflugball).

Die technischen Lerninhalte werden nach den Tennis-Lehrplänen (vgl. Band 2 und 3) unterschieden zwischen Grundtechniken (Vorhand- und Rückhandgrundschlag, beidhändige Rückhand, Flugball, Aufschlag, Lob, Schmetterball, Beinarbeit) und Technikvariationen (Schlagtechniken mit unterschiedlichem Drall und in besonderen Situationen).

Aus didaktischen Gründen erscheint die Auswahl der technischen Lerninhalte unter dem Aspekt der Entwicklung der Spielfähigkeit des Tennisschülers sinnvoller.

Entwicklung der Spielfähigkeit

Wenn der Anfänger die Grobform der »Grundschläge« Vorhand, Rückhand (auch beidhändig) und Aufschlag erlernt hat, kann er ein Tenniswettspiel bestreiten. Die Spielsituationen zwingen ihn mitunter dazu, Flugbälle, Lobs oder Schmetterbälle zu spielen. Die Beinarbeit wird dabei immer wichtiger. In dieser Lernphase des

Einteilung der technischen Lerninhalte nach didaktischen Aspekten

Entwicklung der Spielfähigkeit	Anfänger	Grundschläge	Vorhand – Rückhand (ein-/beidh.) – Aufschlag
	Fortgeschrittener	Erweiterte Grundschläge	Flugball – Lob – Schmetterball – Beinarbeit
	Leistungsspieler	Schlagvarianten (eigentliche Spezialschläge)	Lift / Topspin / Slice / Chop / Stop / Halfvolley / Volleystop / Volleylob / Aufschlag – Varianten Topspin (Twist) Slice / Rückhand – Schmetterball

Fortgeschrittenen muß er diese »erweiterten Grundschläge« üben und anwenden. Da Bewegungsverwandtschaft mit den Grundschlägen Vorhand, Rückhand und Aufschlag besteht, lassen sich diese erweiterten Grundschläge auch ohne große Schwierigkeiten daraus methodisch entwickeln. Die Schwelle vom Fortgeschrittenen zum Leistungsspieler kann dann überschritten werden, wenn im Leistungsbereich zum Matchgewinn die technischen Fertigkeiten der »Schlagvarianten« (eigentliche Spezialschläge) eingesetzt werden können. Die Beherrschung vieler Schlagvarianten ist Voraussetzung für die erfolgreiche Anwendung der taktischen Grundsätze im Leistungstennis.

Die *taktischen Lerninhalte* umfassen die Gesamtheit aller Mittel und Maßnahmen, um ein Wettspiel erfolgreich zu gestalten. Im Tennisunterricht verbessert der Schüler auf seinem Weg vom Anfänger zum Leistungsspieler sein taktisches Spielverhalten lernstufengemäß, d. h. jeweils angepaßt an sein technisches Können. Allgemeine taktische Grundsätze für Einzel- und Grundlinienspiel sind ebenso zu beachten wie die spezielle Taktik verschiedener Schlagvarianten und in besonderen Situationen. Auch dürfen die taktischen Lerninhalte des Doppelspiels mit seinen mannschaftssportähnlichen Besonderheiten im Unterricht zur Erlangung der Spielfähigkeit nicht fehlen.

Bei der Schulung des taktischen Verhaltens reicht die kognitive Wissensvermittlung nicht aus. Erst die Einübung taktischer Spielzüge durch Komplexübungen oder durch Schaffung spielähnlicher Situationen verhilft dem Tennisschüler zu einem blitzschnellen Erkennen und automatisierten Lösen der jeweiligen Spielsituation im Wettspiel.

Zu den *konditionellen Lerninhalten* gehören die motorischen Grundeigenschaften Kraft, Schnelligkeit, Ausdauer und Beweglichkeit. Mitunter wird auch das Koordinationsvermögen zu den motorischen Grundeigenschaften eines Tennisspielers gerechnet, da die schwierige Tennistechnik sehr stark von diesem Faktor abhängt.

In den motorischen Grundeigenschaften, auch Hauptbeanspruchungsformen genannt, kann ein Tennisschüler sowohl im Tennisunterricht als auch durch allgemeines Konditionstraining verbessert werden.

Die Beweglichkeit (Flexibilität) wird vom Tennisspieler sowohl bezüglich seiner ganzkörperlichen Gewandtheit (Beweglichkeit der Gelenke, Richtungsänderungen des bewegten Körpers, Abstoppen und Beschleunigen im Lauf) als auch hinsichtlich der Geschicklichkeit von Schlaghand und Fingern (»gefühlvolle« Ballbehandlung) benötigt.

Die konditionellen Lerninhalte Kraft, Schnelligkeit und Ausdauer werden im Tennisspiel meist kombiniert eingesetzt; z. B. als Schlagschnellkraft bei Aufschlag, Schmetterball und Topspin; als Schnelligkeitsausdauer beim Ersprinten eines Stops auch noch nach 3 Stunden Spielzeit.

Dementsprechend ist die Konditionsschulung in Unterricht und Training tennisspezifisch zu gestalten.

Das *psychische Spielverhalten* als Lerninhalt im Tennis umfaßt zunächst die psychische Wettkampfeignung, welche bekanntlich bei Spielern unterschiedlich ausgeprägt ist. Der »Trainingsweltmeister« bringt eben im Streß des Matches nicht seine gewohnte Trainingsleistung, von einem »Über-sich-selbst-Hinauswachsen« ganz zu schweigen.

Um die Psyche im Wettspiel zu stabilisieren, bereitet der Tennislehrer solche Schüler immer wieder durch Übungen des »modellierten Trainings« auf die im Vergleich vor allem zu Mannschaftsspielen hohen psychischen Belastungen vor.

Im Tennisunterricht sollten bei der Vermittlung des Lerninhaltes »psychisches Spielverhalten« außerdem Hilfen für psychisch bedingte Schwierigkeiten beim Erlernen von Schlagtechniken gegeben werden. Durch häufige Wiederholung, durch Anknüpfung an bereits gekonnte Bewegungsabläufe und durch positive Kritik wird unsicheren Schülern mehr geholfen als durch übertrieben kritische Analysen von Fehlern.

Lehrmethoden im Tennisunterricht

Nachdem die Lernziele und Lerninhalte im Tennisunterricht ausgewählt wurden, hat der Tennislehrer über die Verwendung von zweckmäßigen Lehrverfahren zu entscheiden.

In der Unterrichtspraxis wird meist eine Kombination verschiedener Lehrmethoden erfolgen. Arbeitsschulmethode und Lernschulmethode entsprechen einerseits dem induktiven und andererseits dem deduktiven Lehrverfahren (Tabelle S. 58).

Methodisches Vorgehen nach Arbeits- und Lernschulmethode

Arbeitsschulmethode Induktives Verfahren	Lernschulmethode Deduktives Verfahren
Bewegungsaufgabe Erproben und Suchen Herausstellen der besten Lösung Korrektur Üben Anwenden	Demonstration Beschreiben und Erklären Bewegungsanweisung Bewegungshilfe Korrektur Üben Anwenden

Beim *deduktiven Verfahren* (Deduktion = Ableitung, Grundsatz »vom Allgemeinen zum Besonderen«) gibt der Tennislehrer eine allgemeingültige Technik vor und die individuell ausgeprägte Bewegungsausführung des Schülers entsprechend seiner konstitutionellen Voraussetzungen (Stil) wird danach ausgerichtet.

Beim *induktiven Verfahren* wird nach dem Grundsatz »vom Besonderen zum Allgemeinen« vom Schüler ausgegangen und sodann eine allgemeingültige Technik erarbeitet. Somit steht bei der Arbeitsschulmethode die Selbständigkeit und Selbsttätigkeit des Schülers im Vordergrund. Die erzieherischen Wirkungen dieses Unterrichtsverfahrens werden höher bewertet als die Erreichung der motorischen Lernziele, da zeitliche und qualitative Umwege in Kauf genommen werden müssen.

Der rasche Lernfortschritt des deduktiven Verfahrens tritt bei der induktiven Methode gegenüber dem selbständigen Erarbeiten der Lerninhalte durch den Schüler zurück. Der Lehrer übernimmt bei der Arbeitsschulmethode eine mehr beratende Funktion und setzt als methodische Maßnahme vor allem die Bewegungsaufgabe ein, die der Schüler selbständig lösen soll.

Die Verwendung der Arbeitsschulmethode kommt im Kindertennis dem Bewegungsspielraum und der Bewegungsphantasie der Schüler entgegen. Sie eignet sich für das Sammeln vielfältiger, mehr tennisvorbereitender Bewegungserfahrungen und für die Grobformung einfacher Fertigkeiten (z. B. Holzbretttennis).

Allerdings ist großes Schülerinteresse vorauszusetzen. Wegen des Fehlens exakter Bewegungsvorstellungen kann es zum Einüben falscher Bewegungen kommen.

Bei der Lernschulmethode steht der Lehrer im Vordergrund. Sie garantiert eine rasche Lernzielannäherung.

Die Teilmethode und die Ganzheitsmethode sowie die Ganz-Teil-Ganz-Methode als Kombination beider Verfahren werden im Tennisunterricht häufig verwendet.

Beim *teilmethodischen Vorgehen* wird der gesamte Bewegungsablauf in sinnvolle Teilbewegungen zerlegt; diese einzelnen Phasen werden isoliert voneinander gelernt und abschließend zur Gesamtbewegung wieder zusammengesetzt.

Damit können Teilbewegungen sehr genau erarbeitet werden. Gegen dieses Vorgehen spricht der Grundsatz, daß ein Ganzes immer mehr ist als die Summe seiner Teile.

Bei der *Ganzheitsmethode* wird der Bewegungsablauf immer als Gesamtheit verbessert, auch wenn einzelne Teilbewegungen als fehlerhaft erkannt wurden.

Teilmethodisches oder ganzheitliches Vorgehen sind abhängig vom jeweiligen Lerninhalt, dem Lernalter und den Lernvoraussetzungen der Schüler.

Die Ganzheitsmethode eignet sich meistens problemlos für einfache Lerninhalte (z. B. Aufschlag von unten). Auch im Kindertennisunterricht sowie für bewegungsbegabte Schüler ist die Ganzheitsmethode empfehlenswert. Die praktische Unterrichtserfahrung zeigt, daß vor allem beim Erlernen komplexer Techniken häufig eine einzelne Phase aus der Gesamtbewegung herausgegriffen und durch getrenntes Üben auf ein höheres Bewegungsniveau angehoben werden muß. Danach erfolgt sofort wieder die ganzheitliche Schulung.

Dieses methodische Verfahren wird als *Ganz-Teil-Ganz-Methode* im Sportunterricht häufig praktiziert.

Methodisches Vorgehen nach der Ganz-Teil-Ganz-Methode

1. Stufe Ganzheitsmethode	Demonstration Ganzheitliches Üben und Verbessern bis zur Grobform
2. Stufe Teilmethode	Isoliertes Verbessern von fehlerhaften Phasen bis zur Feinform
3. Stufe Ganzheitsmethode	Ganzheitliches Üben bis zur Automatisierung und Anwendung in variablen Situationen

Die Ganz-Teil-Ganz-Methode soll am Lernziel »Erarbeiten der Aufschlagtechnik« verdeutlicht werden:

1. Nach der Lehrerdemonstration üben die Schüler den gesamten Bewegungsablauf u. U. mit methodischer Hilfe des verkürzten Griffs bis zur Grobform.
2. Da das Anwerfen des Balles große Schwierigkeiten bereitet, wird das zielgenaue Hochführen des Balles mit entsprechenden Erklärungen, Anweisungen und Korrekturen an der Tenniswand oder der Umzäunung verbessert.
3. Der Aufschlag wird als Bewegungsganzheit einschließlich Plazierungsübungen mit Markierungen stabilisiert.

Das *treffpunktorientierte Lehrverfahren* geht von der funktionalen Bewegungsanalyse aus und stellt deshalb den Treffpunkt innerhalb der Hauptaktion jeder Schlagphase in den Mittelpunkt der methodischen Reihe. Bei jedem Lernschritt werden Schlagkontrolle und Abstand zum Ball besonders beachtet. Zunächst wird der ruhende Ball geschlagen; danach werden zugeworfene und zugespielte Bälle angeboten. Die Ausschwungbewegung hat Vorrang vor dem Ausholen, das anfänglich nur als kurzer Auftakt angedeutet wird. Unter Einbeziehung der Gewichtsverlagerung und der Beinarbeit werden schließlich die Treffpunkte vom Schüler selbst gefunden und Bewegungsumfang, Dynamik und Länge des Schlages fortschreitend vergrößert. Der in dem teilmethodischen Ansatz begründete Nachteil der treffpunktorientierten Methode liegt in der Vernachlässigung des rechtzeitigen Ausholens. Hierauf muß dann beim schnelleren Zuspiel aus größeren Abständen besonders geachtet werden.

Außerdem erfordert dieses Lehrverfahren im Gruppenunterricht einen hohen Zeit- bzw. Geräteaufwand. (Siehe dazu auch Tennis-Lehrplan Band 2.)

Methodische Maßnahmen und Hilfen

Das Lehrer-Schüler-Verhalten wird in den Lehr- und Lernsituationen durch die methodischen Maßnahmen geprägt, mit denen der Tennislehrer die Lern- und Übungsvorgänge steuert.

Demonstration

Die Lehrer- bzw. Schülerdemonstration ist eine wichtige Informationsquelle, um eine genaue Bewegungsvorstellung zu vermitteln. Mit einer guten Demonstrationsfähigkeit beweist der Tennislehrer seine fachliche Kompetenz und wirkt durch sein persönliches Vorbild motivierend auf die Schüler. Durch das Vormachen eines technisch einwandfreien Schlages setzt der Tennislehrer bereits einen Großteil seines »pädagogischen Kapitals« ein und erspart sich und seinen Schülern damit häufig komplizierte methodisch-didaktische Tricks. Auch ein in Medienkunde überaus versierter Tennislehrer kann weder durch Vorzeigen und Vorführen von Filmen und Bildreihen noch durch präzise Bewegungsbeschreibungen und -erklärungen die persönliche Demonstration ersetzen.

Wiederholtes, technisch richtiges Demonstrieren – auch ohne Ball – in günstiger Position mit Beobachtungsaufgaben für die Schüler erleichtern das motorische Lernen erheblich. Beim langsamen Vormachen (»Zeitlupentennis«) muß auf die verfälschte Bewegungsdynamik hingewiesen werden. Außerdem ist nach der Demonstration sofortiges Üben nötig, da der Kurzzeitspeicher des Gedächtnisses die visuelle (das Sehen betreffende) Information nur bis ca. 20 Sekunden behält.

Auf eine Demonstration von Fehlern durch Schüler sollte aus pädagogischen Gründen grundsätzlich verzichtet werden, da erstens dadurch der Fehler weiter gefestigt, und zweitens der Schüler vor der Gruppe bloßgestellt wird. Dieser Aspekt sollte übrigens auch bei Video-Besprechungen durch Herausstellen auch der gut gelungenen Bewegungselemente beachtet werden.

Bewegungsbeschreibung und -erklärung

Bewegungsbeschreibungen und Bewegungserklärungen vermitteln verbale (sprachliche) Information, die auditiv (über das Hören) aufgenommen werden.

Bei der *Beschreibung* wird die Bewegung im räumlichen, zeitlichen und dynamischen Ablauf gegliedert. Die Formulierungen sind sachlich richtig und dem Lernalter der Schüler angepaßt abzufassen. Einfache Fachausdrücke (z. B. Treffpunkt, Schlagstellung, Grundstellung) sind bereits im Kindertennisunterricht einzuführen, wobei anschauliche Bezeichnungen zu bevorzugen sind (z. B. »Bürsten«, »Streicheln«, »Einwickeln« des Balles).

Im Unterschied zur Beschreibung handelt es sich bei der *Bewegungserklärung* um die Erläuterung der physikalischen, biomechanischen, anatomisch-physiologischen Prinzipien der menschlichen Motorik. Die Erklärung liefert die Begründung für das Gelingen oder Mißlingen eines Tennisschlages.

Sie ist im Kindertennisunterricht nur bedingt einsetzbar, da Vorkenntnisse aus der Bewegungslehre meist fehlen.

In der älteren Tennisliteratur werden die technischen und taktischen Aktionen der Spieler meist nach dem zeitlichen Ablauf, dem Nacheinander der einzelnen Bewegungshandlungen beschrieben.

In der neueren Tennisliteratur gewinnt die Bewegungsbeschreibung und Bewegungserklärung nach der »funktionalen Bewegungsanalyse« große Bedeutung (vgl. Tennis-Lehrplan Band 2 und 3).

Bewegungsaufgabe

Die Bewegungsaufgabe ist eine zeitaufwendige Maßnahme im motorischen Lernprozeß, wobei der Schüler ein Bewegungsproblem selbständig zu lösen hat. Die dabei auftretenden Versuch-Irrtum-Phasen tragen zum kreativen (schöpferischen) Lernen bei und fordern die Bewegungsphantasie der Schüler heraus. Wenn der Tennislehrer durch bestimmte Vorgaben die Lösungsmöglichkeiten einer Bewegungsaufgabe beschränkt, dann spricht man von einer *gebundenen Bewegungsaufgabe*.

Beispiel:

»Schlage den Ball so über das Netz, daß sich der Ball nach vorne dreht!«

Wenn der Tennislehrer den Lösungsweg völlig freistellt, dann handelt es sich um eine *freie Bewegungsaufgabe*.

Beispiel:

»Schlage den Ball über das Netz!«

Das Stellen von Bewegungsaufgaben steht im Mittelpunkt des induktiven Lehrverfahrens (Arbeitsschulmethode, vgl. S. 58).

Für die Feinformung normierter Schlagtechniken sind Bewegungsaufgaben ungeeignet.

Bewegungsanweisung und -korrektur

Bei der *Bewegungsanweisung* legt der Tennislehrer durch exakte Informationen und Vorschriften den kürzesten Weg zum Lernziel fest. Sie ist eine unverzichtbare Maßnahme der Lernschulmethode.

Beispiel:

»Wirf den Ball 30 cm höher als Du mit der Schlägerspitze reichen kannst!«

Die *Bewegungskorrektur* ist als methodische Maßnahme in allen Phasen des motorischen Lernens nötig. Sie bedient sich akustischer (auditiver), verbaler, visueller und technischer Hilfsmittel.

Die Korrektur umfaßt Hauptfehler und deren Ursachen. Die Korrektur sollte somit nicht bei den Folgefehlern ansetzen. Beispielsweise kann der »späte« Treffpunkt beim Volley die Folge des zu weiträumigen Ausholens sein.

Manche Fehler verschwinden nach angemessener Zahl von Wiederholungen von selbst. Die Korrektur sollte also nicht sofort erfolgen, da Lernen Zeit braucht und der Schüler erst seinen Rhythmus finden muß.

Wichtig ist, daß auf die falsche rasch die richtige Bewegungsausführung folgt.

Die Vorwegnahme von Fehlern ist vom Tennislehrer zu vermeiden. Außerdem erfolgen im Gruppenunterricht zweckmäßigerweise die Gesamtkorrekturen vor den Einzelkorrekturen. An Korrekturmaßnahmen kann der Tennislehrer verbale Anweisungen geben und Aufgaben stellen, die das Bewegungsgefühl ansprechen; z. B. »Übertreibe die schnelle Beinstreckung beim Topspin!«

Bewegungshilfen

Häufig hängt der Lernerfolg vom zweckmäßigen Einsatz vielfältiger Bewegungshilfen ab. Darunter versteht man einerseits Lernhilfen beim Lernen und Üben motorischer Fertigkeiten und andererseits Sicherungsmaßnahmen bei der Ausführung gefährdender Bewegungen.

Bewegungshilfen im Tennisunterricht

Personale Hilfen	Technische Hilfen

Personale Hilfen im Tennisunterricht

Akustische Hilfen	Taktile Hilfen	Visuelle Hilfen

verbal
auditiv
taktieren
rhythmisieren
motivieren:
– durch Zuruf, Klatschen, Zählen
   der Ballwechsel
– durch Tennislehrer
   Gruppe
   Schüler selbst
	berühren
	festhalten
	führen
	– von Schlaghand
	   Schulter
	   Nichtschlagarm
		optisch
		demonstrieren
		»Schattentennis«
		Ball beobachten
		Gerätehilfen zur Zielorientierung

Technische Hilfen im Tennisunterricht

Spielgeräte	Zuspielgeräte	Audiovisuelle Medien	Geräte zur Zielorientierung
Schläger – Holzbrett – Kurzschläger – Großkopfschläger – Wurfschläger – Lochschläger Bälle – alte Bälle – Softbälle	Ballmaschine Ballwände – gerade Wand – schräge Wand – Parabolwand – Trampolinwand – Schaumstoffwand (»Ballback«)	Bücher Zeichnungen Einzelbilder Reihenbilder Dias Filme Video	Treffpunkthilfen – hängender Ball – stehender Ball – Signalgeber Markierungshilfen – Netz, Doppelnetz – Linien, Reifen – Hütchen, Schläger – Schlägerhüllen – Bänder Orientierungshilfen – Netz, Netzpfosten – Umzäunung, Linien – Aufschlagfeld – Korridor – Hallenwand

Die Verhütung von Unfallgefahren hat im Tennisunterricht eine geringere Bedeutung als beispielsweise beim Geräteturnen und wird deshalb bei der Unterrichsorganisation mit angesprochen (siehe S. 67).

Die als Lernhilfen im Tennisunterricht verwendbaren Bewegungshilfen werden entweder vom Tennislehrer (personale Hilfen) oder durch Geräteeinsatz (technische Hilfen) gegeben.

Personale Hilfen

Akustische Hilfen werden verbal oder auditiv meist durch Zurufe oder Klatschen übermittelt, um auf den Schüler den Schlagrhythmus zu übertragen. Dabei sollte die akustische Hilfe nicht nur die zeitliche Gliederung (Takt), sondern auch zusätzlich den förmlichen, räumlichen und dynamischen Verlauf (Rhythmus) der Bewegungshandlung fördern.

So wird beispielsweise zur Rhythmisierung des Aufschlages bei der Zählweise für das Ausholen (»eins«), Hochführen (»zwei«) und Zuschlagen (»und drei«) die Beschleunigung des Schlägerkopfes aus dem tiefsten Punkt der Schleife hinter dem Rücken zum Treffpunkt hin besonders betont. Das Mitzählen der Ballwechsel hat sich als besonders motivierend und konzentrationsfördernd bewährt. Akustische Hilfen erfolgen mitunter nicht nur durch den Tennislehrer, sondern auch durch die Gruppe oder durch den Schüler selbst.

Über »Rezeptoren« (Fühler) in Haut und Muskeln wirken die *taktilen Hilfen,* wobei der Tennislehrer durch Berühren, Festhalten oder Führen von Schlaghand, Schulter oder Nichtschlagarm dem Schüler die Bewegungsausführung erleichtert.

Die *visuellen oder optischen Hilfen* überschneiden sich mit anderen methodischen Maßnahmen wie Demonstration und Imitationsübungen (Schattentennis). Auch genaue Ballbeobachtung sowie Gerätehilfen zur Zielorientierung geben optische Hilfestellung.

Technische Hilfen

Wie bei allen methodischen Maßnahmen ist vor allem beim Einsatz von *Gerätehilfen* zu prüfen, ob sie praktikabel sind, d. h., ob der zeitliche und materielle Aufwand in einem vertretbaren Verhältnis zum Lernergebnis steht. Einige der im Sporthandel angebotenen Gerätehilfen für den Tennisunterricht sind wenig geeignet den Lernerfolg des Schülers zu verbessern.

Aus der Unterrichtspraxis sind die Funktionen der meisten Gerätehilfen wie Spielgeräte und Zuspielgeräte hinlänglich bekannt. Dabei sind neben den Wirkungsweisen und den Vorteilen auch die Nachteile zu berücksichtigen. Beispielsweise wird beim Spielen mit der Ballmaschine die Antizipation nicht dem Tennisspiel angemessen geschult. Unter Antizipation versteht man einen geistig-psychischen Vorgang der Bewegungsvorausnahme, der die künftigen eigenen Bewegungshand-

lungen auf die künftigen taktischen Aktionen der Spielpartner/-gegner sowie auf die äußeren Faktoren (Umwelt) abstimmt.

Die Kombination von verbaler und visueller Information gewährleistet im Tennisunterricht wohl den größten Lernerfolg. Von den *audiovisuellen Medien* (A-V-Medien) hat das Videogerät die wahrscheinlich größte didaktische Bedeutung erlangt.

Zur Erleichterung der *Zielorientierung* sind spezielle Geräte und vorhandene Einrichtungen des Tennisplatzes in mehrfacher Hinsicht hilfreich:

■ Treffpunkthilfen erleichtern das erste Treffen des Balles im »Sweet Spot«.

■ Markierungshilfen geben Ziele für das zweite Treffen, nämlich das Auftreffen des Balles in markierten Zielfeldern an.

■ Orientierungshilfen gewährleisten ein Bezugssystem für die Position des Schülers bei Ausgangs- und Schlagstellung, für die Richtung des Schlägerschwunges und zur Schaffung sog. »zwingender Situationen«. Als Beispiele hierfür seien das Ausholen um den Schläger des Partners herum oder die Einschränkung des Bewegungsumfanges beim Ausholen zum Volley an der Wand genannt.

Zum Einsatz der vielen möglichen Bewegungshilfen im Tennisunterricht ist grundsätzlich festzustellen, daß beim Erlernen neuer Bewegungen die personalen Hilfen vorzuziehen sind, während sich technische Hilfen mehr für das Verfeinern bereits in Grobform beherrschter Lerninhalte eignen.

Unterrichtsgespräch

Das Unterrichtsgespräch zwischen Lehrer und Schüler, das über Beschreibungen und Erklärungen hinausgeht, kann das für ein günstiges Lernklima notwendige gegenseitige Vertrauen und Verständnis schaffen.

Der Tennislehrer erfährt dabei einerseits, ob und wie der Schüler die Informationen verarbeitet hat. Andererseits tragen gelegentliche Gespräche über schulische, familiäre oder berufliche Probleme konfliktlösend zur Motivation bei. Die Bewegungszeit darf jedoch dadurch nicht übermäßig eingeschränkt werden. Weder der stumme noch der ständig redende und diskutierende Tennislehrer entsprechen dem idealen Lehrer.

Die Unterrichssprache sollte insgesamt schülerbezogen sein, d. h. auf die Empfindungen und Handlungen des Lernenden eingehen. Bildhafte Vergleiche und phantasieanregende Ausdrücke kommen vor allem bei Kindern besser an als eine kognitiv orientierte Lehrplansprache.

Beispiele für anschauliche Sprache im Tennisunterricht:

»Streichle, schubse, bürste und lupfe den Ball! Wickle den Ball ein, laß in abtropfen, säge ihn rüber! Reiß den Schlägerkopf an! Hole beim Rückhandschlag aus, wie wenn Du einen Degen ziehen würdest! Führe den Ball mit den Fingern wie ein rohes Ei hoch!«

Die sachliche Richtigkeit der Unterrichtssprache als methodische Maßnahme muß jedoch gewährleistet bleiben, denn Kindertennisunterricht ist auch nicht mit einer Märchenstunde gleichzusetzen.

Spiel- und Wettkampfformen

Spiel- und Wettkampfformen lockern den Tennisunterricht auf. Im Lernprozeß sind mitunter Entspannungs- und Erholungspausen nötig, da die Konzentrationsfähigkeit nicht andauernd aufrechterhalten werden kann. Ohne an dieser Stelle auf die Spielmethodik einzugehen (siehe S. 65), sind im Kindertennisunterricht immer wieder Spielformen anzubieten. Sie können beim Aufwärmen, nach Abschluß einer methodischen Reihe oder zum Unterrichtsausklang eingebaut werden. Die Spielformen sollten altersgemäß und lernzielbezogen ausgewählt werden (z. B. »Fußballtennis« mit Tennisball auf dem Tennisplatz durchführen).

Neben der Aktionsform »Spielen« sollten auch Wettkampfformen mitunter als methodische Maßnahme im Tennisunterricht ergriffen werden.

Wenn auch die Spiel- und Wettkampfformen nicht genau voneinander abzugrenzen sind, so ist unbestritten, daß das dem Wetteifer zugrundeliegende Konkurrenzverhalten doch ein Wesenselement auch des Tennissports darstellt. Im Sinne der Erziehung zum Tenniswettspiel muß das Wettbewerbsstreben durch Regelbeachtung kultiviert werden, um Aggressionen, d. h. Schädigungen der Spielpartner und Spielgegner durch Regelübertretungen zu vermeiden.

Vor allem Jungen vor und während der Pubertät (ca. 11 bis 14 Jahre) sind besonders »heiß« auf Wettkämpfe.

Wettkampfformen sollten das Lernen und Üben im Tennisunterricht nicht verdrängen und sie sollten so gestaltet werden, daß ausreichende Bewegung für alle Gruppenmitglieder, d. h. auch für die motorisch unterlegenen, gesichert ist. Somit sind Ausscheidungskämpfe für Kinder möglichst zu vermeiden. Im Kinder- und Jugendtennisunterricht ist deswegen aus pädagogischen Gründen das Konkurrenzverhalten durch didaktische Maßnahmen zu entschärfen, indem der Tennislehrer die Folgen von Siegen und Niederlagen nicht überbewerten läßt.

Die neuesten Änderungen des Wettspielmodus für Kinder im Tennisverbandbereich entsprechen diesen sportdidaktischen Erkenntnissen. Damit vermindert man die nicht altersgemäßen, hohen psychischen Belastungen des Tenniswettkampfes. So wird künftig in Gruppen »jeder gegen jeden« ohne K.o.-System in Verbindung mit einem Test der motorischen Eigenschaften angetreten.

Kinder sollten aus pädagogischen Gründen auch nicht mehr in Erwachsenenmannschaften mitspielen, wie das heutzutage von vielen Vereinen im Sinne einer überzogenen »Jugendförderung« mit talentierten Nachwuchsspielern praktiziert wird.

Wettkampfformen bereichern ähnlich wie Spielformen den Tennisunterricht, jedoch vermindern sie meist die Bewegungsqualität und sollten deshalb erst im Stadium der Feinformung angewandt werden.

Wettkampfformen mit Ausscheidungscharakter sind vor allem zum Aufwärmen abzulehnen.

Lernzielkontrollen

Ein lernzielorientierter Tennisunterricht kann sich nicht damit begnügen, Lernziele zu bestimmen und den Unterricht daraufhin zu planen und durchzuführen. Von Zeit zu Zeit sind auch Lernzielkontrollen nötig, ob die Elemente des Tennisunterrichts – Lernziele, Lerninhalte, Methoden und organisatorische Maßnahmen – richtig ausgewählt, aufeinander und auf die Schüler abgestimmt wurden. Die Überprüfung des Unterrichtserfolges betrifft in erster Linie motorische und kognitive Lernziele, da affektive und soziale Verhaltensänderungen kaum objektiv meßbar sind.

Der Tennislehrer kontrolliert das Schlagrepertoire hinsichtlich der Sicherheit und Regelmäßigkeit (Zahl der

Ballwechsel), der Zielgenauigkeit (Plazierungsübungen mit Markierungen) und der Variabilität (Wechsel der Schnittarten, Schlaghärte, Schlagrhythmus). Hierbei sind neben dem Lehrerzuspiel auch Maschinentests hilfreich.

Bei der Bewegungs- und Matchbeobachtung sowie bei der Matchanalyse setzt der Tennislehrer häufig zur Feinanalyse Videoaufzeichnungen ein.

Regelmäßige Konditionstests überprüfen die Qualität der motorischen Grundeigenschaften. Kognitive Lernziele sind durch Beobachtung des Spielverhaltens und durch Unterrichtsgespräche kontrollierbar.

Mentales Training

Das mentale Training wurde als Methode der Psychoregulation (Beeinflußung seelischer Zustände) im Leistungssport entwickelt, stellt aber heute auch eine brauchbare methodische Hilfe für den Tennisunterricht dar. Man versteht darunter das Erlernen oder Verbessern eines Bewegungsablaufs durch intensives Vorstellen ohne gleichzeitiges tatsächliches Üben dieses Bewegungsablaufes.

Ausgangspunkt für das mentale (gedankliche) Training ist der sog. »Carpenter-Effekt«: Die Wahrnehmung einer Bewegung erzeugt beim Wahrnehmenden einen Antrieb, dieselbe Bewegung auszuführen. Für mentales Training sind vom Schüler zusätzlich noch eigene Denkprozesse nötig.

Der motorische Lernvorgang wird dadurch vor allem in Sportarten wie Tennis, die hohe Anforderungen an das Koordinationsvermögen stellen, günstig beeinflußt.

Die Verwendbarkeit des mentalen Trainings als methodische Maßnahme ist vom Lernalter und vom Lernstadium abhängig.

Ab dem 12. Lebensjahr ist eine deutliche Steigerung der mentalen Lernfähigkeit festzustellen. Vor dem 10. Lebensjahr bringt das mentale Training im Tennisunterricht wenig, da die Kinder noch nicht die erforderliche Abstraktionsfähigkeit besitzen.

Für fortgeschrittene Tennisschüler eignet sich mentales Training besser als für Anfänger.

Der geistige Vollzug eines Bewegungsablaufes kann durch Bewegungsbeschreibung mit eigenen Worten oder durch Vorstellen einer richtig demonstrierten Schlagtechnik vor dem »inneren Auge« erfolgen.

Methodische Reihen im Tennisunterricht

Unter einer methodischen Reihe versteht man ein Lehrverfahren mit einer Vielzahl von Maßnahmen über den Weg zum Erlernen motorischer Fertigkeiten (z. B. Aufschlag, Flugball, Stop) und zur Verbesserung motorischer Eigenschaften (z. B. Koordination, Schnellkraft, Schnelligkeitsausdauer, Beweglichkeit).

Methodische Reihen sind direkte Wege zum Erreichen einer Zielübung (z. B. Halbflugball) oder eines Zielspiels (z. B. regelgerechtes Tennisspiel).

Methodische Reihen sind in methodische Übungsreihen und methodische Spielreihen einzuteilen.

Bei der Zusammenstellung methodischer Reihen ist zu beachten:

- Methodische Reihen stehen im Dienste der Zielübung, d. h. sie sind überflüssig, wenn die Zielübung ohne Vorübung in angemessener Zeit erlernt werden kann. Beispielsweise ist eine methodische Reihe für den Lob oft nicht nötig, wenn nämlich der Vorhand- und Rückhandgrundlinienschlag in Grobform bereits beherrscht werden. Methodische »Spielereien« sind dann nicht angebracht.

- Allgemeine didaktisch-methodische Grundsätze sind zu berücksichtigen:
  - vom Bekannten zum Unbekannten; z. B. Entwicklung des Topspinschlages aus dem Grundschlag,
  - vom Einfachen zum Zusammengesetzten; z. B. durch Schlagverbindungen vom Grundlinienschlag zum Netzangriff,
  - vom Leichten zum Schwierigen; z. B. vom Volley zum Volleystop.

Methodische Reihen sind Vorstufen der »programmierten Instruktion« im Sport, welche durch Planung, Verstärkung, Selbsttätigkeit, Erfolgsgarantie und Individualisierung gekennzeichnet ist.

Ein Lehrprogramm für den Sportunterricht bietet einen exakt geplanten Lehrweg zum Erreichen eines Lernzieles, wobei der Lernweg in kleine und im Tempo variierbare Lernschritte unterteilt ist. Die Lernbereitschaft wird dabei durch Erfolgskontrollen geweckt und gefestigt.

Dem programmierten Lernen im motorischen Bereich sind jedoch Grenzen gesetzt, die für das kognitive Lernen nicht gelten. Deshalb eignen sich umfassende Be-

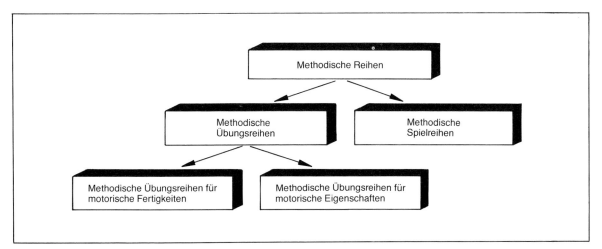

Methodische Reihen im Tennisunterricht.

wegungshandlungen, wie sie im Tennisspiel nötig sind, nicht für das selbständige Lernen nach einem Programm.

Zudem erfordert die Kontrolle über die richtige oder falsche Bewegungsausführung auch eines einzelnen Schlages den erfahrenen Tennislehrer. Dieser ist durch Buch- oder Maschinenprogramme nicht zu ersetzen.

Methodische Übungsreihen sind nach methodischen Grundsätzen geordnete Übungsfolgen, die zum Erlernen einer motorischen Fertigkeit oder zur Aneignung eines bestimmten Ausprägungsgrades motorischer Eigenschaften führen sollen.

Beispiel:
Übungsfolge zum Erlernen des Rückhand-Grundschlages:
- Ballgewöhnung
- Ball schlagen aus seitlicher Schlagstellung
- Ball schlagen mit Wechsel zwischen Grundstellung und Schlagstellung
- Ball schlagen nach etwas diagonalem Zuwurf
- Ball schlagen nach Zuspiel über das Netz
- Anwendung und Festigung durch RH-Schlag im Wechsel mit VH-Schlag

Methodische Spielreihen entsprechen dem Grundgedanken der Übungsreihe und sind eine Abfolge von Spielhandlungen mit Bezug zu einem Zielspiel.

Die wesentlichen Elemente des Spiels, nämlich die Ungewißheit des Ausgangs und die Entscheidungsfreiheit der Schüler innerhalb vorgegebener Spielregeln sind bei der Gestaltung methodischer Spielreihen möglichst zu wahren.

Folgende Dreistufigkeit kennzeichnet die methodische Spielreihe im Tennisunterricht:

- Spielerische Grundformen (Ballgewöhnung)
- Einfache Spielformen (»Kleine Tennisspiele«)
- regelgerechtes Tenniswettspiel.

Die spielerischen Grundformen enthalten die tennisspielspezifischen motorischen Fertigkeiten in einfacher technischer Ausführung, die meist als Ballgewöhnungsübungen mit dem Tennisball bezeichnet werden.

Beispiele für spielerische Grundformen:
Fangen und Werfen: direkt, indirekt, einzeln, zu zweit, in Kleingruppe, in Kreisbetrieb, als Nummernspiel, als Wanderfangball.
Rollen und Prellen: mit Hand, Fuß, Holzbrett, Schläger, Kurzgriff, auch mit linker Hand, im Hüpfen, in der Hocke.
Staffelspiele: Prellstaffel, Rundenstaffel, Umkehrstaffel, Pendelstaffel, Slalomstaffel.
Treibball- und Prellballspiele.

Die einfachen Spielformen der zweiten Stufe sind eigenständige »Kleine Tennisspiele«, die den Spielgedanken des Tennisspiels enthalten. Es kann mit Holzbrett und Tennisball oder mit Schläger auch mit Kurzgriff und Tennisball oder mit Schläger und Softball gespielt werden. Der Spielgedanke »miteinander spielen« überwiegt.

Beispiele für »Kleine Tennisspiele«:

- »Zeitungsspiel«: mit und ohne »Stellen« des Balles, partnerweise, mit Zählen der Ballwechsel.
- »Wanderball«: Ball zuspielen in Kreisaufstellung.
- »Schlagballtennis«: erst nach 3. Ballkontakt über das Netz zurückschlagen, zählen bis 15 Punkte.
- »Sechsertennis«/»Volleyballtennis«: Aufstellung ähnlich Volleyball, Aufschläge von unten, Positionswechsel.
- »Flugballtennis«: wie »Sechser-/Volleyballtennis«, jedoch nur Flugbälle erlaubt.
- »Rundlaufspiele«: großer Rundlauf um das Netz, kleiner Rundlauf, in Stirnreihe wieder hinten anstellen, Rundlauf mit Zuspieler.
- »Fließbandflugball«: partnerweise von einem Netzpfosten zum anderen.
- »Ziehharmonika-Flugball«: partnerweise mit Abstandsveränderung.
- »Nummerntennis«: Zuspiel über das Netz nach Ausrufen einer Zahl.
- »Wandertennis«: Zuspiel über das Netz nach Positionsveränderung.
- Tennisspiel in Kleinfeldern: Aufschlagfeld, halbes Aufschlagfeld, Korridor, Platzhälfte mit Aufschlag von unten, mit Zählen der Ballwechsel, miteinander spielen und gegeneinander spielen.

Das Zielspiel Tennis erfolgt danach als 3. Stufe durch Einführung des Aufschlages von oben und wettspielgemäßer Zählweise. Der Spielgedanke »gegeneinander spielen« dominiert jetzt.

Die Spielreihe enthält eine geordnete Folge von Spielen, die in Technik und Taktik eine große Bewegungsverwandschaft zum regelgerechten Tennisspiel aufweisen. Grundformen und Spielformen sind nach dem Grundsatz »vom Einfachen zum Schwierigen« anzubieten. Bei der Festlegung der Regeln für die »Kleinen Tennisspiele« sind Freiheitsgrade vorhanden. Jedoch tenniswettspielspezifische Grundfehler wie Netzberührung durch den Spieler oder beim Aufschlag sind

ebenso unzulässig wie das Aufspringen des Balles außerhalb des Spielfeldes. Die Auswahl der Spielformen hat entsprechend den jeweils beabsichtigten Lernzielen zu erfolgen.

Schwierige motorische Fertigkeiten wie Aufschlag und Schlagvarianten müssen meist zusätzlich durch methodische Übungsreihen erlernt werden.

Die Spielmethodik kommt der Interessenstruktur des Kindertennisunterrichts stark entgegen. Von verschiedenen Tennisschulen werden Spielreihen auch im Erwachsenenunterricht wegen ihrer motivierenden Wirkung erfolgreich verwendet.

Insgesamt erfordert der technisch anspruchsvolle Tennisunterricht wohl eine ausgewogene Mischung von Spiel- und Übungsreihen.

Unterrichtsstile im Tennissport

Ein Unterrichtsstil ist der Ausdruck der Wechselbeziehung zwischen Lehrer und Schülern einerseits und der Schüler untereinander andererseits. Der Umgang des Tennislehrers mit den Schülern wirkt sich auch auf die Beziehungen der Gruppenmitglieder untereinander aus. Das Verhalten des Lehrers beeinflußt somit auch die sog. »Gruppendynamik«, die durch das Entstehen von Konflikten, Cliquen und Rollen (z. B. Außenseiter, Spaßmacher) gekennzeichnet ist.

So wie der Stil eines Spielers von seinen individuellen Voraussetzungen abhängt, so ähnlich ist der Unterrichtsstil des Tennislehrers an Grundmuster seiner Persönlichkeit gebunden. Er ist jedoch nicht ein für alle Mal festgelegt und kann durch pädagogische Erfahrungen verbessert werden. Der Unterrichtsstil ist situationsbedingt und abhängig von den Unterrichtsinhalten. Verschiedene mögliche Unterrichtsstile sind Idealtypen, von denen das tatsächliche Lehrerverhalten mehr oder weniger abweicht (Realtypen).

Beim *autokratischen Führungsstil* (lehrerzentrierter Unterricht) steht der Lehrer im Vordergrund; er allein legt die Lerninhalte fest. Seine Bewegungsanweisungen und Bewegungsvorschriften dominieren. Die negative Kritik des Tennislehrers überwiegt häufig. Das durch Druck erzeugte hohe Leistungsverhalten der Schüler läßt bei Abwesenheit des Lehrers meist nach. Kreativität, Spontaneität und Selbständigkeit der Schüler werden dadurch nicht gefördert, sondern unterdrückt. Der autokratische Lehrer verwendet meist die deduktive Methode.

Elemente des autokratischen Führungsstils werden im Tennisunterricht mitunter verwendet. Sein Einsatz ist abhängig vom Alter und Entwicklungsstand der Schüler. In manchen schwierigen disziplinären Situationen bleibt er als letzte Möglichkeit der meist kurzfristigen Konfliktlösung. Unterrichtssituationen mit Unfallrisiken (z. B. herumliegende Bälle) oder das Leistungstraining erfordern ihn häufiger.

Beim *Laissez-Faire-Führungsstil* bleibt die Schülergruppe weitgehend sich selbst überlassen. Der Lehrer greift nur nach Aufforderung durch die Schüler in das Unterrichtsgeschehen ein.

Häufig entstehen Gruppenkonflikte und Aggressionshandlungen. Der Lernerfolg ist gering. Dieser Führungsstil ist für den Tennisunterricht nicht zu empfehlen.

Beim *demokratischen (sozial-integrativen) Führungsstil* handelt der Tennislehrer als Partner der Gruppe und beteiligt diese an den Entscheidungen über die Lernziele und Lerninhalte. Das Unterrichtsgespräch steht im Vordergrund. Das Sozialverhalten wird dadurch aktiviert, so daß bessere Schüler häufiger mit schwächeren zu spielen bereit sind.

Die positive, aufbauende Lehrerkritik überwiegt. Das Lernklima ist fröhlich-natürlich. Auch bei Lehrerabwesenheit bleibt die Leistungsmotivation hoch. Der Tennislehrer stellt häufig Bewegungsaufgaben (induktive Methode).

Voraussetzung für den demokratischen Führungsstil mit seinem partnerschaftlichen Lehrerverhalten ist eine gewisse Einsicht bzw. entsprechendes Alter der Schüler. Autoritäre Entscheidungen des Lehrers sind dennoch nicht völlig auszuschließen. Die Erreichung der Lernziele braucht insgesamt mehr Zeit als beim autokratischen Führungsstil.

Der demokratische Führungsstil ist im Tennisunterricht insgesamt gut anwendbar.

Unterrichtsorganisation im Tennissport

Entscheidungen über die zweckmäßige Unterrichtsorganisation sind nur in enger Abstimmung mit allen anderen Elementen des Sportunterrichts möglich. Dabei sind folgende Aspekte zu beachten.

Die Unterrichtsorganisation hat zunächst einmal die Sicherheit der Schüler zu gewährleisten.

Wenn auch das Tennisspielen nicht als gefährliche Sportart einzustufen ist, so sind doch bestimmte Gefährdungen im Unterricht zu vermeiden. Im Feld *herumliegende Bälle* stellen nicht nur ein Gesundheitsrisiko (Knöchelverletzung) dar, sondern beeinträchtigen auch erheblich die Konzentration und lenken vom Lernprozeß ab.

Besonders im Kinderunterricht und immer bei Aufschlag- und Schmetterballschulung ist auf *ausreichenden Abstand* der Schüler voneinander zu achten. Auch der Ballkorb ist deswegen nicht unmittelbar neben den Schülern abzustellen.

Aufschlagübungen vor allem mit Anfängern sollten nicht aus der Gegenüberstellung erfolgen. Erst wenn alle Bälle aus dem Korb geschlagen sind, werden die aus dem Netz zurückrollenden eingesammelt und wieder über das Netz geschlagen. Dann erst erfolgt der Wechsel der Platzhälfte. Besondere Vorsicht ist beim Üben der Flugbälle im Vorfeld (Netznähe) geboten, wenn von der Grundlinie zugespielt wird. Vor Aufnahme eines Ballwechsels ist Blickkontakt mit dem Zuspieler nötig. Beim Üben von Schmetterbällen empfiehlt sich auch für geübte Schüler die versetzte Aufstellung, bei der jedes Paar im Korridor übt, und die Schmetternden sich jeweils auf den gegenüberliegenden Platzhälften befinden. Der Sicherheitsaspekt erfordert auch, daß auf der Tennisanlage ein von Zeit zu Zeit zu kontrollierender Erste-Hilfe-Kasten für Tennisverletzungen vorhanden ist.

Auch die zweckmäßige Gruppeneinteilung bestimmt die Unterrichtsorganisation wesentlich.

Der Einzelunterricht weist gegenüber dem Gruppenunterricht nicht nur die vielen Vorteile einer individuellen Betreuung auf, sondern bringt auch Nachteile: Fehlen des Leistungsvergleiches mit den unterschiedlichen Spielpartnern, Monotonie, keine Realisierung sozialer und affektiver Lernziele, keine Möglichkeit des Doppelspiels und der Trainingsformen des Gruppenunterrichts. Insgesamt überwiegen die Vorteile des Gruppenunterrichts, wenn die Schülerzahl pro Gruppe und Platz nicht zu groß ist und der Tennislehrer den hohen organisatorischen Ansprüchen des Gruppenunterrichts gewachsen ist.

Die Intensität kann durch optimale Platzausnutzung, genügend Bälle und durch Übertragung wechselnder Aufgaben an Zuspieler, Anspieler, Bällesammler und »Schiedsrichter« gesteigert werden. Das Problem des Spielens mit schwächeren Partnern kann der Tennislehrer sowohl durch häufige Variation der Partner als auch durch die Aufgabenstellung einer exakten Zuspielschulung für den besseren etwas entschärfen.

Auch von zweckmäßigen Aufstellungs-, Einteilungs- und Betriebsformen hängt die Unterrichtsorganisation im Tennis wesentlich ab.

Unterscheidungskriterien für Betriebs-, Einteilungs- und Aufstellungsformen sind jeweils das Verhältnis der Schüler zum Lehrer, der Schüler untereinander und der Schüler zum Platz.

Freie und paarweise Aufstellung, Kreis-, Halbkreis-, Linien-, Doppellinien-, versetzte Linien-, Reihen-, Doppelreihen- und Gassenaufstellung gewährleisten entsprechend den jeweiligen Lerninhalten dem Tennislehrer einen guten Überblick über den lernintensiven Übungsablauf.

Dabei kann die Gesamtheit der Schüler folgendermaßen eingeteilt werden: nach einzelnen Schülern, nach Spielpartnern, nach Spielgruppen und nach Spielmannschaften (Einteilungsformen). Die Betriebsformen, d. h. die Art und Weise, wie der Unterricht abläuft, richten sich grundsätzlich nach den gewählten Aufstellungs- und Einteilungsformen:

- Frontalbetrieb: alle üben dasselbe.
- Stationsbetrieb: an jeder Station wird ein anderer Schlag geübt.
- Kreisbetrieb: die Stationen werden zirkulierend durchgewechselt (z. B. Tenniszirkel für Kondition).

Das genaue Zuspiel durch Tennislehrer, Spielpartner und Zuspielgeräte wie Ballwände und Ballmaschinen ist ein weiteres Kriterium für einen gut organisierten Tennisunterricht.

Als Zuspielmöglichkeiten bieten sich an:
- Fallenlassen des Balles über dem Treffpunkt.
- Senkrechtes Anwerfen des Balles.

- Zuwurf durch Schockwurf von unten aus leicht versetzter diagonaler Position des Partners.
- Zuspiel mit Schläger über das Netz.
- Spiel gegen Tenniswand.
- Zuspiel mit Ballmaschine.

Das Zuspiel des hinter dem Schüler stehenden Trainers kommt im Tennis fast nicht vor und sollte auf individuelle Korrekturen bei zu »spätem« Treffpunkt beschränkt bleiben und nicht von vornherein in eine methodische Reihe eingeplant werden.

Die Präzision des Zuspiels durch Lehrer und Spielpartner kann durch Gerätehilfen zur Zielorientierung wie Treffpunkt-, Markierungs- und Orientierungshilfen erleichtert werden. Im Anfängergruppenunterricht vor allem mit Kindern, wird man relativ lange Zeit den Ball mit Zuwurf anbieten müssen, da das Zuspiel mit dem Schläger meist viel zu unplaziert erfolgt. Mitunter wird das Zuspiel im Tennisunterricht als eigene methodische Maßnahme herausgestellt, da seine Zielgenauigkeit in bezug auf Richtung, Länge, Höhe, Frequenz (zeitlicher Abstand zum nächsten Schlag) und Drallart sehr stark den Lernerfolg bestimmen.

Die Vorbereitung des Tennisunterrichts

Um die Entscheidungen über die Unterrichtselemente und ihre Abstimmung aufeinander optimal zu gestalten, sind bei der Unterrichtsplanung und -vorbereitung im einzelnen zu berücksichtigen:

- Die Relation der Schülerzahl zu Art und Zahl der vorhandenen Tennisplätze ist zu bedenken.
- Die Unterrichtsgeräte (Spielgeräte, Zuspielgeräte, technische Hilfsgeräte) sind rechtzeitig bereitzustellen und ihre Funktionsfähigkeit ist sicherzustellen.
- Ein schriftlich ausgearbeiteter Unterrichtsentwurf ist zu erstellen. In diesem Entwurf sind alle wichtigen Einzelheiten detailliert aufzuführen.
- Die Zeiteinteilung bezieht sich entweder auf jede einzelne Übung oder auf Einleitung, Hauptteil und Stundenausklang.
- Die Lernzielangaben (auch für Teillernziele) zu den Übungen dürfen nicht fehlen.
- Die Lerninhalte sind dem Thema der Stunde und der Zielgruppe anzupassen.

- Die Angabe der methodischen Maßnahmen trägt zum Abbau einseitigen Lehrerverhaltens bei.
- Die schriftliche Festlegung der organisatorischen Möglichkeiten einschließlich der Geräteeinsatzskizzen erleichtert dem Tennislehrer einen abwechslungsreichen Unterrichtsverlauf.
- Durch Einplanung von Lernzielkontrollen erhält der Tennislehrer eine Rückmeldung über die Unterrichtsfolgen.

Das jeweilige Unterrichtsthema schließt von vornherein bestimmte Gestaltungsmöglichkeiten der Unterrichtselemente aus. So ergeben sich für jede Tennisstunde spezielle schriftliche Ausarbeitungen. Die Erstellung einer schriftlichen Ausarbeitung entsprechend dem unterrichtstheoretischen Sportdidaktikmodell trägt auch im Tennissport zum optimalen Lernerfolg bei und ist nicht als Formalismus abzulehnen. Nachfolgend ist ein Beispiel für das Erlernen des Aufschlags dargestellt.

Unterrichtsvorbereitung im Tennis (allgemein)

Thema: _____

_____

(Name)
Schülerzahl: _____
Alter: _____ Plätze: _____

Zeiteinteilung	Lernziele	Lerninhalte	Methodische Maßnahmen	Organisation	Lernzielkontrollen
5 Min.	I. *Einleitung* Einstimmung Motivation/Freude Erwärmung Ballgewöhnung	Technik Taktik Kondition Wettspielpsychologie durch Gymnastik, Übungen, Spiele, Wettkämpfe, Staffeln unter Verwendung von Gerätehilfen	*Lehrer-Schüler-Interaktion:* Demonstration Bewegungs -beschreibung -erklärung -aufgaben -anweisung -hilfen -korrektur Unterrichtssprächt Medieneinsatz mentales Training	*Betriebsformen:* – Frontalunterricht – Stationsbetrieb – Zirkel (Kreistrieb) *Einteilungsformen:* – Schüler einzeln – Partner – Gruppen – Mannschaften	ärztliche Kontrollen, sportmotorische Tests, Unterrichtskontrollen, Lernerfolgskontrolle zu einzelnen Lernzielen Inhalten Technik takt. Verhalten Kondition Psych. Verhalten, Kontrolle des Bewegungsablaufs durch ÜL durch Leistungsvergleich, Objektivierung über Ballmaschine, Markierung usw.
30 Min.	II. *Hauptteil* Lernziele – motorische – kognitive – soziale – affektive Verbesserung motor. Fertigkeiten (Technik) und Grundeigenschaften: Kraft, Schnelligkeit, Ausdauer, Flexibilität und Koordination		*Wahl der methodischen Verfahren:* Lernschul-/Arbeitsschulmethode deduktives-/induktives Verfahren Ganzheits-/Teilmethode Ganz-Teil-Ganzmethode	*Aufstellungsformen:* – frei/paarweise – Linie/Doppellinie – Reihe/Doppelreihe – Gasse – Kreis/Halbkreis *Geräteaufbau:* Skizzen für Geräteeinsatz	
5–10 Min.	III. *Schluß/Ausklang* Beruhigung/Anregung Spiel/Anwendung		*Unterrichtstile:* autokratisch – Laissez-faire – demokratisch		

Unterrichtsvorbereitung im Tennis (speziell)

Thema: *Erlernen des geraden Aufschlags von oben*

Felix Fröhlich _____ 1. 1. 1986 ___
(Name)   (Datum)
Schülerzahl: 8 ___
Alter: 10 J. ___   Plätze: 2 ___

Zeiteinteilung	Lernziele	Lerninhalte	Methodische Maßnahmen	Organisation	Lernzielkontrollen
5 Min.	1. Aufwärmen und Ballgewöhnung	kleiner Rundlauf VH und RH Schlagwurf über Netz mit Fangen	deduktiv induktiv-gebundene Bewegungsaufgabe	je 2 Gruppen à 2 Schüler partnerweise Gassenaufstellung	
30 Min.	2. Koordination der Gesamtbewegung gerader Aufschlag von oben		Lehrerdemonstration	von Grundlinie, Schüler in freier Aufstellung seitlich	
		Üben der Gesamtbewegung	Ganzheitsmethode mit Hilfen: Kurzgriff und von Aufschlaglinie aus	je 4 Schüler von Grundlinie aus auf 2 Plätzen	
	Teillernziel: Zielgenaues Ballhochführen	Übungen zum Hochführen, Hampelmann	Teilmethode für Wurfhöhe, -richtung am Zaun, Markierungen, »zwingende Situation«	Linienaufstellung am Zaun	
	Teillernziel: Aushol- und Schlagbewegung	fließender Übergang zwischen Ausholen und Schlagen	Teilmethode: Achterkreisen mit Langgriff, verbale Rhythmisierung	Linienaufstellung an Aufschlag- oder Grundlinie	
	Teillernziel: Erarbeiten Treffstrecke/Treffpunkt	Körper- und Armstreckung	Erklärung von Armstreckung, Unterarmdrehung und Handgelenkstreckung	Halbkreisaufstellung	
	Teillernziel: Koordination der Gesamtbewegung	gerade Aufschlagtechnik	Üben mit Korrekturen	Linienaufstellung	Einzelkorrekturen

Zeitein-teilung	Lernziele	Lerninhalte	Methodische Maßnahmen	Organisation	Lernzielkontrollen
30 Min.	Teillernziel: taktische Anwendung und Sicherheit	Plazierungsübungen	Lehrer-/Schüler-demonstration; Markierungen mit Schlägerhüllen; kurzes Unterrichtsgespräch	freie Aufstellung seitlich Linienaufstellung	Feststellen der Trefferquote bei 10 Versuchen
10 Min.	3. Anwendung im Wettspiel Sicherheit vor Plazieren und Schlaghärte	Aufschläge mit Schlagverbindungen im Einzelspiel	Aufschläge mit Kurzgriff erlaubt	je 2 Partner spielen 2 Punkte aus; dann das nächste Paar; Aufschlagwechsel nach jedem Punkt. Das andere Paar sammelt inzwischen Bälle.	

Kriterien für die Beurteilung von Lehrproben

I. Lehrer – Lehrverhalten
    – Auftreten/Unterrichtsstil
    – Lehrton/Ansagen
    – Begeisterungsfähigkeit (Motivation)

II. Lernziele – Lerninhalte
    – Anforderungen/Intensität
    – Reihenfolge
    – Lernzielkontrollen

III. Lehrmethoden
    – Lehrverfahren
    – Demonstrationen
    – Verbale Informationen
    – Korrekturen
    – Bewegungshilfen
    – Spiel-/Wettkampfformen
    – Methodische Übungs-/Spielreihen

IV. Unterrichtsorganisation
    – Aufstellungs-/Einteilungs-/Betriebsformen
    – Zuspielformen
    – Geräteeinsatz
    – Sicherheitsmaßnahmen

V. Themenausarbeitung
    – Äußere Form
    – Inhalt
    – Formulierungen
    – Skizzen/Graphiken

Bewegungslehre

Die Bewegungslehre ermöglicht wissenschaftliche Aussagen über Bewegungen jeder Art. Um wissenschaftlich fundierte Ergebnisse zu erlangen, nimmt sie »Anleihen« bei anderen Wissenschaftsgebieten (Medizin, Physik, Psychologie u. a.). Die Sportwissenschaft beschäftigt sich bisher vorwiegend mit dem Teilbereich der sportlichen Bewegungsformen und des sportlichen Bewegens.

Im Tennis wird das Zustandekommen von Lauf- und Schlagbewegungen sowie deren Auswirkungen untersucht. Zur Bewegungslehre gehört aber auch die in einem eigenen Kapitel behandelte Tennismechanik.

Technik des Tennisspiels

Die Vorbedingung für erfolgreiches Tennisspiel ist die Beherrschung der Lauf- und Schlagtechniken. Da die biomechanischen Gegebenheiten nur einen sehr begrenzten Raum für die Varianten der Bewegungsausführung lassen, kann von einer weitgehend vereinheitlichten Schlag- und Lauftechnik ausgegangen werden. Dies schließt nicht aus, daß

- abgewandelte Formen auch zum Ziel führen, wobei in der Regel ein Koordinationsfaktor oder ein biomechanisches Prinzip vernachlässigt wird.
- im Zuge der Weiterentwicklung des Tennisspiels mit Hilfe neuer Erkenntnisse Anpassungen in der Bewegungsausführung und der Lehre der Tennistechnik erforderlich werden.

Der Aufwand für die individuelle Entwicklung der Tennistechnik hängt wesentlich von der Zielstellung, also ob Leistungstennis oder Breitensport betrieben wird, ab.

Bewegungstheoretische Grundlagen

Ein Trainer, der koordinative Probleme eines Schlages deutlich machen will, muß die bewegungstechnischen Grundlagen in der Theorie kennen. Er muß in der Lage sein, eine funktionale Bewegungsanalyse durchzuführen und die biomechanischen Aspekte der Grundschläge wissen.

Funktionale Bewegungsanalyse

Die bisherige Analyse der Tennisschläge in Vorbereitungs-, Haupt- und Endphase kann nach derzeitigen Erkenntnissen nicht mehr genügen. Tennisschläge sind zusätzlich auf ihre Ziele und Rahmenbedingungen zu untersuchen. Darüber hinaus muß analysiert werden, welche Funktionen das Handeln des Spielers in bezug auf diese Ziele und Bedingungen hat.

Für die gestellte Aufgabe gibt es u. U. mehrere Lösungsmöglichkeiten. Daher werden Hauptfunktionsphasen von vorbereitenden, unterstützenden und überleitenden Hilfsfunktionsphasen unterschieden. Sieht man z. B. den Treffpunkt eines Schlages als Zentrum einer Hauptfunktionsphase, so können die Hilfsfunktionsphasen bei einem Anfänger anders sein als bei einem Leistungsspieler. Der Anfänger will primär den Ball nur treffen, der Leistungsspieler muß u. U. die

Drallart miteinbeziehen, die ihm die größte Treffchance ermöglicht. Die Entscheidung muß mit der Überlegung gekoppelt werden, durch welche Schlagtechnik der gewünschte Bewegungszustand des Balles erreichbar ist und ob diese Schlagtechnik dem Ausführenden auch zur Verfügung steht. Da daher beide Phasen in ihrer Funktionscharakterisierung gegenseitig aufeinander Bezug nehmen, könnte erst ihre Vereinigung als eine funktional unabhängige Phase (Hauptfunktionsphase) gesehen werden (GÖHNER, 1979). D. h. der Treffpunkt kann u. U. von mehreren Funktionsphasen überlagert werden, die dann im Verbund die Hauptfunktionsphase ausmachen.

Die Hilfsfunktionsphasen der Schlagvorbereitung bzw. des Ausschwungs lassen dagegen einen gewissen Bewegungsspielraum zu. »Einen einwandfreien Stil zu erreichen, ist schön und gut; aber in jedem großen Spiel kommt einmal eine kritische Periode, in der die Form keine Rolle mehr spielt und der Erfolg nur davon abhängt, überhaupt den Ball zurückzubringen, wenn nötig mit beiden Händen oder mit dem blanken Holz.« Diesen Satz stellt W. Tilden vor alle Technikbeschreibungen. Auch er läßt keinen Zweifel an der Notwendigkeit eines Richtmaßes, indem er Vor- und Rückhandgriff und eine biomechanisch optimale Schlagführung beschreibt.

Biomechanische Aspekte der Grundschläge

Die Biomechanik befaßt sich im Sport mit der Analyse von Bewegungsabläufen unter Berücksichtigung der mechanischen Eigenschaften des menschlichen Stütz- und Bewegungsapparates. Da es im Tennis nicht darum geht, den Ball möglichst weit oder schnell zurückzuspielen, bedient man sich bewegungstechnischer Modellsituationen, die – abgesichert durch biomechanische Gesetzmäßigkeiten – auf die jeweiligen Schläge bezogen werden. Die Aktionen des Rückschlägers hängen weitgehend von seinem Antizipationsvermögen ab, d. h., die Aktionen des Gegners vorher zu sehen: seine Stellung zum Ball, die Schlagausführung, das Flugverhalten des Balles, sein voraussichtliches Sprungverhalten.

Schlaganalyse mit Hilfe von Haupt- und Hilfsfunktionen: Vergleicht man die Hauptfunktion mit einem Bahnhof, so bilden die Hilfsfunktionen die Gleise zum und vom Bahnhof. Im Tennis ist die Funktionszentrale der Treffpunkt. Er kann auf verschiedenen Wegen der Hilfsfunktionen erreicht werden. Die Ökonomie einer Bewegung, d. h. mit möglichst wenig Krafteinsatz möglichst viel Wirkung zu erzielen, kann aber auf Dauer nicht außer Acht gelassen werden.

Um für die Hauptfunktionsphase optimale Voraussetzungen zu schaffen, begibt sich der Spieler zur Erreichung eines günstigen »Arbeitsweges« in die Grund- oder Ausgangsstellung.

Die Wahl des richtigen Griffes richtet sich nach der Kraftübertragung im Treffpunkt, bzw. der Treffpunkt bedingt die Griffhaltung.

Nach dem Prinzip der optimalen Muskelvordehnung erfolgt Vorspannung durch Verwringung der Schulter- und Beckenachse während der Zurückführung des Schlägers im oberen Bogen.

Nach dem Prinzip des optimalen Beschleunigungsweges wäre die Kreisbahn bis zum Treffpunkt optimal. Sie kann wegen der Netzhöhe und des zwangsläufig damit verbundenen zu tiefen Treffpunktes, auch wegen der größeren Differenz in der Auge-Hand-Koordination nicht gewählt werden. Die Schlägerführung erfolgt daher annähernd elliptisch. Durch vertikale Schwerpunktverlagerung nach vorne und unten (Tiefgehen) wird eine optimale Kraftübertragung (Ganzkörperbewegung) möglich.

Hauptfunktionsphase: Das Ziel der Hauptfunktionsphase liegt in der optimalen Krafteinleitung in den Ball. Dabei ist es unwesentlich, ob die Kraft für eine hohe Anfangsgeschwindigkeit oder für die Rotation des Balles verwendet wird. Um durch Bewegungsübertragung die Koordination aller Teilimpulse im Treffpunkt zu erreichen (Prinzip der Koordination von Teilimpulsen) müssen nach dem Aktions-Reaktions-Gesetz vertikale, horizontale, lineare und rotatorische Bewegungen im Treffpunkt in Schlagrichtung vereint werden. Verbunden mit Seitstellung (Schlagstellung) ergibt sie nach dem Prinzip der optimalen Treffchancen eine hohe Treffgenauigkeit.

Anmerkung: Schlaghärte (hohe Krafteinleitung in den Ball) wird neben den vorgenannten Bewegungsmerkmalen vor allem durch hohe rotatorische Beschleunigung (»natürlicher Schlag«) erreicht. Nur bei Spitzenspielern mit optimalem Timing und ausgeprägtem Koordinationsvermögen ist eine bewußte aktive Beschleunigung der Schlägerspitze zum Treffpunkt hin möglich; für fortgeschrittene Spieler, unter erheblicher

Einbuße der Treffsicherheit, gilt das gleiche nur bei Cross-Schlägen; bei Anfängern ist dies völlig ausgeschlossen. Die überleitenden Hilfsfunktionen der Endphase dienen der Erlangung eines körperlichen und geistigen Gleichgewichtszustandes, der Entspannung der Muskulatur und der Einnahme der erneuten Grundstellung.

Der Ausschwung erfolgt zur Kontrolle der Führungsstrecke in Schlagrichtung. Die erforderlichen Bremsschritte dienen der Herstellung eines labilen Gleichgewichtes; durch eine Verlagerung des Körperschwerpunktes nach vorne und unten (erneutes Tiefgehen) kann das Einnehmen einer neuen Ausgangsstellung erheblich erleichtert werden.

Überblick über die Tennisschläge nach der Drallart

Viele Tennisspieler werden durch die Begriffe und Bezeichnungen der Tennistechnik verwirrt. Die Terminologie ist nicht einheitlich. Im folgenden werden Versuche einer Ordnung unternommen, um Spielern und Trainern einen Überblick über die Tennisschläge zu vermitteln.

Die Bewegungsverwandtschaften werden in den Querverbindungen dargestellt. Eine Zwitterstellung nimmt dabei der Flugball ein, der zwischen den Drall-Rastern »wenig« und »rückwärts« steht. Dies ist auch der Grund, weshalb der Flugball in der folgenden Systematik nicht zu den Grundschlägen gezählt wird.

Stammbaum der Schläge.

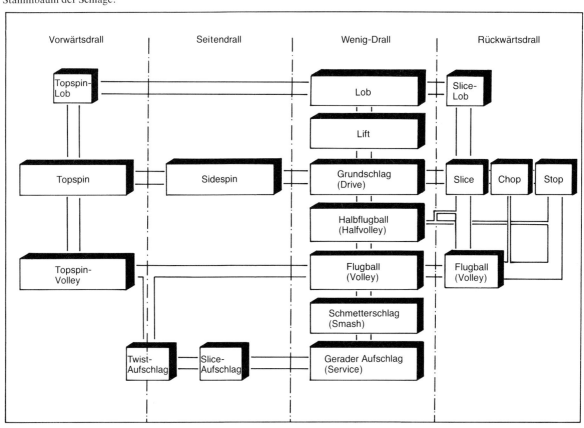

Systematik der Tennisschläge nach Prinzipien der Bewegungslehre

In der Ausführung der Tennisschläge unterscheidet man:

- schwunghafte Schläge,
- geführte Schläge,
- geblockte Schläge.

Je nach Ausführungsart verändert sich die Struktur der Schläge. Z. B. verläuft bei einem Lob die Vorbereitungsphase kleinräumig, die Hauptfunktions- und Endphase betont geführt; während beim Topspin die Schwunghaftigkeit in allen Phasen dominiert. Bei geblockten Schlägen gehen Vorbereitungs- und Endphase ineinander über. Bei Grundschlägen, erweiterten Grundschlägen und den Schlagvarianten (Spezialschlägen) wird die Vorbereitungsphase meist mit einem oberen Bogen begonnen. Der untere Bogen leitet die Hauptfunktionsphase (Treffstrecke) bis hin zum Treffpunkt ein. Die Endphase geht meist in Richtung der Hauptaktion weiter.

Nur bei Aufschlägen, Schmetterschlägen und hohen – über Kopfhöhe – geschlagenen Flugbällen wird die Hauptfunktionsphase durch einen unteren Bogen eingeleitet.

Griffe

Neben den englischen haben sich in Deutschland die deutschen Bezeichnungen durchgesetzt. Demnach unterscheidet man:

- Kurzgriff
- Mittelgriff
- Lang- oder Normalgriff mit oder ohne abgespreizten Zeigefinger.
  Zwischen Unterarm und Schlägerhals sollte ein Winkel von ca. 120 Grad liegen.

Ferner werden ein- und beidhändige Griffe folgendermaßen unterschieden:

- Extremer Rückhandgriff (Backhand-Western)
- Rückhandgriff (Continental)
- Universalgriff (Semicontinental)
- Vorhandgriff (Eastern)
- Extremer Vorhandgriff (Western).

Die beidhändigen Griffe entsprechen in der Führungshand einem der vorgenannten Griffe. Die Griffart der Spieler unterscheidet sich dadurch, daß der Bihänder diese Hand teils außen und teils innen setzt. Die beidhändigen Griffe sind oft Ausdruck eines ganz persönlichen Stiles (vgl. »Seitigkeit« S. 83).

Beinarbeit

Tennis wird weitgehend durch Lauf-Schlag-Bewegungen bestimmt. Der richtige Abstand zum Ball, um den Schlag optimal vorzubereiten und durchzuführen, ist ein wesentliches Technikkriterium. Dabei ist immer die Einfallsrichtung des Balles zur Position des Spielers entscheidend. Der Spieler ist gezwungen, zum Ball oder weg vom Ball zu gehen, um optimal schlagen zu können. Aus der Ausgangsstellung sucht er die Schlagstellung (Diagonalstellung!). Die Schlagstellung kann je nach Schlagart offen, halboffen oder geschlossen eingenommen werden. Die offene Stellung wird auf der Vorhandseite gerade von Weltklassespielern oft angewandt. Im Tennisunterricht ist diese Ausführungsart nur bei Übungen zur Ballgewöhnung denkbar. Die halboffene Stellung findet sich z.B. häufig beim Vorhand-Slice. Da der Treffpunkt bei diesem Schlag meist bewußt verzögert wird, bleibt dem Spieler auch in dieser halboffenen Stellung noch genügend Raum zur Führung. Die geschlossene Stellung ist immer dann zweckmäßig, wenn es dem Spieler auf Präzision ankommt, da durch die Gewichtsverlagerung auf das vordere Bein die Führung des Schlages erheblich verlängert wird.

Entscheidende Bedeutung für den Erfolg des Schlages haben die sogenannten kleinen Schritte, die die »Feineinstellung« der Schlagposition ergeben. J. Connors hat von einem auf den anderen Schlag bis zu 20 Schritte gemacht, um optimal schlagen zu können.

Folgende *Lauftechniken* sind zu unterscheiden:

- Vom Ball weggehen, bei direkt auf den Spieler zukommenden Bällen. Dabei wird die seitliche Schlagstellung durch einen Drehschritt nach hinten erreicht.
- Zum Ball gehen, bei Bällen nahe am Körper. Dabei wird die Schlagstellung mit einem Dreh- und einem Ausfallschritt zum Ball erreicht.
- Beim Laufen nach vorne werden die Schritte bis zum vorletzten Schritt immer enger. Der letzte Schritt

zum Ball entscheidet dann über den richtigen Abstand zum Ball.

- Weiter entfernte Bälle werden nach einem Drehschritt mit einem Sprint erlaufen. Der letzte Schritt zum Schlag erfolgt auf Sand im Rutschen. Bei hoher Bodenreibung, z. B. auf Teppich, müssen auch die letzten Schritte zum Ball ausgelaufen werden.
- Bei Läufen nach hinten wird versucht, den Ball zu überholen, um ihn aus einer normalen Schlagposition schlagen zu können. Dabei beginnt man mit einem Drehschritt rückwärts, um dann mit Sidesteps bzw. Normalschritten den Ball zu erreichen.

Schlagbewegungen aus dem Lauf bzw. sogenannte »nachgelaufene« Schläge stellen an das Koordinationsvermögen der Spieler erhöhte Anforderungen, da der Treffpunkt in den verzögerten letzten Schritt hineinfällt. Nur Spieler mit ausgeprägtem Timing und optimaler Gewichtsverlagerung (Translation) schlagen diese Bälle erfolgreich.

Grundschläge

Die Grundschläge werden meist von Grundlinie zu Grundlinie mit geringem, aber nicht beabsichtigtem Drall geschlagen. Sie werden auch als Drive bezeichnet. Zu den Grundschlägen gehören: Vor- und Rückhand ohne bemerkenswerten Drall und der gerade Aufschlag.

Vorhand

Kennzeichen der *Vorbereitungsphase:* Rückführung des Schlägers in einem oberen Bogen; gleichzeitig Drehung von Fuß und Oberkörper zur Schlägerseite; Knie beugen; Verlagerung des Körperschwerpunktes nach vorne; Vorsetzen des Diagonalbeines in Schlagrichtung.
Kennzeichen der *Schlagphase:* Beschleunigende Einleitung des unteren Bogens vorwärts – aufwärts; Gewichtsverlagerung auf das Diagonalbein und allmähliche Streckung der Beine; Streckung des Ellbogens im Treffpunkt.
Kennzeichen der *Endphase:* Fortgesetze Streckung der Beine; Ausschwung in Schlagrichtung.

Rückhand

Kennzeichen der *Vorbereitungsphase:* Mit der Verlagerung des Körperschwerpunktes nach unten leiten die Beine eine deutliche Drehung des Rumpfes gegen die Schlagrichtung ein; Rückführung des Schlägers mit Unterstützung der zweiten Hand; oberer Bogen meist flach.
Kennzeichen der *Schlagphase:* Beschleunigende Einleitung des unteren Bogens vorwärts – aufwärts; Gewichtsverlagerung auf das Diagonalbein und zunehmende Streckung der Beine; Streckung des Ellbogens im Treffpunkt.
Kennzeichen der *Endphase:* Fortgesetzte Streckung der Beine; Ausschwung in Schlagrichtung.
Variante: Bei der beidhändigen Rückhand faßt der Rechtshänder überwiegend mit der rechten Hand den Rückhand- und mit der linken den Vorhandgriff. Es sind aber auch weitere Varianten möglich. Die Phasen verlaufen fast identisch mit den einhändigen Grundschlägen, jedoch der Treffpunkt liegt weiter hinten, ferner ist die Reichweite leicht eingeschränkt. Die Vorteile liegen in der besseren Kraftübertragung und dem – durch den späteren Treffpunkt bedingten – »verdeckten« Schlag, den der Gegner nur schwer antizipieren (vorhersehen) kann.

Gerader Aufschlag

Der Aufschlag von oben soll den Gegner in die Defensive drängen. Empfehlenswert ist dabei von Anfang an der Rückhandgriff, da er später – mit Ausnahme des Sliceaufschlags mit Westerngriff – alle gängigen Ausführungsarten des Aufschlages ermöglicht. Für den Anfänger empfiehlt sich zunächst der Aufschlag von unten.
Kennzeichen der *Vorbereitungsphase:* Halbgeöffnete Schrittstellung, Gewicht auf dem hinteren Bein; Hochführen des Balles mit geöffneter Hand in Schlagrichtung; gleichzeitiges Rück-hoch-Schwingen des Schlägers; Kniebeugen und Vorschieben des Beckens ergeben mit hohem Ellbogen und tief in den Rücken abgesenktem Schlägerkopf die Bogenspannung.
Kennzeichen der *Schlagphase:* Die Bogenspannung löst sich mit einer Vorwärts-aufwärts-Streckung zum Treffpunkt hin; Gewichtsverlagerung auf das vordere Bein; Oberkörper dreht sich in Schlagrichtung; kurze Treffstrecke annähernd parallel zum Boden; u. U. im Sprung.
Kennzeichen der *Endphase:* Arm und Körper gehen zunächst in Schlagrichtung weiter; Schlagarm kreuzt über den Führungsarm.

Erweiterte Grundschläge

Erweiterte Grund- und Spezialschläge sind den Grundschlägen (Schlagvarianten) weitgehend ähnlich. Daher wird auf Abweichungen der Schlag- und Laufbewegungen nur dann eingegangen, wenn sie mit den Bewegungsmustern der Grundschläge stark differieren.

Flugball

Als erweiterter Grundschlag (vgl. Systematik) wird der Flugball als hoher oder tiefer Flugball meist mit Rückwärtsdrall gespielt. Um den Ball schnell zu machen, schlägt man ihn über Netzhöhe, u. U. als geraden Flugball mit verstärkter Ausholbewegung.
Kennzeichen der *Vorbereitungsphase:* Kurze Ausholbewegung mit Drehung des Oberkörpers; Höhe der Ausholbewegung liegt immer über Treffpunkthöhe; Drehschritt auf dem hinteren und Ausfallschritt auf das vordere Bein in Richtung des Treffpunktes.
Kennzeichen der *Schlagphase:* Vorwärts-abwärts-Bewegung des Schlägers zum Ball; deutliche Gewichtsverlagerung auf das vordere Bein.
Kennzeichen der *Endphase:* Ausschwung in Bewegungsrichtung mit geöffnetem Handgelenk.

Halbflugball (Halfvolley)

Meist im Mittelfeld gespielt, sind die tiefe Ausgangslage und der Treffpunkt unmittelbar über dem Boden die deutlichen Kennzeichen dieses Schlages. Der Halbflugball kann als Drive, Topspin, Slice oder Stop gespielt werden.

Lift

Eine Zwitterstellung zwischen dem Drive und dem Lob nimmt der Lift ein. Seine typischen Kennzeichen sind leichter Vorwärtsdrall, Höhe und Länge, die einen Flugball am Netz nur schwer ermöglichen.

Lob

Ohne beabsichtigten Drall wird der gerade Lob mit hoher Flugbahn an die gegnerische Grundlinie geschlagen.
Kennzeichen der *Vorbereitungsphase:* Mit deutlichem Beugen der Beine wird der Schläger in einem kurzen oberen Bogen tief nach hinten-unten geführt.
Kennzeichen der *Schlagphase:* Aus dem tiefen unteren Bogen wird der Schläger mit wenig Beschleunigung steil vorwärts-aufwärts geführt; die Beinstreckung unterstützt die Führung des Schlages.
Kennzeichen der *Endphase:* Der Schläger schwingt steil nach oben in Schlagrichtung aus.

Schmetterschlag

Der Schmetterschlag wird meist als Flugball, mitunter aber auch erst nach dem Aufsprung des Balles geschlagen.
Kennzeichen der *Vorbereitungsphase:* Erreichen der richtigen Schlagposition unter dem vermutlichen Treffpunkt durch kleine Schritte; Gewicht auf dem hinteren Bein; Einnahme der Schlagposition (vgl. Aufschlag); Nichtschlaghand zeigt zum Ball; Vorspannung durch Bogenspannung und Absenken des Schlägerkopfes tief in den Rücken (Schleife).
Kennzeichen der *Schlagphase:* Streckung des gesamten Körpers zum Treffpunkt hin und Gewichtsverlagerung auf das vordere Bein; der Treffpunkt sollte im höchst erreichbaren Punkt vor dem Kopf liegen.
Kennzeichen der *Endphase:* Kreuzen des Schlagarmes über den Führungsarm; Einnahme des Gleichgewichtszustandes durch Verlagerung des Körperschwerpunktes nach unten.

Schlagvarianten (Spezialschläge)

Maßgebend für die Erweiterung der Schlagarten ist der verstärkte Drall. Um im Wettspiel erfolgreich zu sein, muß man die wichtigsten Spezialschläge beherrschen. Besonders der Wechsel der Schlagarten ist ein erfolgreiches Mittel, den Spielrhythmus und damit das Spiel zu bestimmen.

Slice- und Topspin-(Twist-)Aufschlag

Der Bewegungsablauf der Aufschläge mit Drall entspricht grob dem des geraden Aufschlages.
Kennzeichen des *Slice-Aufschlages:* Der Ball wird in halboffener Stellung mehr vor dem Körper als in Schlagrichtung hochgeführt; er wird im Treffpunkt schräg-seitwärts getroffen und erhält dadurch einen starken Drehimpuls seitwärts.
Kennzeichen des *Twist-Aufschlages:* Der Ball wird von vorne hinter den Kopf hochgeführt. Mit extremem Rückhandgriff wird der Ball aus einer starken Bogen-

spannung heraus steil vorwärts-aufwärts geschlagen und erhält dadurch mehr Vorwärts- als Seitendrall sowie eine hohe Flugkurve (American-Twist); der Ausschwung erfolgt zur Schlaghandseite; erst dann kreuzen die Arme in der Endphase.

Slice

Die Flugbahn des Slice ist flach, der Ball geht tief ins gegnerische Feld.

Kennzeichen der *Vorbereitungsphase:* Der Oberkörper wird gedreht, der Schläger nach hinten-oben über die Höhe des zu erwartenden Treffpunktes angehoben; auf dem zur Schlaghand zeigenden Bein erfolgt ein Drehschritt mit Belastung.

Kennzeichen der *Schlagphase:* Die Gewichtsverlagerung erfolgt auf das Diagonalbein; der Schläger trifft den Ball in einer deutlichen Vorwärts-abwärts-Bewegung, um den Rückwärtsdrall mit einer möglichst langen Führung zu verbinden.

Kennzeichen der *Endphase:* Der Ausschwung erfolgt zunächst weiter nach vorne-unten; die Schlägerfläche öffnet sich und geht dann wieder nach vorne-oben.

Slice-Lob

Kennzeichen des Slice-Lob ist die Vor-abwärtsbewegung der Schlägerführung zum Treffpunkt mit starkem Öffnen des Handgelenks.

Chop

Der geblockte kurze Slice wird Chop genannt. Er nutzt die Dynamik des gegnerischen Schlages.

Kennzeichen des Chop: Der Ball wird mit einer kurzen Hackbewegung steil vorwärts-abwärts gegen den Ball geführt.

Stop

Deutliche Kennzeichen des Stops sind: geringe Geschwindigkeit des Schlägerkopfes, Rückwärtsdrall, eine deutliche Finte in der Schlagvorbereitung. Er wird meist aus dem Halbfeld heraus, kurz cross ins gegnerische Feld geschlagen.

Kennzeichen der *Vorbereitungsphase:* Rückführung des Schlägers in einem kleinen oberen Bogen (Finte).

Kennzeichen der *Schlagphase:* Deutliche Vor- und Abwärtsbewegung mit Supinationsbewegung im Treffpunkt (Wickelbewegung).

Topspin

Mit starkem Vorwärtsdrall, lang oder kurz cross gespielt, ist der Topspin ein druckvoller Ball, der großen Kraftaufwand erfordert; daher schlagen viele Spieler diesen Ball, besonders auf der Rückhandseite, mit beiden Händen.

Kennzeichen der *Vorbereitungsphase:* Tieflagern des Körperschwerpunktes mit kreisförmigem oberen Bogen bzw. tiefes Absenken des Schlägers nach hinten-unten.

Kennzeichen der *Schlagphase:* Beim Topspin werden alle Faktoren, die eine »explosive« Aufwärtsbewegung des Schlägers ermöglichen, mit einbezogen, z. B. Strecken der Beine, eventuelles Springen, steiles Vorwärts-aufwärts-Schwingen des Schlägerkopfes, z. B. mit vertikalem Handgelenkseinsatz.

Kennzeichen der *Endphase:* Weiterer Aufwärtsschwung in Schlagrichtung, dann meist Kippbewegung.

Topspin-Lob

Kennzeichen der Variante des Topspins ist die z. T. starke Rücklage mit starkem Stemmen der Beine (Sprung), um die Aufwärtsbewegung des Schlages noch zu optimieren.

Flugballvarianten

Wie beim Halbflugball sind auch beim Flugball die Varianten Chop, Stop, Lob und Volley-Topspin möglich. Die Kennzeichen dieser Schläge sind mit den vorgenannten in der Hauptphase annähernd identisch.

Varianten des Schmetterschlages

Die Varianten des Schmetterschlages sind: Schmetterschlag aus dem Sprung, Rückhandschmetterschlag.

Deutliches Kennzeichen des Schmetterschlages aus dem Sprung ist die Beinarbeit in der Vorbereitungsphase mit den Side-Steps nach hinten, um eine gute Ausgangslage für den Sprung und den Schmetterschlag zu erhalten. Der Rückhandschmetterschlag ist durch den extremen Rückhandgriff, die rückseitige Stellung zum Ball und die starke Supinationsbewegung des Handgelenks im Treffpunkt (Kippen des Handgelenks) nach hinten gekennzeichnet. Meist wird er in Notsituationen aus dem Rückwärtslaufen im Sprung geschlagen.

Bewegungskoordination

Unter Koordination versteht man im Tennis die Abstimmung aller Handlungsprozesse im und außerhalb des Körpers, die für die Lauf- und Schlagausführung erforderlich sind. Von der Feinabstimmung dieser Koordinationsvorgänge ist abhängig, ob der Ball im Treffpunkt optimal erfaßt wird.

Das Ziel eines Tennisschlags liegt darin, im Treffpunkt alle Teilhandlungen, die zum Trefferfolg führen, zu koordinieren. Die zur Verfügung stehende Zeit ist denkbar gering; sie liegt z. B. beim Aufschlag-Return bei ca. 1 Sekunde. Der Ballkontakt beträgt ca. $\frac{3}{1000}$ bis $\frac{5}{1000}$ Sekunden. In dieser kurzen Zeitspanne müssen Lauf- und Schlagbewegung koordiniert werden. Ein Spitzenspieler ist auf diese Anforderungen eingestellt; er kennt das genaue Timing seiner Schläge. Er weiß, ob und wann er die Schlägerspitze zum Treffpunkt hin beschleunigen kann. Für ihn bleibt der Trefferfolg auch unter schwierigen Bedingungen weitgehend erhalten.

Die Sinne als Analysatoren

Tennisbälle werden zum Teil mit mehr als 100 km/ Stunde geschlagen. Für den Rückschlag bleibt oft nicht einmal ein Bruchteil einer Sekunde. In dieser kurzen Zeitspanne muß mit Hilfe der Sinne über die Richtung des ankommenden Balles und die Ausführung des eigenen Schlages entschieden werden:

- Augen (optische Analysatoren), die einerseits den Ball und zum anderen die Position des Gegners erfassen.
- Ohren (akustische Analysatoren), die über das Schlaggeräusch (z. B. Schnitt) die Dynamik des Balles erkennen lassen.
- Bewegungsgefühl (kinästhetische Analysatoren), das eine Aussage über Länge und Treffgenauigkeit vermittelt.
- Empfinden (taktile Rezeptoren), das Informationen über besondere Umweltsituationen, z. B. Wind, gibt.
- Gleichgewichtsgefühl (statico-dynamische Rezeptoren), das Aussage über die Ausführung eines Schlages ermöglicht.

Die Speicherung der Informationsreize erfolgt über das Ultrakurzzeitgedächtnis (1 bis 10 Sekunden) ins Kurzzeitgedächtnis (15 bis 30 Sekunden). Die Speicherung der Schläge ins Langzeitgedächtnis ist mit dem »Schlagspeicher«, der durch Training erworben wird, gleichzusetzen (Abb. unten).

Die Bewegungsvorwegnahme (Antizipation)

Mit Hilfe der vorgenannten Analysatoren ist es dem Spieler möglich, eine gewisse Vorhersage über die Ausführung und Richtung des gegnerischen Schlages zu treffen. Aus Teilhandlungen, z. B. Stellung zum Ball, kann der Plan des Gegenspielers mit großer Wahrscheinlichkeit erkannt werden.

Das motorische Gedächtnis.

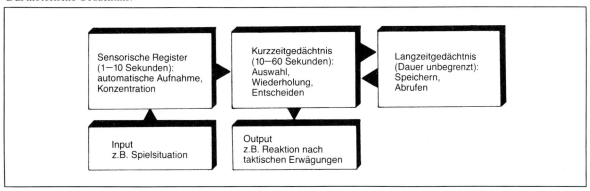

Die Programmierung des eigenen Schlages

Aus den Erkenntnissen der Antizipation kann der eigene Rückschlag programmiert werden (antizipatorische Reaktion). Dabei wird der kommende Schlag aus dem »Schlagspeicher« des ZNS abgerufen. Über die Nervenbahnen gelangen die Informationen zu den ausführenden Muskeln. Sie enthalten genaue Details über die zeitlich-dynamische Gestalt des Schlages; die Bewegungsausführung erfolgt reflektorisch (bedingter oder anerzogener Reflex).

Die Rückmeldung

Nach Ausführung des Schlages erfolgt mit Hilfe der Sinne eine Rückmeldung über Erfolg oder Mißerfolg des Schlages. Die Informationen erreichen das zentrale Nervensystem entweder auf dem inneren oder äußeren Regelkreis bzw. gleichzeitig auf beiden Regelkreisen. Die Informationsaufarbeitung auf dem inneren Regelkreis geschieht durch das Bewegungsgefühl (Kinästhetik), das dem routinierten Tennisspieler sofort nach dem Treffen des Balles mitteilt, ob der Ball z. B. innerhalb oder außerhalb des Feldes landen wird. Auf dem äußeren Regelkreis geben z. B. die Augen die Rückmeldung über den Trefferfolg.

Der Ist-Soll-Bewegungsvergleich

Der Ist-Soll-Bewegungsvergleich ist nach Meinel »ein entscheidendes Glied im Funktionskreis der Bewegungskoordination – wenn nicht überhaupt das entscheidende Glied«.

Stellt der Spieler nach Ausführung des Schlages (Ist-Zustand) fest, daß der Ball das erwünschte Ziel erreicht, so wird die Freude über den Trefferfolg eine Verstärkung für die zukünftige Anwendung dieses Schlages darstellen.

War der Ball fehlerhaft geschlagen, so erfolgt eine Informationsaufarbeitung und Suche nach der Ursache des Scheiterns. Der Vergleich zwischen dem ausgeführten und dem im Gedächtnis gespeicherten Schlag gibt Aufschluß über die Fehlerursache. Der Bewegungsvergleich kann nur dann stattfinden, wenn der optimale Schlag, als Vorstellung – wenigstens »theoretisch« – im Gedächtnis vorhanden ist.

Bewegungsmerkmale des Tennisspiels

Der Rhythmus

Tennis ist durch den Lauf-Schlag-Rhythmus bestimmt. Gekennzeichnet ist der Rhythmus durch den Wechsel von Anspannung und Entspannung; dies trifft nicht nur für die Schläge, sondern auch für den gesamten Spielverlauf zu. Während sich der Takt allein auf die zeitliche Ordnung des Bewegungsablaufes bezieht, bestimmt der »Bewegungsbeschleuniger-oder-verlangsamer«-Rhythmus das Spiel: der Schlag des Gegners, der Aufsprung des Balles, die Schritte zum Ball, der eigene Schlag usw.

Für den Zuschauer hat der Rhythmus unter Umständen ansteckende Wirkung und er vollzieht unbewußt die Bewegungen mit. Der Sportler nutzt diesen Effekt im mentalen Training. Diese als »Carpenter-Effekt« bezeichnete Mitinnervierung (Erregung der Nervenbahnen durch intensives, konzentriertes Zuschauen) der Muskeln kann z. B. selbst vor dem Fernsehgerät auftreten, wenn sich der Zuschauer intensiv in die Rolle des jeweiligen Akteurs (Fußballer beim Torschuß oder Tennisspieler beim Schmetterschlag) versetzt.

Dieser Effekt wird im Mentalen Training gezielt und bewußt angesprochen; dabei ist wichtig, daß das angebotene Bild – möglichst ohne störende Randerscheinungen – oft wiederholt werden kann, um z. B. eine Technikform einzuschleifen.

Die Bewegungsübertragung/-koppelung

Für das Gelingen eines Tennisschlages ist die zweckmäßige Reihung der Teilbewegungen in räumlicher und zeitlich-dynamischer Folge nötig. Die Schwungübertragung erfolgt dabei meist von den Beinen ausgehend über den Rumpf auf den Schlagarm. Die Steuerfunktion des Kopfes, die sonst im Sport eine dominierende Rolle spielt, z. B. im Turnen, ist im Tennis als optischer Analysator von Bedeutung: die Auge-Hand-Koordination funktioniert dann am besten, wenn Schläger, Ball und Auge im Treffpunkt auf einer Linie liegen. Die Präzision eines Schlages wird durch Tiefgehen in der Vorbereitungsphase optimiert, da das Auge den Schlag »führen« kann.

Der Bewegungsfluß

Der fließende Übergang von Ausholen, Schlagen und Ausschwingen gibt Aufschluß darüber, ob ein Tennisschlag gut koordiniert war. Durch fotografische oder magnetische Aufzeichnungen (Video) kann der Verlauf eines Schlages genau festgehalten werden. Dadurch werden Erkenntnisse über die Weg-, Zeit-, Kraft- und Winkelverhältnisse des Spielers und seines Schlages gewonnen. Der richtige Bewegungsfluß soll für den Spieler ein »technisches Leitbild« sein, für den Zuschauer ein ästhetischer Anblick.

Die Bewegungspräzision

Unter Bewegungspräzision versteht man die Treff- und Zielgenauigkeit, die auch die Präzision räumlicher und zeitlicher Schlagverläufe, wie Laufwege miteinschließt.

Die Bewegungskonstanz

Den Grad der Übereinstimmung wiederholt vollzogener Schläge nennt man Bewegungskonstanz. Sie stellt sich als Ergebnis eines Übungs- und Trainingsprozesses ein, gilt als Kriterium eines hohen Ausbildungsstandes und zeigt eine Anpassung der Technik an das Vorbild (Trainer).

Als weitere Bewegungsmerkmale sind zu erwähnen:
- Bewegungsumfang
- Bewegungsstärke
- Bewegungstempo
- Beweglichkeit
- Geschicklichkeit
- Gleichgewicht.

Die sportmotorischen Grundfertigkeiten Kraft, Ausdauer und Schnelligkeit werden in der Trainingslehre aufgezeigt.

Das Erlernen von Tennisbewegungen

Tennis gilt unter den Ballsportarten als technisch schwierig. Es erfordert den qualifizierten Trainer, der genaue Kenntnis über den Lernprozeß besitzt.

Die Grundlagen des Lernprozesses

Von Geburt an besitzt der Mensch sogenannte angeborene (unbedingte) Reflexe. Die Umwelt setzt Reize, auf die das Kind reagiert und durch ständiges Wiederholen einer Bewegung zum Teil bedingte Reflexe aufbaut. Diese erworbenen Bewegungsfertigkeiten nennt man Grunderfahrungen. Im Sport erfolgt bei Kindern das Bewegungslernen überwiegend durch Beobachten und Nachmachen (Imitation). Dies sollte immer den ersten Versuch des Lehrens darstellen! Die Entwicklung der Sprache hat an der Speicherung dieser Erfahrungen erheblichen Anteil, ebenso müssen Lernbereitschaft und Motivation hinzukommen.

Das Ausgangsniveau

Das Kind einer Sportlerfamilie wird durch Anregungen, Impulse und Aufgabenstellungen über mehr Bewegungsvarianten verfügen als ein Kind, das bis zum Schuleintritt nicht mit sportlichen Bewegungsformen vertraut gemacht wurde. Zu den konditionellen Voraussetzungen Kraft, Schnelligkeit, Ausdauer, Beweglichkeit treten im Lernprozeß die koordinativen und intellektuellen Voraussetzungen. Dabei darf keiner der drei Faktoren fehlen, um einen erfolgreichen Lernprozeß in Gang zu setzen.

Die Lernphasen im Tennisunterricht

Der Entwicklungsverlauf des Bewegungslernens im Tennis ist in charakteristische Phasen gegliedert, die eine methodische Reihung mit fließenden Übergängen darstellt.

Die Stufe der Grobkoordination

In diesem Stadium erfolgt beim Lernenden eine erste Vorstellung vom Schlagablauf. Dem Erfassen der Lernaufgabe folgen die ersten Schlagversuche. Die Ausfüh-

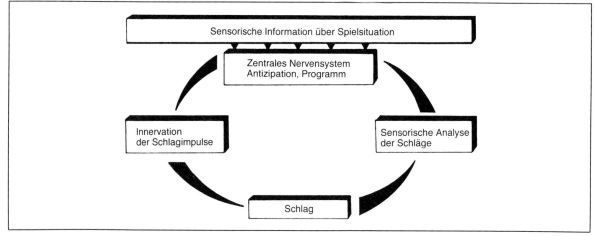

Der Regelkreis der Bewegungskoordination.

rung gelingt in der Regel nicht fehlerfrei. Erst durch Üben wird das Stadium der Grobkoordination erreicht. Meist fehlen die koordinativen Merkmale, wie Bewegungsfluß, -umfang und -tempo. Die Schläge sind hastig, verkrampft und unökonomisch. Der Regelkreis der Bewegungskoordination (siehe Abb.) muß durch ständiges Üben so eingeschliffen werden, daß am Ende dieser Phase der zu lernende Schlag in seinen Grundstrukturen richtig ausgeführt werden kann. D. h., bei entsprechendem Zuspiel des Trainers müssen Schleife, seitlich vorne liegender Treffpunkt (Gewichtsverlagerung) und harmonische Endphase erkennbar sein.

Die Stufe der Feinkoordination

Diese Phase ist gekennzeichnet durch einen rationellen, zweckmäßigen Einsatz der Kräfte, harmonischen Ablauf (Bewegungsfluß), hohe Präzision und Konstanz.

Die Entwicklung des Schlages erfolgt durch: Bewegungskorrektur, Demonstration, Bewegungserklärung, d. h., Einzelheiten der Schlagstruktur werden mit ihren biomechanischen, anatomischen oder physiologischen Zusammenhängen erklärt. Das Ende der Phase sollte die Annäherung an einen optimalen Schlagverlauf bringen; d. h., der Schüler erhält den Ball zugespielt, stellt sich richtig zum Ball und führt den Schlag technisch perfekt aus.

Die Stufe der Stabilisierung (Automation)

Das Kennzeichen dieser Phase sind richtige und erfolgreiche Schläge auch unter schwierigen und ungewohnten Bedingungen. Die Bewegungsausführung ist schnell, sicher und störungsfrei. Die Konzentration erfolgt nur auf einige Schwerpunkte des Schlages, z. B. auf einen frühen Treffpunkt. Der Wechsel bewußter und unbewußter Bewegungen geht mühelos bzw. automatisch; z. B. die Finte beim Stop oder der erfolgreiche Rückschlag auf einen Netzroller.

Die Bewegungsübertragung (Transfer)

Die erworbenen Grundfertigkeiten bleiben nicht allein auf die Situation im Sport beschränkt, in der sie angeeignet wurden, sondern können auf andere Sportarten übertragen werden. Diese Beziehungen können auf den Lernprozeß positiv oder negativ wirken. Je nach Art des Einflusses spricht man von Interferenz oder Transferenz.

Interferenz tritt dann auf, wenn beim Umlernprozeß eines Schlages die bisher gemachten Fehler – auch nach längeren Trainingseinheiten – immer wieder durchbrechen. Der neue Schlag muß durch ständiges Üben erst den Grad der Stabilisierung erreicht haben, bevor er im Wettkampf geschlagen werden kann. Erst wenn die gedankliche Differenzierung vollzogen ist, d. h. zwischen der Bewegung des bisherigen und des neuen Schlages auch gedanklich unterschieden werden kann, ist der Umlernprozeß beendet.

Transferenz tritt in zwei Formen auf: einmal als Übertragung früher erlernter Fähigkeiten (z. B. der Umgang mit dem Ball bei einem Fußballer, der nach Abschluß seiner Fußballkarriere sehr schnell Tennis erlernt) zum anderen als Übertragung gleichzeitig erlernter oder betriebener Sportarten (z. B. Tennisranglistenspieler, die auch in den Squashranglisten zu finden sind). Die komplexere Disziplin Tennis ermöglicht den Transfer; von Squash auf Tennis ist dies nicht oder nur selten möglich. Für den Lehrer ist es wichtig, auf diese Strukturverwandtschaften einzugehen bzw. dem Schüler die Unterschiede darzulegen. Die Auswahl der methodischen Reihen hat unter dem Gesichtspunkt der Übertragungsmöglichkeiten in Hinsicht auf die Unterrichtsziele zu erfolgen.

Die Seitigkeit

Zum Links- oder Rechtshänder wird man geboren oder erzogen. Tennis kann man mit einer Hand, ein- und wechselseitig oder beidhändig spielen. Geht man davon aus, daß 90% (Schätzwert) der Tennisspieler Rechtshänder sind, dann ist der hohe Anteil der Linkshänder in den Tennisweltranglisten auffallend groß; z. B. 1984 waren unter den ersten Zehn sechs Linkshänder! Erklä-

rungen dafür liegen auf der Hand, denn der Linkshänder hat gegenüber den Rechtshändern taktische Vorteile, da er es z. B. gewöhnt ist, gegen Rechtshänder zu spielen.

Vor allem in den USA und in Schweden, aber auch in der Bundesrepublik gibt es viele Beidhänder, die in erster Linie die Rückhand beidhändig spielen. Die Ursache liegt darin, daß viele bereits im Kindesalter beginnen, den Schläger mit zwei Händen zu fassen und so diese Haltung im Bewegungsgedächtnis gefestigt wird. Da sich die taktischen Vor- und Nachteile annähernd die Waage halten, wird ein Umlernprozeß meist überflüssig. Der spätere Treffpunkt, bedingt durch die geringere Reichweite, wird durch den vermehrten Krafteinsatz ausgeglichen. Der Beidhänder hat die Möglichkeit, den Schlag im letzten Moment zu verändern; das Antizipationsvermögen seines Gegenspielers ist dadurch erheblich gestört. Spielern mit schwachem Handgelenk und Schwierigkeiten beim Führen des Rückhandschlages kann u. U. das beidhändige Spiel als methodisches Hilfsmittel dienen.

Das bilaterale Spiel mit dem Wechsel des Schlägers von der einen Hand in die andere – so daß auf beiden Seiten Vorhand gespielt wird – hat neben den taktischen auch anatomische Vorteile für den Tennisspieler, da beide Körperseiten gleichmäßig belastet werden. Inwieweit der bilaterale Tennisspieler bei entsprechender Schulung der Idealtypus wäre, kann noch nicht beantwortet werden.

Grundlagen der Tennistaktik

Grundbegriffe

Die Leistung eines Tennisspielers hängt wie in anderen Sportarten auch von den Faktoren technische Fertigkeiten, taktisches Verhalten, konditionelle Eigenschaften und psychisches Wettkampfverhalten ab.

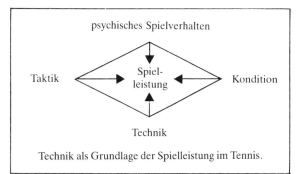

Technik als Grundlage der Spielleistung im Tennis.

Die Grundlage für den Einsatz dieser Faktoren im Tennisspiel bildet eine solide *Technik*. Derjenige, der zwar über eiserne Nerven, über taktisches Gespür für Spielsituationen und über eine hervorragende physische Verfassung verfügt, aber auffällige Schwächen in Grundschlägen (Vorhand, Rückhand, Aufschlag), erweiterten Grundschlägen (Flugball, Lob, Schmetterball), Beinarbeit oder Spezialschlägen (Schläge mit Drall) aufweist, wird in seiner Matchleistung stark beschränkt bleiben. Insofern setzen erfolgreiche taktische Handlungen ausgereifte technische Fertigkeiten voraus.

Unter *Taktik* versteht man die Gesamtheit aller planvoll eingesetzten technischen, physischen und psychischen Mittel und Maßnahmen, um ein Match erfolgreich zu gestalten.
Tennis wird somit nicht nur mit dem Schläger, den Armen und Beinen, also dem Körper und dem Verstand, sondern auch mit dem Herzen gespielt.
Mitunter werden die Begriffe Strategie und Taktik unterschieden. *Tennisstrategie* umfaßt die langfristige Planung eines Wettspiels mit der Vorbereitung unter ähnlichen Bedingungen, Wahl des Materials und Festlegen der Spieltaktik.
Der für ein Wettspiel aufzustellende *taktische Plan* hat folgendes zu berücksichtigen: Das Wissen um die theoretische Optimallösung der Spielsituation wird beim Spieler vorausgesetzt. Oft ist die beste Lösung nicht verfügbar, wenn beispielsweise der Spieler als optimalen Passierschlag keinen Topspin-Lob mit der Rückhand beherrscht.
Die *Spielkonzeption* beinhaltet den taktischen Handlungsplan entsprechend dem eigenen Können. Die unterschiedliche Spielfähigkeit führt zur Einteilung in sog. Spielertypen: Grundlinienspieler – Netzspieler – Allroundspieler.
Bei etwa gleichem technischen und konditionellem Niveau entscheidet oft die psychische Eignung über den Sieg. Auffällige Leistungsunterschiede in Training und Wettkampf lassen dies oft erkennen.
Genauen Aufschluß über die durch den Spielertyp bestimmte Spielkonzeption ergeben Spielbeobachtungen und *Spielanalysen*. Sie sollen die Stärken und Schwä-

chen offenlegen, um eine Grundlage für das weitere Training und künftige Wettspiele zu schaffen.
Matchanalysen sind möglich durch schriftliche Aufzeichnungen in Analysebögen, durch Film- und Videoaufnahmen für Feinanalysen von Fehlerursachen, durch Tonbandprotokolle sowie durch Computeranalysen zur sofortigen Auswertung der Wettspielleistung.
Die Spielbeobachtung durch Ausfüllen von Analysebögen erfordert Übung!
Äußere Faktoren wie Witterungs- und Platzverhältnisse sowie der Spielstand bestimmen ebenfalls den taktischen Plan für ein Wettspiel.
Ein schneller Hallenboden oder ein regennasser tiefer Sandplatz erzwingen ein geändertes taktisches Verhalten ebenso wie ein hoher Matchrückstand im 2. Satz. Der situationsangepaßte Wechsel zwischen *offensiver und defensiver Taktik* wird allgemein als am erfolgreichsten angesehen.
Der Allroundspieler greift durch harte Aufschläge, durch lange schnelle Grundlinienschläge und häufiges konsequentes Vorlaufen zum Netz an; er bringt aber aus der Defensive die Bälle sicher plaziert, höher und langsam zurück. Die Entwicklung des Weltspitzentennis zeigt nach gewissen Einseitigkeiten vergangener Jahre gegenwärtig den Trend zum erfolgreichen Universalspieler.

Anwendung des Matchanalysebogens

Die Schläge werden durch Striche gekennzeichnet. In der Spalte »Ball im Spiel« notiert man die Schläge, mit denen der Ballwechsel aufrechterhalten wird; Schläge, mit denen ein Punkt gewonnen bzw. verloren wird, kommen in die Spalte »Punkte« bzw. »Fehler«. Ein As wird in der Aufschlagzeile mit A, ein Doppelfehler mit D eingetragen. Besondere Stärken oder Schwächen der Beinarbeit werden mit + oder − vermerkt.
Der vorliegende Bogen kann durch Aufteilung in Vorhand- und Rückhandschläge noch weiter differenziert werden. Außerdem ließe sich jeweils die Drallart durch eigene Symbole (G = gerader Schlag, S = Slice, T = Topspin) anstatt der Striche darstellen.

Matchanalysebogen

Datum _____   Gegner _____   Resultat _____

Spielhandlung	Ball im Spiel	Punkte	Fehler
Aufschlag			
Return			
Grundlinienschlag			
Passierschlag			
Flugball			
Schmetterball			
Lob			
Stop			
Sonstiges			
Beinarbeit			

Allgemeine taktische Grundsätze im Tennis

Obwohl es in Tenniswettspielen keine identischen Spielsituationen und Gegner gibt, erweist sich die Beachtung allgemeiner taktischer Grundsätze doch immer wieder als nötig.

Die Bedeutung taktischer Zonen für Offensive und Defensive

Die Tennisplatzhälfte wird in 3 taktische Zonen eingeteilt (Abb. unten): Vorfeld (Netzbereich), Mittelfeld (Aufschlaglinienbereich, Halbfeld), Rückfeld (Grundlinienbereich).

Grundsätzlich gilt:
- Die Chance zum Angriff nimmt von hinten nach vorne zu.
- Die Chance zur Verteidigung nimmt von hinten nach vorne ab.
- Aber: Der kritische Bereich für Defensive und Offensive liegt im Mittelfeld.

Deswegen muß das Halbfeld bei Angriff oder Verteidigung möglichst schnell und sicher überwunden werden. Konsequentes Aufrücken zum Netz ist meist erfolgreicher als das Zurücklaufen aus dem Mittelfeld und dabei nach vorne schlagen. Die spielentscheidenden Schläge aus dem Mittelfeld wie tiefer Volley oder Angriffsschlag mit Drall sind deshalb intensiv zu üben.

Das Prinzip der Platzabdeckung

Um nicht ausgespielt zu werden, ist zu beachten (Abb. unten):

- Die eigene Platzhälfte ist in der Mitte der möglichen gegnerischen Rückschläge abzudecken.
- Platzbereiche, die der Gegner nur mit extremen Ballflugbahnen oder mit großem Risiko treffen kann, bleiben ungedeckt (schraffierter Bereich).
- Die eigene Position für eine optimale Platzabdeckung richtet sich jeweils nach dem gegnerischen Treffpunkt.

Das Prinzip der Sicherheit

Erfolgreiches Tennisspiel richtet sich nach dem Motto »Sicherheit hat Vorrang vor Plazierung und vor Schlaghärte«.

- Die Fehlerschläge sind häufiger als die Punktschläge.
- Netzfehler überwiegen Ausfehler.
- Die Schläge mit der größten Erfolgswahrscheinlichkeit einsetzen (»Prozenttennis spielen«)!
- Nie auf die sondern vor die Linien zielen!
- Oft den sicheren Crossball spielen, da
  – das Netz in der Mitte ca. 15 cm niedriger ist,
  – die Platzdiagonale insgesamt ca. 1,40 m länger ist als entlang der Linie,
  – die Richtung des diagonal ankommenden Balles dann nicht verändert werden muß.

Taktische Zonen des Tennisfeldes.

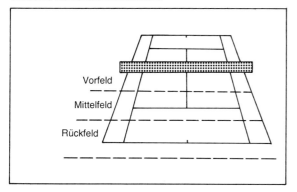

Platzabdeckung des Tennisfeldes.

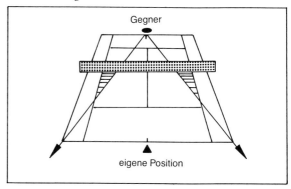

Das Prinzip der Beharrlichkeit

Nicht nur physische, sondern auch geistig-psychische Ausdauer kennzeichnen den erfolgreichen Tennisspieler.

- Wenn du am Gewinnen bist, bleibe bei Deiner Taktik!
- Laß Dir Zeit, bleib geduldig und konzentriert!
- Das Spiel ist erst nach dem Matchball beendet!
- Bleibe konsequent und habe kein Mitleid mit dem Gegner!
- Unterschätze den Gegner nie!
- Gib ein Match bei ungünstigem Spielstand nicht auf!
- Der einfachste Ball ist oft der schwierigste!
- Wenn Du Dich konditionell fit gemacht hast, gibt es für Dich nur wenig unerreichbare Bälle!
- Laß Dich durch Störfaktoren (Wind, Sonne, Bodenbeschaffenheit, Netzbälle, diskutierfreudiger Gegner, unsicherer Schiedsrichter, unfaire Zuschauer) nicht beeinträchtigen!
- Bestehe auf Deinen Rechten als Spieler aber halte selbst die Regeln ein!

Das Prinzip der Eigengestaltung

Auch Selbstvertrauen und Spielwitz charakterisieren den Sieger!

- Setze Deine starken Schläge ein, um das Spiel selbst zu bestimmen!
- Vertraue auf Deine eigene Stärke!
- Laß den Gegner im unklaren über Deinen konditionellen und psychischen Zustand!
- Variiere nach Deinen Möglichkeiten mitunter Schlagrhythmus, Schlagrichtung und den Drall!
- Nütze das Feld nicht nur der Länge, sondern auch der Breite (kurze Crossbälle) und der Höhe nach (Lobs) aus!
- Spiele niemals als erster den kürzeren Ball (außer bei Stops)!
- Ändere Deine Offensiv- oder Defensivtaktik, wenn Du hoch im Rückstand bist!

Spezielle taktische Grundsätze im Tennis

Die taktische Bedeutung der einzelnen Tennisschläge kann sowohl in bezug auf den Drall als auch im Hinblick auf die variierenden Spielsituationen und Spielpositionen erläutert werden.

Strenggenommen müßten in spezielle taktische Überlegungen noch zusätzlich die verschiedenen Stufen der Spielfähigkeit einbezogen werden. Aus praktischen Gründen kann auf diese weitere Differenzierung (z. B. Aufschlagtechnik für Anfänger oder Fortgeschrittene oder Leistungsspieler) nicht eingegangen werden.

Die Taktik der Schläge mit und ohne Drall

Der *gerade Schlag* ohne beabsichtigten Drall ist der schnellste Schlag, da alle Schlagkraft in Ballgeschwindigkeit umgesetzt wird. Er ist der Länge nach gut zu dosieren.

Infolge der wenig gekrümmten Flugbahn ist er jedoch netzfehlergefährdet und bereitet dem Gegner wenig Probleme beim Rückschlag.

Der *Schlag mit Rückwärtsdrall* ist relativ leicht zu schlagen und eignet sich zum Rhythmuswechsel, zur Verteidigung und zum Angriff aus dem Mittelfeld. Wegen seiner flachen Flugbahn besteht die Gefahr, daß er ins Netz oder Aus geht, außerdem fliegt er relativ langsam, da ein Teil des Schlägerschwunges in Rückwärtsdrall umgewandelt wird.

Der Schlag mit Rückwärtsdrall kann als »Chop« (engl. to chop = hacken) mit kurzem Wegdrücken bzw. Abblocken oder als »Slice« (engl. to slice = zerschneiden) geschlagen werden. Da das Wort »Slice« Schnitt bedeutet, könnte man es eigentlich für alle Drallarten verwenden. Beim unterschnittenen Schlag kann der Spieler zwischen dem »weichen Slice« mit niedrigem Treffpunkt und dem »harten Slice« mit hohem Treffpunkt differenzieren.

Der *Schlag mit Vorwärtsdrall* ist wegen seiner stark gekrümmten Flubahn ein sehr sicherer Schlag. Vor dem Auftreffen im gegnerischen Feld, im sog. »speed«, fliegt er relativ langsam, da ein Teil der Schlägerkopfgeschwindigkeit im Vorwärtsdrall umgesetzt wird. Er springt jedoch im sog. »pace« schnell und weit ab.

Die technische Ausführung erfordert viel Übung, da er in Höhe und Länge schwierig zu dosieren ist. Taktisch wertvolle lange Grundlinienschläge mit viel Vorwärtsdrall erfordern auf Dauer viel Schlagkraft.

Folgende Schläge haben Vorwärtsdrall:
- Drive (engl. to drive = treiben, Treibschlag) mit wenig Vorwärtsdrall.
- Lift (engl. to lift = heben) mit mäßigem Vorwärtsdrall.
- Topspin (engl. to spin = sich schnell drehen, top = nach oben) mit starkem bis maximalem Vorwärtsdrall.

Der *Schlag mit Seitendrall* tritt in der Spielpraxis seltener und meist kombiniert mit einer anderen Drallart auf. Der seitliche Drall bewirkt eine seitliche Krümmung der Flugbahn und springt auch in Drallrichtung seitlich ab. Aufschläge, Stops, Volleystops und sehr hohe Flugbälle schneidet man gelegentlich seitlich an.

Aufschlagtaktik

Der Aufschlag ist neben dem Return der wichtigste Schlag im Tennisspiel, wobei der Spieler nicht vom Gegner abhängig ist. Im Leistungstennis ist neben dem riskanten geraden Aufschlag als 1. Aufschlagsversuch die sichere Beherrschung mindestens einer weiteren Aufschlagsvariante, nämlich Topspin- oder Slice-Aufschlagtechnik als 2. Aufschlag nötig (Abb.). Der Topspinaufschlag wird mitunter als Twist (engl. to twist = sich drehen) bezeichnet.

Grundsätzlich richtet sich die Qualität des Aufschlages nach der Plazierung, der Geschwindigkeit und dem Drall. Je länger der Aufschlag ist, um so günstiger wirken sich Ballgeschwindigkeit und Drall aus. Beachte beim Aufschlagen:

- Spiele mit der Mehrzahl Deiner Aufschläge die schwächere Seite des Gegners an!
- Der 1. Aufschlagversuch muß oft kommen!
- Mit dem geraden 1. Aufschlag sind zwar Asse möglich, aber beim Vorlaufen ist mit einer ungünstigen Position im hinteren Mittelfeld zu rechnen. Die Plazierung auf den Mann bringt auch Punkte!
- Ausreichende Konzentration vor jedem Aufschlag, auch vor dem 2. Aufschlag einhalten und deshalb eventuell Ball auftippen!
- Der Topspinaufschlag ist sicher, springt hoch und schnell ab und gibt Zeit zum Vorlaufen!
- Der Sliceaufschlag ist leichter zu retournieren; bei guter Plazierung öffnet er das Feld sehr stark seitlich!

Aufschlagvariante in Schnitt und Plazierung.

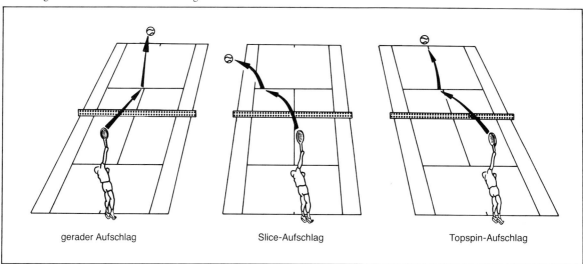

gerader Aufschlag   Slice-Aufschlag   Topspin-Aufschlag

- Schlage überraschend auch einmal von unten mit Drall auf!
- Wer kein Aufschlagspiel verliert, kann kein Match verlieren!
- Verwende mehr Zeit als bisher auf das Aufschlagtraining!

Returntaktik

Neben dem Aufschlag ist der Rückschlag auf den Aufschlag des Gegners der wichtigste Schlag im Tennisspiel. Der Return ist ein eigenständiger Schlag, der zwar eng mit den Grundlinienschlägen verwandt ist, aber dennoch eigens aus der Schlagverbindung mit dem Aufschlag ausführlich geübt werden muß. Um ein »break« (= Aufschlagdurchbruch) zu erreichen, sind hervorragende Returns nötig.

Beachte beim Retournieren:
- Die Position des Rückschlägers ist abhängig von der Art und Stellung des Aufschlägers, dem eigenen technischen Können, der eigenen Reaktionsschnelligkeit und vom gegnerischen Spielkonzept. Der Rückschläger befindet sich etwa 1 bis 2 m hinter bzw. bis zu 1 m vor der Grundlinie.
- Die Bereitschaftsstellung erhöht die Konzentrationsfähigkeit: Fuß-, Knie- und Hüftgelenke sind mäßig gebeugt; der Körper federt auf den Fußballen in gut hüftbreiter Stellung; im Augenblick des gegnerischen Balltreffens beruhigt sich für einen Moment die Körperbewegung, um dann sofort den Rückschlag vorzubereiten.
- Genaues Beobachten des Aufschlägers bezüglich des Ballwurfs und der Schlagbewegung erleichtert ebenfalls die Returnvorbereitung.
- Schlage lang an die Grundlinie zurück, wenn der Gegner hinten bleibt!
- Kommt er vor, schlage den Ball flach und tief und eventuell im Aufsteigen mit Vorwärtsdrall!
- Außer dem optimalen unerreichbaren gibt es auch den guten Return, der zwar vom Gegner erreicht, aber nur unplaziert zurückgespielt werden kann.
- Bei schwachem Aufschlag riskiere einen offensiven Rückschlag eventuell mit Umlaufen Deines schwächeren Schlages.
- Schlage einen Lobreturn nur dann, wenn der Gegner schon im Vorfeld ist!

Netzangriffstaktik

Um mit einem hohen Volley, d. h. mit einem Flugball, der über Netzhöhe geschlagen wird, den Angriff abschließen zu können, muß man sich die dazu nötige Position im Vorfeld erst erkämpfen. Nach einem lang plazierten Angriffschlag von der Grundlinie, dem Mittelfeld oder sogleich nach dem Aufschlag muß meistens zuerst ein tiefer, angriffsvorbereitender Flugball fein dosiert zurückgespielt werden.

Beachte beim Angreifen:
- Laß Dir Zeit beim Angriffsschlag!
- Laufe dann möglichst nahe ans Netz!
- Laufe nicht Deinem Angriffsschlag nach, sondern orientiere Dich zur Mitte der möglichen gegnerischen Rückschläge!
- Wenn der Gegner zum Rückschlag ansetzt, verzögere Deinen Lauf mit einem Stoppschritt zur Drehscheibenposition!
- Der tiefe Volley muß lang und genau plaziert kommen!
- Rücke konsequent zum Netz auf!
- Den eventuellen Lob des Gegners kannst Du fast immer erlaufen!
- Ohne nahes Aufrücken erwischst Du den Passierball jedoch fast nie!
- Schlage den 2. Flugball kurz cross weg oder setze bei tiefem Treffpunkt einen Volleystop zum Punktgewinn ein!

Passierschlagtaktik

Neben dem optimalen, unerreichbaren Passierball ist auch ein guter Passierball, den der Gegner nur unplaziert zurückbringen kann, ein taktisch wertvoller Schlag. In diesem Fall bringt der nächste Schlag den Punkt.

Beachte beim Passierschlag:
- Schlage möglichst mit Vorwärtsdrall!
- Spiele flach, relativ kurz und nimm den Ball früh!
- Passiere auf der flugballschwächeren Seite des Gegners!
- Ziele nie auf die Seitenlinie!
- Spiele den Passierball gegen den Seitenwind!
- Vermeide den Cross-Passierball, wenn Du weit hinter der Grundlinie schlagen mußt!

- Trainiere das Abfälschen der Schlagrichtung!
- Vergiß nicht, daß auch ein Lob ein guter Passierschlag sein kann!

Schmetterschlag- und Lobtaktik

Der *Lob* eröffnet im Tennisspiel die »Dritte Dimension«. Das Feld läßt sich nicht nur der Länge und der Breite nach, sondern mit geraden Lobs, Slice- und Topspinlobs auch der Höhe nach ausnützen.

Beachte beim Lobschlag:
- Der gerade Lob ist zwar einfach zu schlagen, aber auch leicht zurückzuschlagen!
- Der Slicelob ist auch in Bedrängnis noch relativ leicht zu schlagen und häufig in der Defensive einsetzbar!
- Der Topspinlob setzt viel Übung und eine gute Schlagvorbereitung voraus. Er kann meist nicht mehr erlaufen werden!
- Spiele den Lob nicht zu häufig, aber wenn, dann lang und hoch genug!
- Variiere Dein Grundlinienspiel mit langen Lobs!
- Wenn der Gegner von kleiner Gestalt ist oder nah am Netz steht oder schnell vorläuft, dann schlage häufiger Lobs!
- Plaziere den Lob meistens über die gegnerische Rückhand!
- Spiele beim Doppel den Lob öfter über die Platzmitte!
- Setze den Lob gegen den Seitenwind ins Seitenaus an!
- Schlage den Lob mit der Sonne im Rücken und dem Wind im Gesicht!

Der *Schmetterball* muß von einem guten Netzangriffsspieler zusätzlich zu Aufschlag, Angriffsschlag und Flugball sicher beherrscht werden. Er führt meist zum direkten Punktgewinn.

Beachte beim Schmetterball:
- Schlage den Schmetterball zwar hart, aber vergiß die Sicherheit und das Plazieren nicht völlig!
- Hole frühzeitig aus, achte auf korrekte Beinarbeit und beobachte den Ball genau bis zum Treffen!
- Schmettere in netznaher Position auch mitunter mit starkem Handgelenkseinsatz, so daß der Ball unerreichbar hoch wegspringt!

- Schlage den Schmetterball möglichst bevor der Ball aufgesprungen ist!
- Laß sehr hohe und sehr kurze Lobs erst aufspringen und paß dabei auf, daß sie Dich nicht überspringen!
- Übe das kompromißlose Schmettern auch hinter der Grundlinie nach dem Aufsprung!
- Umlaufe nach Möglichkeit den Rückhandschmetterball!
- Rücke nach dem Schmettern unbedingt wieder ins Vorfeld auf!

Taktisches Verhalten bei Stop, Volleystop und Halbflugball

Ein Leistungsspieler muß Stop, Volleystop und Halbflugball situationsgemäß einsetzen können, damit er nach einem taktischen Plan erfolgreich handeln kann. Der *Stop* ist auf langsamen Plätzen sowie im Damen- und Seniorentennis ein taktisch sehr wertvoller Schlag.

Beachte beim Stop:
- Spiele den Stop nicht von der Grundlinie, es sei denn, er gehört zu Deinen Grundschlägen!
- »Dauerläufer« freuen sich auch im 3. Satz noch auf Deinen Stop!
- Schlage den Stop nicht aus der Bedrängnis!
- Spiele den Stop mit relativ niedrigem Treffpunkt und im aufsteigenden Ast!
- Überrasche den Gegner mit Deinem Stop!
- Setze den Stop auf den falschen Fuß des Gegners an!
- Rücke nach dem Stop nahe ans Netz auf!
- Im Doppel ist der Stop selten erfolgreich!
- Übe das Zurückspielen des von Dir erlaufenen Stops als Gegenstop oder lang an die Grundlinie oder auf den Mann!

Der *Volleystop* erfordert viel Ballgefühl und bringt den direkten Punkt, wenn er mit tiefem Treffpunkt in Netznähe geschlagen wird und sich der Gegner im Rückfeld befindet!

Beachte beim Volleystop:
- Spiele anstatt des tiefen Volleys in Netznähe den Volleystop möglichst kurz ins gegnerische Feld!
- Wenn Du in der Platzmitte stehst, lenke den Volleystop etwas nach außen ab!
- Wenn du an der Seitenlinie bist, schiebe den Volleystop nach innen!

Der *Halbflugball* ist ebenfalls ein technisch schwieriger Schlag, der deshalb häufig vermieden wird. Der Trend zum schnellen Angriffstennis erfordert jedoch mitunter seine Beherrschung, wenn der tiefe Flugball nicht mehr möglich ist oder man gegen die Laufrichtung angespielt wird.

Beachte beim Halbflugball:
■ Schlage den Halbflugball relativ flach und lang plaziert!
■ Mitunter ist der Halfvolley kurz cross oder als Stop erfolgreich!
■ Je näher Du den Halbflugball am Netz schlägst, umso mehr mußt Du die Schlägerfläche öffnen!
■ Übe den Halfvolley auch aus dem Rückfeld mit schwunghaftem Ausholen!
■ Geh beim Halbflugvolley immer tief, um nah am Treffpunkt zu sein!
■ Wenn Du im Wettspiel viele Halbflugbälle schlagen mußt, dann verbessere Deine Beinarbeit und Dein Stellungsspiel oder ändere Deinen taktischen Plan!

Taktische Grundsätze beim Doppelspiel

Im Doppelspiel kommen Elemente des Mannschaftssports zum Tragen. Gegenseitige technische, taktische und psychische Harmonie und Ergänzung sind nötig. Außerdem sind schnelles Reaktionsvermögen und Spielübersicht gefragt. Als starke Doppelspieler gelten Allround- und Netzangriffsspieler.
Der Return ist oft der matchentscheidende Schlag, da nur mit genauen Rückschlägen ein Break und damit der Satzgewinn möglich ist. Deshalb spielt rechts oder links derjenige, welcher auf der rechten bzw. linken Seite über den besseren Return verfügt.
Die Überwindung des Mittelfeldes ist leichter als beim Einzel, da jeder Spieler nur ⅔ der Platzbreite des Einzelfeldes abzudecken hat. Deshalb ist es durch taktische Mithilfe des Partners relativ leicht, ins Vorfeld zu gelangen. Das Doppel wird am Netz entschieden! Erfolgreiche Doppelspieler müssen folgende Schläge sicher beherrschen: Aufschlag, Return, tiefer Volley, Lob und Schmetterball.

Allgemeine taktische Grundsätze beim Doppel

■ Der 1. Aufschlag muß im Doppel kommen!
■ Doppelfehler sind im Doppel »Todsünden«!
■ Topspin- und Slice-Aufschläge sind taktisch wichtige Varianten!
■ Der Return wird meist kurz cross dem Aufschläger vor die Füße gespielt!
■ Hin und wieder ist ein Lob über den gegnerischen Netzspieler erfolgreich!
■ Nach dem ersten, tiefen Volley muß der Aufschläger konsequent weiter bis auf Höhe seines Netzpartners aufrücken!
■ Der Return ist leichter abzufangen, wenn der Aufschlag in die innere Hälfte des Aufschlagfeldes plaziert wurde!
■ Wenn der Aufschlag in der äußeren Hälfte des Aufschlagfeldes landet, ist die Gefahr des Longline-Passierballes groß!
■ Spiele öfters durch die Mitte und vorwiegend auf den hinteren Gegenspieler!
■ Zwinge die Gegner zu tiefem Treffpunkt im Flugballduell!
■ Vermeide den sehr tiefen Volley, wenn Dein Partner im Rückfeld den Ball günstiger nach dem Aufsprung schlagen kann!
■ Trainiere tiefe Volleys und Halbflugbälle aus jeder Platzposition heraus!
■ Spiel den Lob häufiger als im Einzel, aber vermeide Stops!
■ Verständige Dich mit Deinem Partner durch Zurufe!
■ Spiele häufiger den schwächeren Gegenspieler an!

Taktisches Verhalten bei verschiedenen Doppelaufstellungen

Bei der *klassischen Aufstellung* steht der Aufschläger etwa in der Mitte zwischen Mittelzeichen und Einzelauslinie. Sein Partner befindet sich 2 bis 3 m vor dem Netz in der Mitte seines Aufschlagfeldes. Der Rückschläger steht etwa 1 m vor bis etwa 1 m hinter der Grundlinie nahe der Einzelseitenlinie. Der Partner des Rückschlägers hält sich zunächst in der Mitte seiner hinteren Aufschlaglinie auf.
Bei der *Tandem-Aufstellung,* auch australische Aufstellung genannt, befindet sich der Aufschläger wie im Ein-

zel nahe des Mittelzeichens, sein Partner auf der gleichen Seite etwa in der Mitte des Aufschlagfeldes.

Beachte bei der Tandem-Aufstellung:

- Diese Aufstellung wird eingenommen, um einen sicheren Cross-Return zu verhindern.
- Wenn der Gegner jedoch sicher longline retournieren kann, ist diese Aufstellung unsinnig!
- Der Aufschlag muß nach innen plaziert werden!
- Die Tandem-Aufstellung generell oder als Variation nur verwenden, wenn sie intensiv geübt wurde.

Bei der *Schere* nehmen Aufschläger und Rückschläger zunächst die klassische Aufstellung ein und vertauschen nach dem Aufschlag die Feldseiten.

Beachte bei der Schere:

- Diese Aufstellung dient vor allem dazu, den Cross-Return abzufangen!

- Der Überraschungseffekt gelingt nur, wenn beide Spieler den Seitenwechsel intensiv trainiert haben!
- Der Rückschläger wird mitunter erfolgreich mit flachen Returns durch die Mitte oder mit weiten Cross-Lobs antworten!
- Das Wechseln der Platzseiten kann entweder durch Handzeichen hinter dem Rücken des Netzpartners oder durch Absprache vor jedem Aufschlag erfolgen!

Bei der *linearen Aufstellung* bleiben alle 4 Spieler an der Grundlinie. Eventuell laufen sie erst nach dem Aufschlag oder dem Return ans Netz. Diese Aufstellungsform ist in der Regel den anderen Aufstellungsmöglichkeiten taktisch unterlegen.
Sie wird vor allem dann praktiziert, wenn große Unsicherheiten in Flugball und Schmetterball gegeben sind.

Materialkunde

Die Ziele der Materialkunde bestehen im einzelnen darin, die nicht beeinflußbaren Faktoren in ihrer Wirkung und deren Ursache zu kennen, um sich darauf bestmöglich vorbereiten und einstellen zu können. Hinsichtlich der beeinflußbaren Faktoren soll dem Tennisspieler über den Tennislehrer eine fachkundige Hilfe bei der Wahl des Materials und den Service-Leistungen geboten werden.

Der Tennisplatz

Das Tennisspiel wird vom Platzbelag beeinflußt. Darüber hinaus müssen aber die Spielfeldabmessungen und die Netzhöhe als die Faktoren angesehen werden, die das Tennisspiel insgesamt prägen. So bestimmen die Abmessungen technisch-taktische Überlegungen:

Spielfeldabmessungen.

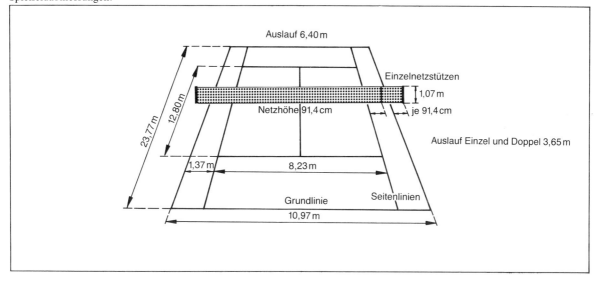

- Die Wege zum Ball bzw. zum Treffpunkt.
- Über die Ballflugzeit die Zeit, die dem Spieler als Reaktionszeit und Laufzeit bleibt (vgl. S. 103). Anwendungsbeispiel: Der Abstand zwischen den Seitenauslinien des Einzelfeldes beträgt 8,23 m, zwischen Grundlinie und Netz 11,88 m. Einen »Grundlinienspieler« wird man daher mit Kurz-lang-Spiel über längere Strecken bewegen als mit Links-rechts-Kombinationen.
- Zusammen mit der Netzhöhe die Mindest-Treffpunkthöhe beim Aufschlag (vgl. S. 110). Die Bedeutung der Netzhöhe kennt jeder Spieler. Die Maße in der Mitte und außen müssen bekannt sein, um sie überprüfen zu können (außen: Anordnung der Einzelnetzstützen.

Spielfeldabmessungen

Die Spielfeldabmessungen sind genau festgelegt (Abb. S. 93). Reine Einzelspielfelder sind selten und werden entweder als Trainingsplätze (Platzeinsparung) oder bei Platzmangel gebaut. Im allgemeinen aber weisen die Spielfelder die Abmessungen für Einzel- und Doppel-Wettkampf auf.
Unterschiede in den Platzmaßen entstehen durch die Größe des Auslaufes. Sowohl auf Turnier- wie auf M-Plätzen können neben Vereinsturnieren auch nationale und internationale Wettkämpfe ausgetragen werden. Die Plätze müssen in ihrer Längsachse in Nord-Südrichtung angeordnet werden. Eine Abweichung von maximal 7,5 Grad ist zulässig.

Freilandplätze

Der pflegeintensivste Bestandteil der bei uns üblichen Freilandplätze ist der Spielfeldbelag. Es handelt sich hier um eine sog. wassergebundene Decke. Wie der Name schon andeutet, setzt dieser Belag einen bestimmten Feuchtigkeitsgehalt voraus. Ist dieser Feuchtigkeitsgehalt zu gering, dann steigt der Verschleiß an der Deckschicht erheblich an und es kommt innerhalb kurzer Zeit zu Schäden. Die richtige Behandlung und Pflege des Tennisplatzes setzt die Kenntnis seines Aufbaus voraus.
Vor dem Spiel muß der Feuchtigkeitszustand der Decke überprüft werden. Ist der Platz zu trocken, so muß er

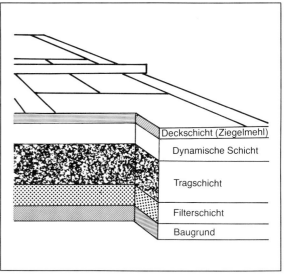

Aufbau des wassergebundenen Spielfeldbelages (nach IAKS).

Deckschicht (Ziegelmehl)
Dynamische Schicht
Tragschicht
Filterschicht
Baugrund

zunächst mit Wasser besprengt werden. Nach Regenschauern muß die Haltbarkeit der Decke getestet und gegebenenfalls ein weiteres Abtrocknen abgewartet werden (Beim Turnier entscheidet darüber der Oberschiedsrichter). Nach dem Spielen ist der Platz mit dem Kehrgerät abzuziehen.
Auf diese wichtigen Punkte der Platzpflege sollte der Trainer schon in den ersten Stunden und dann wiederholt hinweisen, weil nur so das Verständnis für die Erhaltung der Plätze gefördert wird.
Hallenplätze können zwar auch mit wassergebundenen Decken als Spielfeldbelag ausgestattet sein. Neben den hauptsächlich anzutreffenden Teppichböden sind in letzter Zeit auch Granulatböden zu finden, die hinsichtlich der Gleitvorgänge und des Ballabsprunges die Verhältnisse des wassergebundenen Belages nachahmen. Ähnlich wie die wassergebundenen Ziegelmehldecken müssen auch die Granulatböden abgezogen werden.
Aus wirtschaftlichen Gründen liegen die Hallen-Spielfeld-Abmessungen z. T. unter denjenigen des Turnierplatzes. Der Abstand zwischen den Seitenlinien des Doppelfeldes zweier benachbarter Spielfelder beträgt dann statt 7,3 m (2 × 3,65 m) 4,56 m. Dieses Maß ergibt sich daraus, daß der Abstand von 7,3 m von

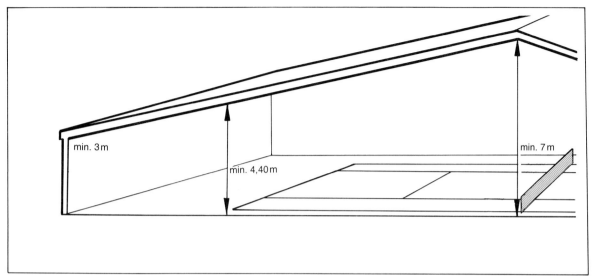

Mindestmaße der Hallendeckenhöhe.

Einzelfeld zu Einzelfeld (Abstand der Seitenlinien) eingehalten wird. Turniertennis kann auf derartig dimensionierten Hallenspielfeldern nebeneinander nur im Einzel ausgetragen werden.

Ein weiterer wichtiger Faktor für das Tennisspiel in der Halle ist die Hallenhöhe (Abb. oben). Für Veranstaltungen des Spitzensportes sollte die Höhe über dem Netz 9 bis 11 m betragen.

Tennisbälle

Der Tennisball besteht aus einem Gummiball, der von zwei Filzzungen umhüllt ist. Der Filz enthält eine Mischung aus Wolle-, Nylon- und Baumwollfasern. Durchmesser, Gewicht, Sprungverhalten und Verformung des Balles werden von der ITF-Regel 3 bestimmt. So darf das Gewicht (Masse) zwischen 56,7 und 58,47 g schwanken. Der Durchmesser muß mehr als 6,35 cm und weniger als 6,67 cm betragen. Die Sprunghöhe muß nach einem Fall aus 2,45 m Höhe auf einer harten Unterlage in dem Bereich zwischen 1,35 bis 1,47 m liegen. Außerdem legt die ITF-Regel 3 auch die zulässige Auf- und Rückdeformation fest (Auf-Deformation 0,56 bis

0,74 cm, Rückdeformation 0,89 bis 1,08 cm bei einer Kraft, die einer auf den Ball einwirkenden Masse von 8,165 kg entspricht, ca. 80 N).

Das charakteristische Sprungverhalten hängt u. a. auch davon ab, ob es sich um Bälle mit Innendruck oder drucklose Bälle handelt. Bei drucklosen Bällen wird das Sprungverhalten hauptsächlich durch die Elastizität der Ballwand erzeugt, Bälle mit Innendruck gelten als »lebendiger«. Sie verändern im Gegensatz zu drucklosen Bällen ihre Sprungeigenschaften während einer längeren Lagerzeit. Um dies bis zum Gebrauch auszuschließen, bieten die Hersteller die Bälle in Druckdosen mit Schnellverschluß an.

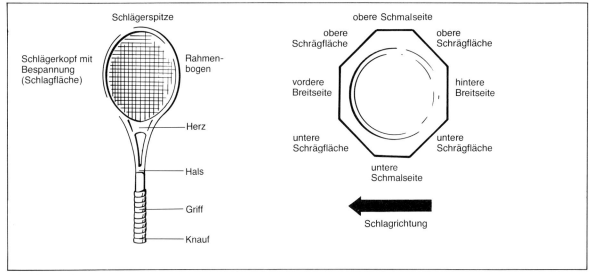

Teile des Tennisrahmens und Griffflächenbezeichnung.

Tennisrahmen

Ein typischer beeinflußbarer Material-Faktor ist der Tennisschläger. Seine physikalischen Eigenschaften prägen das Spiel entscheidend mit. Tennisrahmen, Saite und Ausführung der Bespannung bilden in ihren Eigenschaften eine Einheit, deren Komponenten sorgfältig aufeinander abgestimmt werden müssen. Der beste Tennisrahmen kann bei falscher Bespannung seine Eigenschaften nicht entfalten und die beste Bespannung nützt nicht viel, wenn der Tennisrahmen schlecht ist. Andererseits kann die beste Saite ihre Eigenschaften nicht zeigen, wenn falsch bespannt wurde.
Bei der Auswahl des Tennisrahmens kommt es auf folgende spielbeeinflussende Faktoren an:

- Rahmenform
- Rahmengewicht
- Gewichtsverteilung
- Rahmenmaterial.

Daneben spielt auch die Ausführung des Griffes insbesondere bei Kraftübertragung zwischen Arm und Schläger eine Rolle. Für den Tennislehrer ist es zunächst einmal wichtig, daß er im Unterricht die Bestandteile

des Rahmens richtig ansprechen kann (Abb. oben). Das gilt auch für die Griffflächen (Erläuterung der Rückhand-Vorhand- und Mittelgriffe).

Rahmenform

Die Rahmenform hat deutliche Auswirkungen auf die Rahmeneigenschaften. Darüber hinaus muß die Tennissaite auf die Rahmenform abgestimmt werden. Zu der ursprünglich nahezu einheitlichen Form sind in den letzten Jahren Schläger unterschiedlichster Rahmenbreite und -höhe gekommen. Die »Internationale Tennis-Föderation« (ITF) hat die Rahmenformen mittels Maximalgrößen eingeschränkt, und zwar durch Festlegen der Maximalwerte für die Länge und Breite der Rahmen und der Saitenoberfläche.
Weiterhin schreibt die ITF-Regel vor: Der Rahmen einschließlich Griff und Saiten darf

- keine daran befestigten und hervorstehenden Gegenstände aufweisen, mit Ausnahme solcher, die ausschließlich dazu dienen, Verschleiß oder Schwingungen einzuschränken oder zu verhindern, oder das Gewicht zu verteilen, und die für diese Zwecke nach Größe und Anbringung angemessen sind;

■ keine Vorrichtung aufweisen, die es dem Spieler ermöglicht, die Form des Schlägers oder die Gewichtsverteilung während des Ballwechsels wesentlich zu verändern.

Die Frage der Zulassung eines Schlägers entscheidet die ITF.

Die Einteilung der Rahmenform erfolgt nach der Größe der Saitenoberfläche. Zur Charakterisierung wird der Flächenzuwachs gegenüber den früher vorwiegend verwendeten kleineren Holzschlägern mit einer Länge der mittleren Längssaiten von ca. 27 cm und einer Saitenfläche von 445 cm^2 angegeben. Die Saitenoberfläche wirkt sich auf die Spieleigenschaften nur indirekt aus. Direkte Auswirkungen haben die Länge der Längssaiten und die Rahmenbreite. Die von diesen beiden Kriterien ausgehenden Eigenschaften sind jedoch sehr unterschiedlich.

Auswirkungen der Saitenlänge

Längere Längssaiten ergeben bei entsprechend steifer Rahmenkonstruktion und angepaßter Bespannungshärte eine höhere Ballbeschleunigung. Die Kraftübertragung wird bei sonst etwa gleichen Bedingungen im allgemeinen verbessert, weil Längssaitenmitte und Balancepunkt zusammenrücken. Schließlich ist es das Ziel des Tennisspielers und des Rahmenkonstrukteurs, eine gute Kraftübertragung vom Schläger auf den Ball zu gewährleisten und dabei möglichst wenig Schwingungen am Rahmen zu erzeugen, die u. U. in den Arm des Spielers abgeleitet werden und zu den bekannten Schädigungen am Arm führen können. Betrachtet man nur die Ballbeschleunigung durch die Bespannung und vernachlässigt die Kraftübertragung über den Griff bzw. den Schaft des Schlägers, dann entsteht in der Mitte der Längssaiten der größte Rückpralleffekt.

Mit einem kleinen Experiment läßt sich dies nachweisen. Der Rahmen muß fest eingespannt sein (z. B. Schläger auf den Boden legen und am oberen Rahmenbogen und am Herz mit den Füßen festhalten). Dann läßt man einen Ball aus natürlicher Fallhöhe auf verschiedene Punkte der Bespannung fallen und beobachtet den Rückpralleffekt. Nach dieser Erkenntnis müßte die ideale Trefffläche in der Schlagflächenmitte liegen. Die ideale Trefffläche ist aber in Richtung des Griffes bzw. des Schlägerhalses verschoben, weil die Kraftübertragung durch den Schwerpunkt (beim Schläger: Balancepunkt) beeinflußt wird. Könnte man den vorher genannten Einfluß der Bespannung vernachlässigen, dann wäre der ideale Treffpunkt im Balancepunkt des Rahmens. Auf diese Weise wäre auch eine weitgehend schwingungsfreie Kraftübertragung möglich. Dazu ein Beispiel: Bei einem Hammer ist die Masse im Hammerkopf konzentriert. Dort liegt auch der Schwerpunkt. Schlägt man mit dem Hammer auf einen Amboß oder einen anderen harten Gegenstand, dann spürt man keine Schwingungen, obwohl es sich um einen harten Aufprall handelt.

Demnach ist es erstrebenswert, Längssaitenmitte und Balancepunkt soweit wie möglich zusammenzubringen. Für den Rahmenkonstrukteur ergeben sich daraus zwei Möglichkeiten der Verbesserung der Kraftübertragung:

■ Balancepunkt in Richtung des Schlägerkopfes oder
■ Längssaitenmitte näher zum Balancepunkt zu verschieben.

Das Verschieben des Balancepunktes in Richtung des Schlägerkopfes bedeutet konstruktiv gesehen, daß der Schläger kopflastig wird, mit den bekannten vorwiegend negativen Auswirkungen (vgl. S. 99).

Veränderung der Längssaitenmitten zum Balancepunkt bei unterschiedlicher Längssaitenlänge.

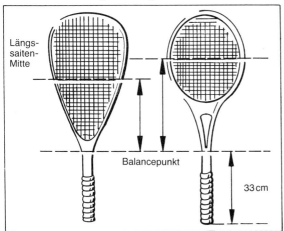

Will man die Längssaitenmitte zum Banlancepunkt verschieben, dann geschieht dies durch Verlängerung der Längssaiten in Richtung des Griffes. Dieser Maßnahme sind aber gewisse Grenzen gesetzt:

- Die ITF-Regel 4 begrenzt die Länge der Saitenoberfläche auf 39,37 cm.
- Die Härte der Bespannung muß gesteigert werden (vgl. S. 101). Dazu muß sich das Saitenmaterial eignen.
- Bespannungshärte und verbesserte Kraftübertragung stellen die höchste Anforderung an das Rahmenmaterial, insbesondere was die Steifigkeit des Rahmens betrifft (vgl. S. 99). Die Folgen dieser Maßnahme reichen aber bis hin zur Ausführung der Ösen oder Ösenbänder und zur Ausführung der Bespannung.

Aus diesen vielfältigen Einflüssen heraus erklärt sich die Entwicklung und zunehmende Verbreitung der Midsize- bzw. Oversize-Schläger auf der Basis hochwertiger Materialkombinationen.

Neben der Ballbeschleunigung kommt es bei Tennisschlägern vor allem auch auf die Ballkontrolle an. Die Ballkontrolle wird u. a. von der Zahl der gleichlangen Längssaiten beeinflußt. Wird der Ball nicht in der Schlägermitte getroffen, sondern auf den Saiten daneben, so entsteht – weil diese Saiten ebenso lang sind wie die beiden mittleren Längssaiten – ein annähernd gleicher Rückpralleffekt. Bei gleicher Schlägerstellung wird somit die gleiche Balllänge erzielt wie beim Treffen in der Schlägermitte.

Bei der Birnen- und Tropfenform nimmt die Saitenlänge von der Rahmenmitte nach außen stark ab. Wird der Ball außerhalb der mittleren Längssaiten getroffen, so entsteht ein geringerer Rückpralleffekt mit der Auswirkung der geringeren Ballbeschleunigung und Balllänge.

Sieht man von den anderen konstruktiv bedingten Auswirkungen auf die Ballkontrolle ab, so ergeben Rahmen mit möglichst viel gleichlangen Saiten die beste Ballkontrolle. Rahmen mit starker Abnahme der Längssaitenlänge von der Rahmenmitte nach außen haben dagegen den Vorteil der Fehlerrückmeldung bei Bällen, die außerhalb der Mitte getroffen werden.

Auswirkungen der Rahmenbreite

Die Auswirkungen der Rahmenbreite hängen mit der Massenverlagerung nach außen und zunächst nicht mit der Länge der Quersaiten zusammen. Ein Verlagern der Massen nach außen verleiht dem Rahmen mehr Drehstabilität. Wird der ankommende Ball nicht in der Rahmenmitte, sondern in Richtung der Rahmenbogen außermittig getroffen, so wird der Schläger in eine Drehbewegung versetzt, die sich in einer Änderung der Balllänge auswirkt. Dem wirken mehr außenliegende Rahmenmassen entgegen. Das Ergebnis wird auch als breiterer »Sweet Spot« (ideale Trefffläche mit hohem Rückpralleffekt von 35%) bezeichnet.

Hinsichtlich der Rahmenkonstruktion gibt es dafür zwei grundsätzliche Möglichkeiten:

- Abstand der außenliegenden Massen zur Mittelachse vergrößern.
- Außenliegende Massen erhöhen.

Diese verschiedenen Eigenschaften der Rahmenform sind bei den einzelnen Konstruktionen nicht nur einzeln, sondern auch in Kombinationen anzutreffen. Einige Hersteller bieten auch ein nachträgliches »Tuning« der Rahmen an, indem Kunststoffteile oder Metallkugeln am Rahmenbogen angebracht werden können.

Eine weitere Eigenschaft der Rahmenform ist deren Strömungswiderstand. Kantige, breite Rahmen werden als »langsam«, schmale, abgerundete Rahmen als »schnell« empfunden.

Rahmengewicht und Gewichtsverteilung

Die Tennisrahmen werden nach Gewichtsklassen sortiert. Dabei ist der Hersteller bemüht, für das betreffende Modell die Gewichtsverteilung gleich zu halten. Letzterem kommt besondere Bedeutung zu, weil das Schlägergewicht in seiner Auswirkung von der Gewichtsverteilung überlagert werden kann. Beispiel: Ein leichter Schläger wird als schwer empfunden, weil er kopflastig ist.

Durch die Möglichkeiten der neueren Schlägermaterialien geht die Tendenz zu leichteren, ausgewogenen Tennisrahmen. Einige Modelle werden bereits nur noch in einer Gewichtsklasse (z. B. L = light) angeboten.

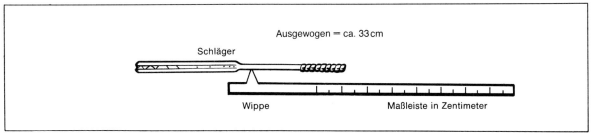

Messen des Balancepunktes.

Da ein sensibler Spieler die Einflüsse des Gewichtes und der Gewichtsverteilung rasch spürt, sollte bei der Suche nach gleichen Tennisrahmen das Rahmengewicht (z. B. mit einer Briefwaage) und der Balancepunkt ermittelt werden (Abb.).

Mit zunehmender Bedeutung des Netzspiels hat sich die Nachfrage bei Tennisrahmen von mehr kopflastigen zu ausgewogenen bis grifflastigen Konstruktionen verlagert. Dennoch bleibt festzuhalten, daß kopflastige Rahmen bei den Schlägen besonders günstig sind, bei denen lange Ausholbewegungen vorgenommen werden (Grundschläge, Aufschlag, Überkopfball). Unter dem Zeitdruck des schneller werdenden Spieles und unterstützt durch Rahmenkonstruktionen und -material wird sich die Tendenz zum handlicheren Schläger weiter fortsetzen.

Tuning

Unter Tunen oder Tuning-Maßnahmen am Tennisrahmen versteht man nachträgliche Maßnahmen, die vom Fachhandel oder vom Tennisspieler durchgeführt werden können (Hinweis: Einschränkung durch ITF-Regel 4 »Der Rahmen einschließlich Griff und Saiten darf keine Vorrichtung aufweisen, die es dem Spieler ermöglicht, die Form des Schlägers oder die Gewichtsverteilung während des Ballwechsels wesentlich zu verändern«). Das Ziel dieser Maßnahmen ist sehr unterschiedlich und oft in den tatsächlichen Auswirkungen wenig bekannt. Folgende Maßnahmen sind zu unterscheiden:

■ Anbringen von Gewichten (an der Schlägerspitze oder an den Rahmenbögen),

■ Veränderungen am Griff (Griffstärke, Grifflage bzw. Rahmenlänge),

■ Veränderungen an der Bespannung (Bespannungshärte).

Rahmenmaterial

Hauptsächlich vom Tennisrahmen gewünschte Eigenschaften sind Ballbeschleunigung, Schlagpräzision bzw. Ballkontrolle, Ballgefühl und Vibrationsdämpfung.

Obwohl die Tendenz zu höherer Ballbeschleunigung aus dem Angebot der Hersteller ablesbar ist, muß einschränkend festgestellt werden, daß nicht jeder Spieler unbedingt die hohe Ballbeschleunigung mittels Tennisschläger anstrebt. Eine geringere Ballbeschleunigung durch den Tennisrahmen erlaubt ein eher kraftvolles Spiel, ohne daß die Bälle zu lang werden.

Die Auswirkungen der Rahmenhärte müssen daher differenziert werden. Zunächst wird dadurch die Ballbeschleunigung erhöht. Bei entsprechender Schlagpräzision des Spielers wird somit das Spiel, ohne daß der Schlägerkopf zusätzlich beschleunigt wird, schneller, was indirekt zu einer kontrollierten Spielweise beiträgt. Steife Rahmen weisen in jedem Fall aber eine bessere Kontrolle in horizontaler Richtung auf, da der Rahmen kaum schwingt und dadurch die Präzision des Schlages erhalten bleibt.

Die Steifheit des Rahmens kann mit einer Meßeinrichtung gemessen werden. Das Ergebnis ist der RA-Wert, der sich bei der Belastung der Rahmenspitze des eingespannten Schlägers ergibt. Ein höherer Wert symbolisiert eine größere Steifheit.

Beim Bau von Tennisrahmen werden derzeit vorwiegend folgende Materialien eingesetzt:

- Holz, vorwiegend in Verbindung mit Kunststoffen.
- Metalle: z. B. Aluminium, Magnesium.
- Kunststoffkombinationen (z. B. Graphit und Fiberglas, Graphit und Boron, zusätzlich mit Keramik).

In der Regel steigt die Steifheit des Rahmens von Holz zu Holzgraphit, Metall, Fiberglasgraphit (Carbon), Graphit-Fiberglas, Graphit-Boron oder Kevlar an. Kunststoffrahmen bestehen aus Fasern und Kunstharz. Die Steifheit hängt von den verwendeten Fasern, die zu einem Geflecht verarbeitet werden, ab. Häufigste Verwendung findet Fiberglas, kombiniert mit Carbon. Bei Carbon handelt es sich um eine synthetische Graphitfaser mit niedrigem Gewicht und hoher Festigkeit. Carbon ist um 40% leichter als Glasfiber und zehnfach steifer als Holz.

Boron ist eine synthetische Faser, die beim Aufdampfen von Bor auf einen hauchdünnen Wolframdraht entsteht. Das Gewicht von Boron entspricht dem von Aluminium. Diese Faser hat aber die zehnfache Reißfestigkeit und Steifigkeit und ist extrem temperaturbeständig.

Die Vibrationsdämpfung ist eine Mischeigenschaft aus Rahmenform und Material. Eine eindeutige Zuordnung ist daher nicht möglich. Ähnlich ist es mit dem durch den Schläger erzeugten Ballgefühl. Zum Thema Ballkontrolle wurde bereits aufgezeigt, daß die Rahmenform durch gleichlange Längssaiten und Drehstabilität dazu beitragen kann.

Aufbau eines Kunststoffrahmens.

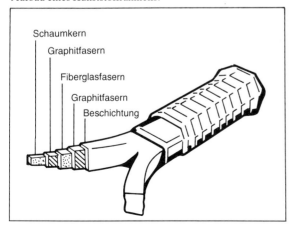

Schaumkern
Graphitfasern
Fiberglasfasern
Graphitfasern
Beschichtung

Griff

Der Griff des Tennisschlägers ist das wichtigste Übertragungselement von Arm bzw. von der Hand zum Rahmen. Der Griff muß daher »griffig« und der Handgröße angepaßt sein. Die Grifflänge beträgt 16 bis 18 cm. Zum Teil werden für beidhändiges Schlagen auch Rahmen mit längeren Griffen angeboten.

Zu dünne Griffe verschlechtern die Kraftübertragung, weil sich die Übertragungsfläche verringert. Zu dicke Griffe führen zu Verkrampfungen.

Im Zuge der Verbesserung von Drehstabilität der Rahmen wird auch durch dünnere Griffe keine wesentliche Beeinträchtigung der Kraftübertragung bewirkt. Andererseits sind etwas dünnere Griffe komfortabler zu spielen.

Tennissaite

An die Tennissaite werden hohe Anforderungen gestellt. Folgende Eigenschaften werden gewünscht:

- Haltbarkeit
- Günstiger Preis
- Optimale Elastizität
- Beständigkeit der Eigenschaften.

Da mit größeren Rahmenformen auch die Belastungen der Saite zugenommen haben (vgl. S. 101), ist es trotz der Fortschritte bei der Herstellung schwierig, diese verschiedenen Wünsche gleichzeitig zu erfüllen.

Besonders wichtig ist die Beständigkeit in den Eigenschaften über die gesamte Lebensdauer, denn die lange Haltbarkeit nützt wenig, wenn sich die Spieleigenschaften der Saite ständig ändern. Die Haltbarkeit einer Saite hängt aber auch von ihrer Behandlung ab. So sollte die Bespannung nicht unnötig Feuchtigkeitseinflüssen, hohen Temperaturen oder der Sonneneinstrahlung ausgesetzt werden.

Die Spieleigenschaften einer Saite lassen sich nur begrenzt nach deren Elastizität beurteilen. Mit einer zu hohen Elastizität steigt die Ballkontaktzeit mit dem Schläger und es kommt zu dem gefürchteten Trampolineffekt. Bei zu geringer Elastizität entsteht das Gefühl mangelnder Reaktion. Die Saite gilt als »tot«.

Material

Die beiden wesentlichen Saitenmaterialgruppen sind Darm und Kunststoff. Darmsaiten stammten früher vom Schaf. Heute wird mit Rinderdarm gespielt. Bei der Herstellung müssen aus dem Rinderdarm erst schmale Lamellen herausgeschnitten werden, die dann miteinander verdrillt und verklebt werden. So entsteht zunächst der sogenannte Naturdarm. Diese Qualität weist die günstigsten Spieleigenschaften auf. Naturdarm reagiert aber besonders rasch auf Feuchtigkeit. Um die äußeren Einflüsse auf die Haltbarkeit etwas einzugrenzen, werden Darmsaiten imprägniert oder plastifiziert. Mit zunehmender Stärke der Plastifizierung gehen die typischen Darmeigenschaften etwas zurück.

Bei Kunststoffsaiten ist das Angebot vielgestaltig, sowohl im Aufbau als auch im Material. Für Tennissaiten werden die Kunststoffe Polyäthylen, Polyamid und Polyester-Nylon-Kombinationen eingesetzt. Der Aufbau der Saiten kann monofil (ein Faden) oder polyfil (z. B. mehrere Spinnfasern) sein. Es kann auch ein Bündel monofiler Fasern zu einer Saite zusammengedreht oder ein monofiler Kern von ein oder mehreren Lagen monofiler Fasern umgeben sein.

Auch in den Saitenoberflächen gibt es Unterschiede. So kann die Oberfläche glatt, rauh oder genoppt sein. Von rauhen bis genoppten Saiten wird ein zusätzlicher Effekt hinsichtlich der Ballrotation erwartet.

Beispiel für den Aufbau einer Kunststoffsaite.

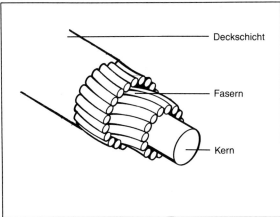

- Deckschicht
- Fasern
- Kern

Saitenlänge und -stärke

Tennissaiten werden einzeln in Plastikfolie luftdicht verpackt oder bei Kunststoff auch als Rollenware (100 bzw. 200 m) geliefert.

Die Firmen nutzen die Verpackungsvorderseite zu Reklameaufdrucken und zur Angabe der saitenspezifischen Daten. Auf der Verpackung steht die Firmenbezeichnung bzw. Marke. Mit ihr verbindet der Spieler einen gewissen Qualitätsbegriff. Außerdem ist auf der Verpackung angegeben, ob es sich um Darm oder Kunststoff handelt. Zum Teil sind auch kurze Erklärungen über den Aufbau der Saite zu finden. Klein gedruckt findet man dann noch die Saitenlänge bzw. die Konfektionierung (Zuschnitt) und – speziell bei Darmsaiten, neuerdings auch bei Nylon – eine Angabe über die Saitenstärke.

Bespannung

Die ITF-Regel 4 erfaßt u. a. auch die Bespannung: »Die Schlagfläche des Schlägers muß flach sein und aus einem Muster sich kreuzender Saiten bestehen, die an einem Rahmen befestigt und an ihren Kreuzungspunkten abwechselnd verflochten oder verbunden sind. Das Besaitungsmuster muß völlig gleichmäßig sein; es darf besonders in der Mitte nicht weniger dicht sein als in irgendeinem anderen Bereich. Die Saiten dürfen keine an ihnen befestigte Gegenstände oder hervorstehende Teile aufweisen mit Ausnahme solcher, die ausschließlich dazu dienen, Verschleiß oder Schwingungen einzuschränken oder zu verhindern, vorausgesetzt, daß Größe und Anordnung diesem Zweck angemessen sind«.

Auf der Suche nach der richtigen Bespannungshärte sind die von den Rahmenherstellern empfohlenen Einstellwerte ein wichtiger Anhaltspunkt. Diese Werte sind meist in Spannen angegeben, so daß nach eigener Spielweise und der der häufigsten Gegner noch eine gewisse Anpassung möglich ist. Den stärksten Einfluß auf die absoluten Einstellwerte übt die Schlägerform und da wiederum die Länge der Längssaiten und deren Abstand (mittlere Längssaiten) aus.

Tennismechanik

Das Tennisspiel läuft nach den Gesetzen der Physik ab. Mit Hilfe dieser Gesetze lassen sich Berechnungen anstellen bzw. Rückschlüsse ziehen. Kennt man die Zusammenhänge und die wichtigen Einflußfaktoren, so weiß man auch, mit welchen Maßnahmen sich das Spiel wie beeinflussen läßt; natürlich vorausgesetzt, man besitzt dafür auch die technischen Möglichkeiten.

Tennismechanik ist ein Teilgebiet der Sportmechanik (= Betrachtung der Bewegung von Körpern unter dem Aspekt der auf sie wirkenden Kräfte) und Bestandteil der Bewegungslehre. Sie versucht, Bewegungsvorgänge der Kraftübertragung und des Ballflugverhaltens zu erfassen.

Der Ball soll so geschlagen werden, daß der Gegner ihn nicht erreicht bzw., wenn er ihn erreicht, nicht ausreichend Zeit hat, um mit Körper und/oder Schläger den Weg zum ankommenden Ball zu überbrücken. Daraus ergeben sich für Training und Wettkampf folgende Ziele, für deren Verfolgung die Tennismechanik exakte Vorschläge unterbreiten kann:

Ziele der Schlagtechnik:
- Möglichst genaue Bestimmung der Ballhöhe und Ballänge (vergl. S. 104).
- Möglichst genaue Bestimmung der Ballrichtung (horizontal gesehen, vergl. S. 104).

Ziele des Schlages:
- Dem Gegner einem möglichst langen Weg zum Ball verschaffen.
- Den Ball so schlagen, daß die Ballflugzeit sehr kurz ist.

- Den Ball so schlagen, daß sowohl der Weg zum Ball weit als auch die Flugzeit kurz ist.
- Die Ballabsprungzeit oder Ballflugzeit verkürzen.
- Den Ball so schlagen, daß die Ballflugzeit lang ist, um sich aus einer bedrängten Situation befreien zu können.

Ziele der Reaktion:
- Möglichst früh erkennen und Ballflugbahn schätzen.
- Möglichst schnell zum Schlagpunkt bewegen.

Auswirkungen des Ballfluges auf das Zeitverhalten

Das Zeitverhalten des gespielten Balles bestimmt, welche Zeit dem Gegner als Reaktions- und Bewegungszeit zur Verfügung steht. Zur Vereinfachung der Darstellung wird davon ausgegangen, daß der Ball ohne Rota-

Gleiche Ballhöhe bedeutet gleiche Fallzeit.

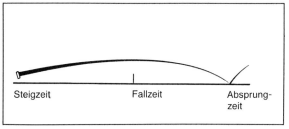

Steigzeit Fallzeit Absprungzeit

tion gespielt wird. Zur Berechnung der Ballflugzeit ist es erforderlich, eine Zerlegung des Ballfluges in einzelne Teilzeiten durchzuführen (Abb. links unten). Die Ballflugzeit setzt sich aus der Steigzeit, der Fallzeit und der Absprungzeit zusammen.

Berechnung der Fallzeit des Balles

Bei der Berechnung wird zunächst von der Fallzeit ausgegangen. Die Fallzeit ist diejenige Zeit, die der Ball benötigt, um vom höchsten Punkt seiner Flugbahn zum Boden zu kommen. Eines der Bewegungsgesetze der Physik, das Fallgesetz, gibt die Möglichkeit, diese Teilzeit zu berechnen und daraus Schlüsse für den Einsatz bestimmter Schläge zu ziehen.

Fallgesetz:
Fallhöhe = halbe Erdbeschleunigung mal Zeit im Quadrat (Zeit mal Zeit)

$$h = \frac{g}{2} t^2$$

Diese Formel läßt sich noch weiter vereinfachen, weil die Erdbeschleunigung (Erdanziehung) mit g = 9,81 m/sec als fester Wert in die Berechnung eingeht:

$$h = 4,9 \times t^2$$

Aus dieser Formel läßt sich die Fallzeit berechnen:

Fallzeit = Wurzel aus Fallhöhe dividiert durch 4,9

$$t = \sqrt{\frac{h}{4,9}}$$

Anwendungsbeispiel: Ein Ball wird knapp über das Netz gespielt (Netzhöhe 91,5 cm). Die Höhe des Balles im höchsten Punkt seiner Flugbahn wird mit 1 m angenommen. Die Fallzeit beträgt 0,45 sec.

Schlußfolgerungen:
1. Die Fallzeit hängt nur von der Fallhöhe ab, nicht von der Anfangsgeschwindigkeit des Balles in waagrechter Richtung (horizontale Geschwindigkeitskomponente). Gleiche Ballhöhe bedeutet gleiche Fallzeit, unabhängig von der Balllänge.
2. Die Fallzeit hängt nicht von der Größe des Balles und vor allem nicht von seiner Masse (Gewicht) ab. Das läßt sich ganz einfach durch das gleichzeitige Fallenlassen eines Tennisballes und eines Softballes überprüfen.

Beide Bälle, aus gleicher Höhe fallengelassen, erreichen zu gleicher Zeit den Boden (vorausgesetzt gleicher Balldurchmesser bzw. annähernd gleicher Luftwiderstand).

Steigzeiten des Balles

Für die weitere Ermittlung der verfügbaren Reaktionszeit ist wichtig, daß Fallzeit und Steigzeit gleich sind. Neben der eigentlichen Steigzeit ist auch die Absprungzeit als Steigzeit zu werten. Bei einer Absprunghöhe von 0,5 m ergibt sich eine Absprungzeit von t = 0,32 sec.

Konsequenzen für das Verhalten im Spiel

Demnach hängt die verfügbare Reaktionszeit hauptsächlich von der Ballhöhe ab.

Beispiele für die Ballflugzeit bei unterschiedlicher Ballhöhe

Ball-höhe	Fallzeit	Steigzeit	Absprung-zeit	Gesamt-zeit
1 m	0,45 sec	0,45 sec	0,32 sec	1,22 sec
3 m	0,78 sec	0,78 sec	0,39 sec	1,95 sec
10 m	1,43 sec	1,43 sec	0,45 sec	3,31 sec

Folgerungen für Spiel und Training:
- Im Training ergibt sich somit beim Klein- und Kleinstfeldtennis annähernd die gleiche zeitliche Situation. Das Spiel im kleinen Feld wird aber dadurch vereinfacht, daß die zurückzulegenden Strecken für den Schüler kürzer sind und auch das Zuspiel vereinfacht wird. Bei Kindern hat das Kleinfeldtennis noch den Vorteil, daß ein geringerer Impuls nötig ist, um den Ball über das Netz zu befördern (vgl. S. 105).
- Im Kindertraining kann aufgrund der gleichbleibenden Fallzeit ohne Nachteil mit (u. U. etwas größeren) Softbällen oder ähnlichem tennisnah geübt werden. Beim Training in größeren Kindergruppen ist das Spiel mit dem Softball auch weniger verletzungsträchtig.

Anmerkung: Das Fallgesetz unterstellt den luftleeren Raum. Das heißt, daß der Luftwiderstand nicht berücksichtigt ist. Bei größeren Bällen kann sich die Fallzeit aufgrund des veränderten Luftwiderstandes geringfügig ändern.

- Schnelles Spiel ist flaches Spiel, ob kurz oder lang. Ein Ball, der dem Gegner wenig Reaktionszeit läßt, kann z. B. ein flacher Ball bis zur Grundlinie, ein flacher Slice in den Halfcourt oder ein knapp über das Netz gehender Stoppball sein.
- Zeit kann man nur durch hohes Spiel gewinnen.
- Dem Gegner Zeit nehmen zu wollen bedeutet, den Ball so früh wie möglich zu nehmen (im Aufsteigen oder als Flugball). Gleichzeitig erfolgt eine Erhöhung des Impulses (vgl. S. 105).

Auswirkungen des Ballfluges auf das Weg-Zeit-Verhalten

Der Flug eines Tennisballes über das Netz ist ein ballistischer Vorgang (Ballistik: Lehre von der Bewegung geschleuderter oder geschossener Körper, physikalisch: Vorgang des »schiefen Wurfes«). Dabei wird der Tennisball in einer bestimmten Richtung gegenüber der Horizontalen und mit einer bestimmten Geschwindigkeit abgeschlagen. Geschwindigkeit und Richtung (Winkel gegenüber der Horizontalen) ändern sich während des Fluges ständig, weil auf den fliegenden Ball die Erdanziehung einwirkt.

Ballistische Grundlagen

Das Gesetz des schiefen Wurfes beschreibt den Wurfvorgang bzw. die Ballflugbahn als gleichförmige Parabel, also so, als ob dieser Vorgang ohne Luftwiderstand ablaufen würde. Der Luftwiderstand verkürzt die Flugbahn und führt zu einer stärkeren Krümmung im absteigenden Ast. Da es in diesem Zusammenhang nicht darum geht, die exakte Ballänge zu bestimmen, sondern die Einflußfaktoren auf die Flugbahn kennenzulernen, reicht diese vereinfachte Betrachtungsweise aus. In die Berechnung der Ballänge gehen die Anfangsgeschwindigkeit und der Schlagwinkel ein.

$$s = \frac{Vo^2 \times \sin 2\alpha}{g}$$

Ballänge = Anfangsgeschwindigkeit im Quadrat mal Sinus des doppelten Anfangswinkels der Ballflugbahn gegenüber der Horizontalen dividiert durch die Erdanziehung.

Die Formel zeigt, daß der Anfangsgeschwindigkeit besondere Bedeutung zukommt, da sie im Quadrat in die Rechnung eingeht. Bei einem geraden Schlag hängt die Anfangsgeschwindigkeit des Balles von der Geschwindigkeit des ankommenden Balles, sowie von der Geschwindigkeit des Schlägers im Treffpunkt und dessen Stabilität ab (vgl. S. 105).

Nimmt man zu diesen idealisierten Bedingungen noch die Auswirkungen des Luftwiderstandes hinzu, so ergibt sich folgender *Zusammenhang*:

- Die Anfangsgeschwindigkeit dient hauptsächlich der Überwindung des Strömungswiderstandes.
- Der Anfangswinkel der Ballflugbahn wirkt vor allem gegen die Erdanziehung. Der Strömungswiderstand verkürzt die Ballänge noch zusätzlich.

Auswirkungen des Anfangswinkels und der Anfangsgeschwindigkeit

Zum Erreichen einer bestimmten Ballänge gibt es demnach zwei Möglichkeiten:

- Großer Anfangswinkel. Die Flugbahn wird dann hoch und der Ball hat eine lange Flugzeit.
- Hohe Anfangsgeschwindigkeit. Die Flugbahn bleibt dann flach und die Flugzeit des Balles wird kurz.

Folgerungen für das Weg-Zeit-Verhalten:

- Die Länge eines flach geschlagenen Balles ohne Schnitt hängt ausschließlich von seiner Anfangsgeschwindigkeit ab (großer Impuls).
- Soll ein Ball kurz und flach werden, so setzt dies eine geringe Anfangsgeschwindigkeit des Balles voraus (kleiner Impuls, Ausnahme Topspin).
- An die Schlagpräzision werden höchste Anforderungen gestellt. Eine Veränderung des Anfangswinkels um ein Grad bewirkt eine Änderung der theoretischen Ballänge um 1 m.

Schlagimpuls

Beim Treffen des Balles durch den Tennisschläger findet ein Impuls statt. Denn jeder Körper, der sich in Bewegung befindet, ob es sich nun um einen Tennisball oder den Schläger handelt, hat eine bestimmte Masse und Geschwindigkeit und damit auch einen bestimmten Impuls.

Die Formel lautet:

Impuls = Masse mal Geschwindigkeit

Der Zusammenprall von Schläger und Ball wird in der Physik als Stoß (vgl. S. 107, Erzeugen der Ballrotation, zentraler und exzentrischer Stoß) bezeichnet. Dabei wird, allgemein betrachtet, der Impuls und mit ihm die Geschwindigkeit der stoßenden Körper nach Größe und Richtung geändert.

Im Tennis wird das Ziel verfolgt, den ankommenden Ball in die Gegenrichtung zurückzubefördern. Um dies zu erreichen, muß der vom Schlägerkopf ausgehende Impuls größer sein als der Impuls des ankommenden Balles. Aus der Sicht der eingesetzten Massen ist das kein großes Problem, denn die Masse des Balles liegt mit ca. 57 g erheblich unter der des Tennisschlägers (ca. 355 g). Da die Massenverhältnisse festgelegt sind, hängt das Spielergebnis, in diesem Fall die Anfangsgeschwindigkeit des abgehenden Balles, von den Geschwindigkeiten von Ball und Schläger ab. Daraus ergeben sich für das Verhalten beim Spiel folgende Rückschlüsse:

■ Eine hohe Ballbeschleunigung erfordert neben den in der Materialkunde besprochenen guten Bedingungen für die Kraftübertragung eine entsprechende Schlägergeschwindigkeit bzw. eine entsprechende Beschleunigung des Schlägerkopfes.

■ Zum Erzielen einer hohen Ballgeschwindigkeit des abgehenden Balles kann auch die Geschwindigkeit des ankommenden Balles genutzt werden. Da der Ball während des Fluges stetig an Geschwindigkeit verliert, kann durch frühes Treffen ein höherer Impuls erzeugt werden.

■ Eine Reduzierung der Anfangsgeschwindigkeit des abgehenden Balles ist durch eine geringe Geschwindigkeit des Schlägers zu erreichen. Aber auch eine Verschlechterung der Kraftübertragung (z. B. Treffen außerhalb des Sweet spot) führt – meist ungewollt und für den Gegner nicht erkennbar – zu dem gleichen Ergebnis.

Diese Zusammenhänge zeigen die hohen Anforderungen an den Tennisspieler. Denn das kontrollierte Tennisspiel setzt die Berechnung der Geschwindigkeit des ankommenden Balles voraus. Darauf muß die Geschwindigkeit des eigenen Schlägers abgestimmt werden.

Kräfte am Schläger

Während des Tennisspieles werden am Tennisschläger verschiedene Kräfte wirksam, die das Spiel zum Teil entscheidend beeinflussen und deren Kenntnis zu einem kontrollierten Spiel beitragen kann. Es handelt sich dabei um Drehmomente, denen durch das Spielverhalten, aber auch durch die in der Materialkunde geschilderten technischen Gegebenheiten, entgegengewirkt werden kann.

Drehmoment in der Schlägerlängsachse

Der auftreffende Ball versucht den Schläger nach hinten wegzudrücken. Dieser Zusammenhang läßt sich mit Hilfe des Hebelgesetzes verdeutlichen:

$$\text{Drehmoment} = \text{Radius (Entfernung der Krafteinwirkung vom Drehpunkt) mal Kraft.}$$

Die Kraft ist durch die Geschwindigkeit und die Masse des ankommenden Balles vorgegeben. Der Radius dagegen läßt sich beeinflussen. Beispiel: Der Radius entspricht etwa dem seitlichen Abstand des Treffpunktes vom Körper. Zur Verringerung des Drehmomentes sollte der Ball nahe am Körper geschlagen werden. Die beste Kraftübertragung wäre in der Verlängerung des Körperschwerpunktes gegeben. Wegen der für das Schlagen benötigten Schlägergeschwindigkeit und der Biomechanik des Armes ist dies nur begrenzt bei einzelnen Schlägen möglich (Aufschlag, Überkopfball, Rückhandflugball).

Drehmoment um die Schlägerlängsachse

Tritt ein Drehmoment um die Schlägerlängsachse auf, so führt das unter Umständen zu einer Änderung des Anfangswinkels des Balles. Allerdings ergibt sich dieser Zustand erst, wenn der Ball ober- oder unterhalb der Schlägerlängsachse abseits der idealen Treffläche getroffen wird.

Konstruktive Gegenmaßnahmen sind z. B. (vgl. S. 98, Materialkunde):

■ Schlägermasse nach außen verlagern (breiterer Rahmen).

■ Erhöhung der Masse am Rahmenbogen (Zusatzgewichte).

Strömungswiderstand

Das Erreichen einer hohen Ballgeschwindigkeit und einer bestimmten Ballrotation setzt eine Schlägerkopfbeschleunigung voraus, die nicht durch den Strömungswiderstand behindert werden sollte. Der Strömungswiderstand wird für den Tennisspieler in erster Linie bei sehr unterschiedlichen Tennisrahmen spürbar.

Die Strömungskraft, die als Widerstand wirkt, läßt sich folgendermaßen berechnen:

$$F = cw \times \frac{D}{2} \times v^2 \times A$$

Strömungskraft = Widerstandszahl mal Dichte geteilt durch 2 mal Strömungsgeschwindigkeit im Quadrat mal Stirnfläche.

Daraus lassen sich *folgende Schlüsse* ziehen:

- Der Strömungswiderstand nimmt bei Schlägen, die eine hohe Beschleunigung des Schlägerkopfes erfordern (z. B. Topspin), stark zu, da die Strömungsgeschwindigkeit als Quadrat in der Formel enthalten ist. Die Strömungsgeschwindigkeit entspricht vereinfachend der Geschwindigkeit des Schlägerkopfes.

- Bei gleich hoher Geschwindigkeit des Schlägerkopfes wird der Strömungswiderstand vom Produkt aus der Widerstandszahl (cw-Wert) und der Stirnfläche bestimmt.

- Spieler, die das Spiel mit hoher Schlägerkopfbeschleunigung bevorzugen, sollten darauf achten, daß der Schläger strömungsgünstig ausgeführt ist. Unterschiede in der Stirnfläche sind leicht zu erkennen. Ein günstiger cw-Wert kann dann angenommen werden, wenn die einzelnen Rahmenteile abgerundet sind. Bei Anfängern kann sich der günstige Strömungswiderstand u. U. auch negativ auf die Ausführung der Schläge auswirken, denn der Spieler wird zu schnellen Schlägerkopfbewegungen verleitet, die eine Verschlechterung der Aushol- und Ausschwungphase zur Folge haben können.

Ballrotation

Wird der Tennisball in Rotation versetzt, so verändert sich unter dem Einfluß der Strömungskräfte die Flugbahn. Gleichzeitig nimmt die Ballrotation Einfluß auf das Absprungverhalten.

Zentrales (links) und exzentrisches Treffen (Mitte und rechts; großer Pfeil = Bewegungsrichtung des Schlägers).

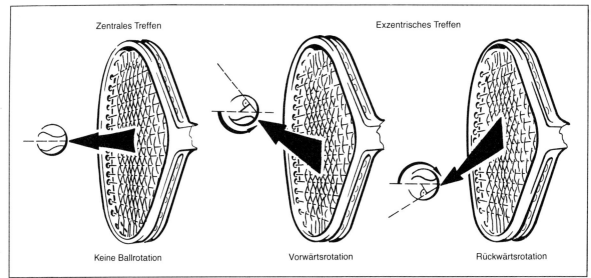

Zentrales Treffen

Exzentrisches Treffen

Keine Ballrotation

Vorwärtsrotation

Rückwärtsrotation

Erzeugen der Ballrotation

Die Ballrotation entsteht, wenn beim Zusammentreffen von Schläger und Ball der Impuls in einen exzentrischen Stoß geht. Das bedeutet, daß der Ball nicht wie beim zentralen Stoß, bei dem keine Ballrotation entstehen würde, in der »Stoßnormalen« (Linie, die durch den Schwerpunkt des Balles geht; siehe Abb.), sondern außerhalb davon, also exzentrisch, getroffen wird.

Wird die Schlagfläche von unten nach vorne gegen den Ball geführt (Schlagfläche steht weitgehend senkrecht zum Boden), dann entsteht eine Vorwärtsrotation des Balles (Topspin). Bewegt sich die Schlagfläche von oben gegen den Ball, dann wird eine Rückwärtsrotation (Underspin) erzeugt. Die Bezeichnung Slice für den Underspin ist eigentlich falsch. Der Ausdruck Slice bezeichnet die (scheibenschneidende) Schlagbewegung. Daneben sieht man, vom Spieler mehr oder weniger gewollt, auch den Sidespin (seitliche Ballrotation).

Die Stärke der Rotation hängt davon ab, wie steil der Schläger auf den Ball auftrifft. Das Kräftediagramm macht dies deutlich (Abb. unten).

Die Pfeillänge symbolisiert die Größe des Impulses. Zerlegt man den Impuls P im linken Bild, so entsteht u. a. die horizontale Komponente Px. Diese Komponente bestimmt die Geschwindigkeit des Balles. Die vertikale Komponente Py löst die Ballrotation aus. In diesem Fall ist sie nach unten gerichtet. Es entsteht Rückwärtsrotation, also Underspin.

Das mittlere Bild unterscheidet sich lediglich in der Richtung von Py. Dieser Impuls geht nach oben und erzeugt Topspin. Bei gleichem Gesamtimpuls und steilerer Schlägerbewegung gegen den Ball verringert sich Px und Py wird größer. Die Ballrotation wird verstärkt. Dies geht aber zu Lasten der Anfangsgeschwindigkeit des Balles. Wie bereits in »Auswirkungen des Ballfluges auf das Weg-Zeit-Verhalten« beschrieben, bewirkt die Verringerung der Anfangsgeschwindigkeit eine Verkürzung der Ballflugbahn, also der Ballänge.

Einfluß der Strömungskräfte auf die Ballflugbahn

Strömungskräfte verändern die Flugbahn des Balles. Im Gegensatz zur Flugbahn des zentral getroffenen Balles (ohne Ballrotation) wird die Flugbahn beim Ball mit Rückwärtsrotation bei gleicher Anfangsgeschwindigkeit flacher und länger, beim Ball mit Vorwärtsrotation höher und kürzer. Will man bei unterschiedlicher Ballrotation die gleiche Ballänge erzeugen, dann muß die Anfangsgeschwindigkeit des Balles erhöht oder reduziert werden. Dies geschieht bei ansonsten gleichbleibender Bewegungsrichtung des Schlägers, wodurch der Impuls verstärkt wird.

Aufteilung der Kräfte beim exzentrisch getroffenen Ball.
Links: Rückwärtsrotation. Mitte: Vorwärtsrotation. Rechts: verstärkte Vorwärtsrotation.

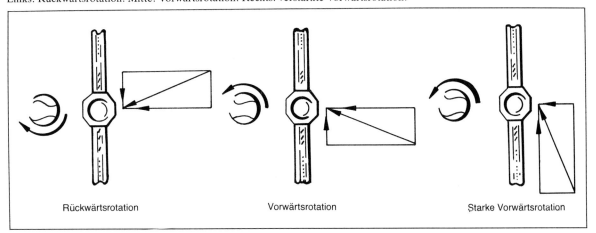

Rückwärtsrotation   Vorwärtsrotation   Starke Vorwärtsrotation

Die Ballrotation bewirkt Druckveränderungen um den Ball. Die Strömungsmechanik besagt, daß sich eine Kraft vom hohen zum niedrigen Luftdruck ausbildet (Abb.). Diese Kraft lenkt den Ball aus seiner Flugbahn ab. Bei Vorwärtsrotation (Topspin) geht der Ball nach unten, bei Rückwärtsrotation beginnt der Ball zu segeln. Die Flugbahn wird länger und flach. Bei Vorwärtsrotation entsteht eine stark gekrümmte Flugbahn.

Veränderung des Absprungverhaltens

Die Ballrotation nimmt Einfluß auf die Flugbahn des Balles und auf das Absprungverhalten. Während sich das Absprungverhalten durch die Ballrotation – von extremen Bällen abgesehen – wenig ändert, kommt der Auswirkung der unterschiedlichen Flugbahn bei Rückwärts- und Vorwärtsrotation besondere Bedeutung zu.

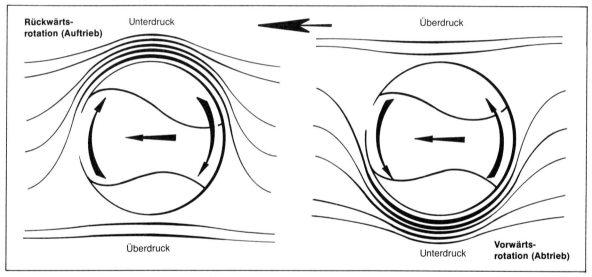

Stromliniendarstellung bei Rückwärts- und Vorwärtsrotation des Balles.

Aufsprung- und Absprungwinkel unterschiedlich rotierender Bälle, links vereinfacht, rechts mit Ablenkung durch Rotation.

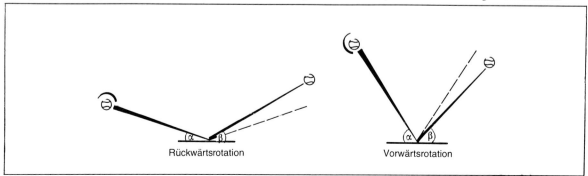

Denn das Absprungverhalten richtet sich vorwiegend nach dem Einfallswinkel oder Aufsprungwinkel. Ohne Berücksichtigung der Ballrotation wäre bei einem geraden Ball Absprungwinkel gleich Aufsprungwinkel (Abb. S. 108 unten).

Beim Auftreffen des Balles auf den Boden entsteht ein exzentrischer Stoß, der *folgende Wirkungen* haben kann:

- Bei einem Ball ohne Rotation löst er eine Vorwärtsrotation aus. Diese Vorwärtsrotation verändert den Absprungwinkel nicht. Sie wirkt sich bestenfalls in der Ballflugbahn nach dem Absprung aus.
- Bei einem Ball mit Rückwärtsrotation tritt er durch den flachen Aufsprungwinkel verstärkt auf. Der Stoß löst eine Vorwärtsrotation aus, die so stark ist, daß die Rückwärtsrotation aufgehoben wird und der Ball mit Vorwärtsrotation abspringt (Absprungwinkel größer als Aufsprungwinkel).
- Bei einem Ball mit Vorwärtsrotation wird er durch den steilen Aufsprungwinkel nur wenig wirksam.

Ein zusätzlicher Einfluß der Ballrotation geht von der Berührung mit dem Boden aus. Unabhängig vom Aufsprungwinkel bewirkt eine starke Vorwärtsrotation eine Verkleinerung gegenüber dem theoretischen Absprungwinkel. Dies wird in der Praxis jedoch wenig wirksam, weil bei einem derartigen Ball der Absprungwinkel durch den steilen Aufsprungwinkel bereits sehr groß ist.

Auswirkung der Ballrotation bei Flugball und Schmetterball

Während der Ball nach dem Absprung vom Boden, von wenigen Ausnahmen abgesehen, mehr oder weniger Vorwärtsrotation besitzt, wird die Ballrotation bei Flug- und Schmetterbällen voll wirksam. Sie wirkt sich in zweierlei Hinsicht aus:

- Die Flugbahn des Balles ändert sich gegenüber der geschätzten oder gewöhnten Flugbahn.
- Die Ballrotation verändert den Absprungwinkel am Schläger.

Dem erstgenannten Problem kann nur durch genaues Ballanschauen entgegengewirkt werden. Der zweite Einfluß muß durch eine entsprechende Schlägerstellung ausgeglichen werden. Beide Einflüsse können sich beim Schmetterball und dem damit verbundenen schnellen Schlägerkopf weniger bemerkbar machen als beim Flugball, der mit relativ langsamem Schlägerkopf geschlagen wird.

Treffpunkthöhe beim geraden Aufschlag

In der Spielpraxis und bedauerlicherweise auch im Training ist immer wieder zu beobachten, daß der Treffpunkthöhe beim Aufschlag zu wenig Bedeutung beigemessen wird. Um dieses Problem zu veranschaulichen, soll hier aufgezeigt werden, welche Mindesthöhen erforderlich sind, und dies abhängig von verschiedenen Zielrichtungen, welche Auswirkungen ein höherer Treffpunkt auf die Sicherheit des Aufschlages hat und welchen Gewinn der Fußfehler einbringt, wenn er nicht geahndet wird.

Um diese Zusammenhänge durch Berechnungen untermauern zu können, bedarf es auch hier einer Vereinfachung. Es wird von einem geraden Aufschlag ohne Ballrotation ausgegangen, der mit einer so hohen Anfangsgeschwindigkeit geschlagen wurde, daß die Flugbahn des Balles geradlinig verläuft. Die Ergebnisse mögen zwar theoretischer Natur sein. Sie lassen aber relativ gut die Bedeutung der Treffpunkthöhe erkennen.

Durch Erzeugung von Vorwärtsrotation (vgl. S. 107) kann die Treffpunkthöhe reduziert und die Sicherheit erhöht werden. Dabei steigt aber die Flugzeit des Balles. Da es beim Tennis und damit auch beim Aufschlag vor allem darum geht, dem Gegner möglichst wenig Zeit zu lassen, um an den Ball zu kommen, ist beim Aufschlag neben dem Plazieren die Ballgeschwindigkeit von großer Bedeutung. Denn hier handelt es sich nicht um die Gesetzmäßigkeiten des freien Falles (siehe Auswirkungen des Ballfluges auf das Zeitverhalten).

Berechnung

Die Grundlage zur Berechnung bilden die Spielfeldabmessungen. Die Netzhöhe ist in der Mitte und außen bekannt. Die Netzhöhe zwischen diesen Eckwerten läßt sich für jeden einzelnen Punkt berechnen. Die Berechnung erfolgt auf der Basis trigonometrischer Funktionen, die hier nur in vereinfachter Form wiedergegeben werden.

$$\text{Mindesttreffpunkthöhe} = \frac{\text{Abstand von Grundlinie zu gegn. Aufschlaglinie} \times \text{Netzhöhe}}{\text{Abstand von Mittellinie zum Netz}}$$

Zur weiteren Vereinfachung wird der Treffpunkt genau über der Grundlinie angenommen und die Auswirkung eines früheren Treffpunktes getrennt besprochen.

Mindesttreffpunkthöhe

Die Treffpunkthöhe hängt von nicht beeinflußbaren und von beeinflußbaren Faktoren ab. Nicht beeinflußbar sind die Spielfeldabmessungen und die Körpergröße. Beeinflussen läßt sich die Treffpunkthöhe aber durch die Zielrichtung des Aufschlages und durch die Lage des Treffpunktes. In diesem Kapitel interessiert vor allem der Einfluß der Zielrichtung des Aufschlages. Der Aufschläger muß sich die grundlegende Frage stellen, welche Aufschlagrichtung einen höheren Treffpunkt verlangt oder bei gleicher Treffpunkthöhe mehr Sicherheit bietet. Vereinfachend wird der Standpunkt des Aufschlägers in Platzmitte auf der Grundlinie angenommen. Beim Aufschlag zur Mittellinie ist die geringste Netzhöhe zu überwinden. Beim Aufschlag zur Seitenlinie steigt die Netzhöhe an, aber gleichzeitig wächst auch die Länge der Ballflugbahn. Welche Zielrichtung erfordert den geringeren Mindesttreffpunkt? Die Netzhöhe steigt bis zu der Stelle, bei der der Ball mit Zielrichtung zur Seitenlinie das Netz übersteigt, um ca. 5 cm an. Die Ballfluglänge nimmt um ca. 45 cm zu. Der Mindesttreffpunkt muß um fast 10 cm höher liegen, wenn zur Seitenlinie aufgeschlagen wird. Die Berechnung berücksichtigt Einzelnetzstützen, die im Training fast nie verwendet werden, im Wettkampf aber verwendet werden müssen. Denn wie die Zahlen zeigen, macht die unterschiedliche Netzhöhe an dieser Stelle gerade 1 cm aus, der sich aber in der Treffpunkthöhe in einem Unterschied von 6 cm äußert.

Die Werte zeigen auch, daß es sich lohnt, so wie früher üblich, die Netzhöhen nachzumessen. Dies kann trotz größerer Rahmen mit dem Schläger geschehen. Bei den heute weit verbreiteten Rahmenformen ist jedoch eine Markierung am Rahmen erforderlich.

Mindesttreffpunkthöhe beim geraden Aufschlag (ohne Berücksichtigung der Erdanziehung)

Aufschlagrichtung	Netzhöhe	Mindesttreffpunkthöhe
Aufschlag zu Mittellinie	0,915 m	2,71 m
Aufschlag zur Seitenlinie bei Einzelnetzstützen	0,97 m	2,80 m
Aufschlag zur Seitenlinie ohne Einzelnetzstützen	0,96 m	2,74 m

Auswirkungen eines höheren und nach vorne verlagerten Treffpunktes

Durch Streckung und Sprung kann die Treffpunkthöhe ohne weiteres um 20 cm gesteigert werden. Außerdem kann durch eine Ballwurfrichtung nach vorne der Treffpunkt nach vorne verlagert werden.

Die Berechnungen ergeben eine besonders deutliche Auswirkung der Aufschlaghöhe. Trotz der geringfügigen Veränderung durch die Verlagerung des Treffpunktes nach vorne sollte im Zusammenhang mit der Steigerung der Treffpunkthöhe auch eine Verlagerung des Treffpunktes durch entsprechenden Ballwurf nach vorne trainiert werden.

Aus diesen Zusammenhängen wird gleichzeitig auch die Auswirkung des Fußfehlers ersichtlich. Der Fußfehler bringt vor allem dann einen merklichen Sicherheitsgewinn, wenn das Betreten der Linie oder des Feldes mit einem Sprung nach vorne verbunden wird. Ein derartiger Sicherheitsgewinn zwingt – um die Chancengleichheit wieder herzustellen – zur Unterlassung bzw. Ahndung des Fußfehlers.

Auswirkung eines höheren oder nach vorne verlagerten Treffpunktes beim geraden Aufschlag zur Mittellinie

Lage des Aufschlagtreffpunkts	Sicherheitsgewinn im Abstand zur Aufschlaglinie
Aufschlaghöhe 20 cm über Mindesttreffpunkt von 2,71 m	64 cm
Aufschlagtreffpunkt 20 cm vor Grundlinie	9 cm
Aufschlaghöhe 20 cm über Mindesttreffpunkt und 20 cm vor Grundlinie	73 cm

Grundlagen der Trainingslehre

Der Begriff *Trainingslehre* umfaßt alle Grundsätze eines sportlichen Trainings.

Die Trainingslehre hat die Aufgabe, mit zielgerichteten Trainingsmethoden alle leistungsfördernden Eigenschaften und Fähigkeiten eines sporttreibenden Menschen zu verbessern. Zu diesem Zwecke bedient sie sich der Erkenntnisse einer Reihe sportwissenschaftlicher Forschungsbereiche, wie z. B. der Bewegungslehre und Biomechanik, der Sportpädagogik und Sportpsychologie, der Soziologie, der Sportbiologie und Sportmedizin sowie der Sportgerätekunde und des Sportstättenbaus, um nur jene Ausbildungsbereiche aufzuzählen, die in diesem Lehrbuch ebenfalls aufgeführt sind.

Die *allgemeine Trainingslehre* bemüht sich um Umsetzung von trainingswissenschaftlichen Erkenntnissen aus Theorie und Praxis, die für alle Sportarten Gültigkeit besitzen; die *spezielle Trainingslehre* nimmt sich darüber hinaus der Besonderheiten einer bestimmten Sportart an.

Aus dem Blickwinkel des Tennissports ist festzustellen, daß sich eine zeitgemäße *Tennis-Trainingslehre* nicht allein auf den Tennisleistungs- bzw. Tennishochleistungssport zielen darf. Der Freizeit- und Breitensportcharakter dieser »Lifetime«-Sportart für »alle von 8 bis 80« verlangt von den Konditionsprogrammen, Trainingsmethoden und der entsprechenden Trainingsplanung, daß die Tennistrainingslehre auch Hinweise für ein Gesundheitstraining enthalten muß, um in den verschiedenen Altersstufen vorbeugend und vorsorgend (präventiv) sowie behandelnd (therapeutisch) und wiederherstellend (rehabilitativ) zu wirken.

Berührungspunkte und eventuelle Überschneidungen mit anderen Kapiteln dieses Lehrbuches durch neue Themenstellungen sind daher gegeben und sinnvoll. Die folgenden Ausführungen zielen in erster Linie auf den stetig wachsenden Kreis der Lehrenden im Tennissport. Tennislehrer, Übungsleiter und Trainer müssen über solide Grundkenntnisse aus den wichtigsten Bereichen einer Tennis-Trainingslehre verfügen, wenn sie die Betreuung und das Training von Einzelspielern und Tennisgruppen erfolgreich gestalten wollen.

Mit der Beschränkung auf die allgemeine und tennisspezifische Konditionsschulung und die wichtigsten Aspekte der Trainingsplanung eines Tennisspielers, wendet sich das folgende Kapitel auch an jene Tennisbegeisterten, die in der Regel ohne Tennistrainer durch gezieltes Training an der Verbesserung ihrer körperlichen Voraussetzungen zur Steigerung ihrer Spielstärke interessiert sind.

Der notwendige erste Schritt zum Einstieg in eine Tennistrainingslehre muß die Erklärung und Vermittlung der wichtigsten Grundbegriffe sein.

Grundbegriffe

Die persönliche *sportliche Leistung* eines Tennisspielers ist als Produkt verschiedener Wirkungsgrößen zu verstehen (Abb. S. 112 oben); diese gehen mit unterschiedlichen Gewichtungen in eine Leistungsbilanz ein, da deren Ausprägung vom biologischen wie sportlichen Entwicklungsstand abhängig ist.

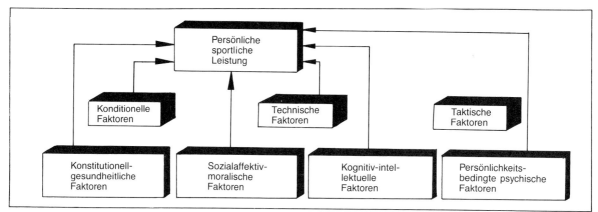

Leistungsfaktoren.

Die Abgrenzung des Begriffes *sportliches Training* fällt je nachdem mehr pädagogisch oder eher biologisch-medizinisch orientiert aus.

Daher ist die formelhafte Definition der MAGGLINGER TERMINOLOGIETAGUNG sportliches Training »als planmäßiges Üben unter leistungsfördernden Bedingungen zur Steigerung der sportlichen Leistung« aufzufassen, ein einleuchtender Kompromiß der verschiedenen Lösungsansätze.

Ähnlich vielschichtig ist der Versuch einer Definition des Begriffes *Trainingslehre* (Abb. unten).

Insgesamt trifft die Formulierung aus dem sportwissenschaftlichen Lexikon (RÖTHIG) noch am besten, indem sie die Trainingslehre als »eine zusammenfassende und ordnende Darstellung aller Prinzipien, Erkenntnisse und Methoden des sportlichen Trainings« definiert.

Übersicht über die Inhalte der Trainingslehre.

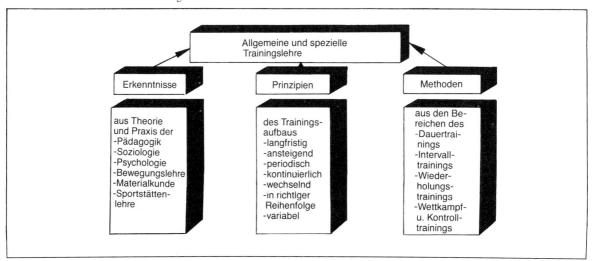

Viele Trainer sehen allein Kondition und Koordination als *Trainingsziele* im Mittelpunkt ihres Bemühens zur Entwicklung von sportlichen Höchstleistungen. Mit der in der Abbildung unten gezeigten Unterteilung soll gezeigt werden, daß ein pädagogisches Bemühen um die Persönlichkeit eines Leistungssportlers neben der motorischen Entwicklung auch die erkenntniserweiternden (kognitiven) und seelisch-gefühlsbestimmten (affektiven) Erziehungs- und Ausbildungsziele berücksichtigen muß.

Unter *Trainingsinhalten* versteht man alle Aktivitäten, die auf sportliche Trainingsziele hin ausgerichtet sind. Dazu gehören die Motivation für und das Wissen über eine Sportart, ebenso wie eine Leistungsbeeinflussung durch mentales oder autogenes Training (psychogene Mittel) und die verschiedensten Übungs- und Belastungsformen als Trainingsinhalte aus dem motorischen Bereich.

In den verschiedenen Trainingseinheiten und -etappen innerhalb der Abschnitte eines Jahrestrainingsplans und im Verlauf der verschiedenen Entwicklungsstufen einer Tenniskarriere verlagern sich natürlicherweise die Schwerpunkte bei den Trainingsinhalten.

Bei Anfängern sollte wegen der Abwechslung und Motivation eine Vielzahl verschiedenartigster Trainingsinhalte und Übungen dem gleichen Trainingsziel dienen. Bei Fortgeschrittenen dagegen wird eine komplexe Spezial- oder Wettkampfübung gleichzeitig mehreren Trainingszielen gerecht werden.

Unter dem Begriff *Trainingsmittel* sind alle Maßnahmen und Hilfsmittel einzuordnen, die einer planmäßigen Entwicklung der sportlichen Leistungsfähigkeit dienen. Darunter fallen ebenso personelle und gerätemäßige Hilfen zur Durchführung einer Tennistrainingseinheit, wie Maßnahmen zur Wiederherstellung der psychischen und körperlichen Leistungsfähigkeit eines Tennisspielers, von Sauna und Massage, über eine belastungsbezogene Ernährung bis hin zu hygienischen Maßnahmen. In Anlehnung an LETZELTER wird in der Abbildung auf S. 114 versucht, der Vielfalt der unterschiedlichsten

Die Trainingsziele im motorischen, kognitiven und affektiven Bereich.

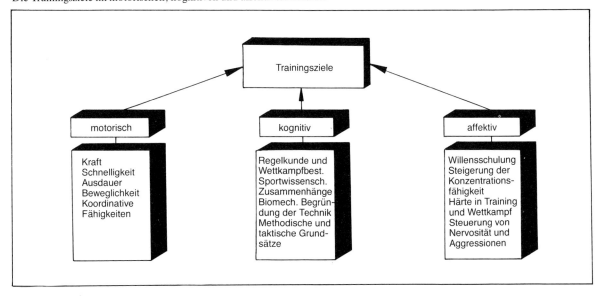

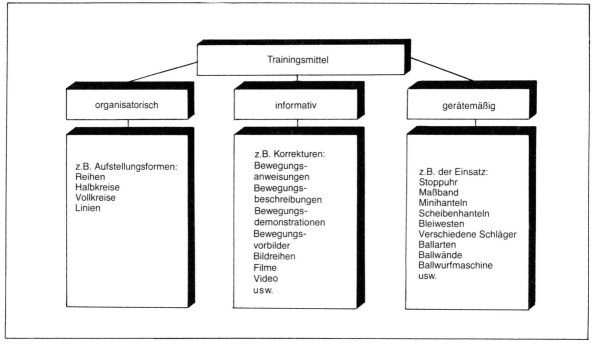

Arten von Trainingsmitteln.

Trainingsmittel gerecht zu werden, indem sie in die drei wesentlichsten Bereiche aufgegliedert werden. Die Verbesserung von Kraft, Schnelligkeit, Ausdauer und Beweglichkeit als Grundlage für optimal koordinierte Schlag- und Laufbewegungen eines Tennisspielers verlangt nach zielgerichteten Maßnahmen und Verfahren, die man *Trainingsmethoden* nennt.

Unter einer *Trainingsmethode* versteht man die planmäßige, systematische Anordnung von Trainingsinhalten, um ein bestimmtes Trainingsziel zu erreichen. Dabei müssen die trainingswissenschaftlichen Gesetzmäßigkeiten berücksichtigt werden, damit Belastungsart und -umfang sowie die Trainingsmittel richtig eingesetzt werden.
Im Training eines fortgeschrittenen Tennisspielers sind Trainingsmethoden meist sehr komplexe Trainingsverfahren, die neben der Verbesserung der konditionellen Grundeigenschaften auch tennistechnische und spiel-taktische Absichten verfolgen, aber auf den Prinzipien der Dauer-, Intervall- und Wiederholungsmethode basieren.

Die *Belastung* durch sportliches Training über eine bestimmte Schwelle hinaus ist die eigentliche Ursache jeglicher Leistungsoptimierung im konditionellen Bereich.
Das Verständnis der Wirkungen von Belastungen und der sich daraus ergebenden Folgerungen für die Beeinflußung konditioneller Komponenten muß von jedem Trainer gefordert werden.
Zunächst muß sich der Trainer wie der Sportler bewußt werden, daß sich auf den sportlichen Trainingsprozeß eine Vielzahl von unterschiedlichsten – auch unerwünschten – *Belastungsformen* auswirken können (Unterteilung und Übersicht siehe Abb. rechts oben).
Vor allem jede »äußere« Trainingsbelastung benötigt Energie, bewirkt in den verschiedenen belasteten Organen Ermüdungen, Wiederherstellungsvorgänge und somit eine Anpassung an die erhöhten Anforderungen.

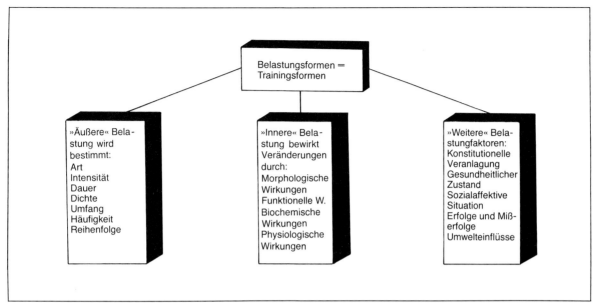

Belastungsformen und ihre Beziehung zu inneren und äußeren Faktoren.

Hierbei ist jedoch die individuelle Dosierung entscheidend. Zu schwache Bewegungsreize bleiben wirkungslos, sie wirken bestenfalls anregend auf allgemeine Lebensfunktionen; überstarke Reize führen bald in den Zustand des sogenannten Übertrainings und sind schädigend und lähmend für menschliche Organe.

Richtig dosierte Bewegungsreize lösen jene organischen Anpassungen über das vorher bestandene Ausgangsniveau hinaus aus, die man Superkompensation oder *Überkompensation* nennt. Die folgende Abbildung versucht, das grafisch zu verdeutlichen.

Zur Optimierung des Leistungszuwachses sollte jeder neue Trainingsreiz – d. h. die nächste Trainingseinheit – zeitlich in den Bereich des Maximums der Phase der Überkompensation gelegt werden. Aufgrund vielfältiger Abhängigkeiten ist dieser Zeitbereich nicht einfach zu bestimmen.

Umfang und Schnelligkeit der Erholung der beanspruchten Organsysteme eines Tennisspielers hängen von der Intensität der Belastung, der Trainingsstufe (Anfänger, Fortgeschrittener oder Leistungsspieler) und der Trainingsperiode im Jahrestrainingsplan ab.

Der *Eintrittszeitpunkt der Überkompensation* wird wesentlich von der Belastungsart bestimmt. Als grobe Richtwerte können gelten:

Bei Krafttrainingsformen kann der Zeitpunkt bereits nach 6 bis 24 Stunden eintreten, bei Trainingsschwer-

Belastung und Überkompensation.

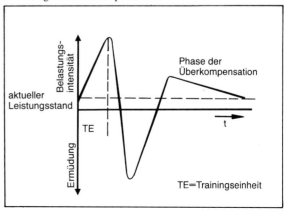

punkten im Koordinations- und Schnelligkeitsbereich nach etwa 12 bis 36 Stunden und im Ausdauerbereich nach 24 bis 72 Stunden.

Die bisherigen Ausführungen zeigen, daß ein Wirkungszusammenhang zwischen Trainingsbelastung und menschlichen Organanpassungen besteht und damit die eigentliche Grundlage für die Trainingsarbeit liefert.

Anpassung ist also zu definieren als Umstellung unserer körperlichen und geistig-seelischen Funktionssysteme auf ein höheres Leistungsniveau.

Die Anpassungsreaktionen werden mit zunehmender Leistungsfähigkeit immer geringer, sind durch zeitlich optimalen Wechsel von Belastungs- und Erholungsphasen gesteuert und hängen u. a. stark von der persönlichen Veranlagung und verschiedenen Umwelteinflüssen ab. Trainingsunterbrechungen führen häufig zu einer schnellen Rückbildung der Anpassungsvorgänge.

Allgemeine und tennisspezifische Konditionsschulung

Belastungsmerkmale

Ein entscheidender Gesichtspunkt für die Auswahl von bestimmten Übungsformen ist das richtige Mischungsverhältnis der einzelnen *Belastungsmerkmale*. Davon hängt die Wirksamkeit der verschiedenen Trainingsmethoden ab. Verständnis und zielgerichtete Anwendung dieser Belastungsmerkmale ist das »Kleine Einmaleins« eines jeden Trainers. Die Merkmale und ihre Beziehungen zur Trainingshäufigkeit sind in der Abbildung unten dargestellt.

Die *Reizintensität* soll die Stärke einer Belastung ausdrücken. Das geschieht am häufigsten, indem man entweder die Herzkreislaufbelastung in Pulsschlägen pro Minute angibt oder die Prozentwerte von der momentanen persönlichen Bestleistung = 100% anführt. Die Wirkung hängt vom Leistungsniveau ab. Eine Intensität knapp über der wirksamen Reizschwelle bewirkt zwar einen geringen, aber auch gegen Trainingsunterbrechungen stabilen Leistungszuwachs.

Die Belastungsdauer und somit der zeitliche Umfang einer Laufstrecke oder eines Tennisschlages wird *Reizdauer* genannt. Sie ist sehr kurz bei einem einzelnen Flugball; sie kann aber z. B. auch die Dauer einer Serie

Belastungsmerkmale.

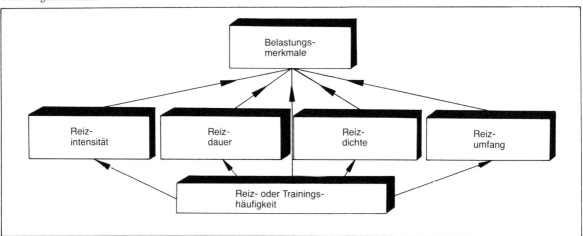

von 30 Vorhand- und Rückhandvolleys im Wechsel innerhalb 1 Minute beinhalten oder die 12 Minuten der Zeitspanne eines Cooper-Test-Laufs im Ausdauerschulungsbereich umfassen.

Reizdichte nennt man das zeitliche Verhältnis von Belastungsphasen und anschließenden Erholungspausen.

Mit einer optimalen Reizdichte sichert man einerseits die Wirksamkeit der Belastungsreize (vgl. S. 130), verhindert aber andererseits eine vorzeitige Erschöpfung mit der Gefahr eines Übertrainings.

Unter *Reizumfang* versteht man die Gesamtzahl aller Reize einer Serie oder einer Trainingseinheit.

Er kann aber bei einer reinen Ausdauertrainingseinheit nach der Dauermethode mit 1 angegeben werden und wäre damit identisch mit dem Merkmal »Reizdauer« (z. B. 1 Stunde) für einen Dauerlauf. Üblich ist daher auch die Summe zurückgelegter Strecken bei mehreren Serien im Intervallprinzip oder die Summe der bewegten Gewichte beim Krafttraining anzugeben.

Die *Trainingshäufigkeit* bezeichnet die Zahl der Belastungsphasen bzw. Trainingseinheiten pro Zeitabschnitt. Üblich ist die Angabe pro Woche oder Tag, aber es können auch andere Zeitabschnitte wie die Vorbereitungsperiode innerhalb eines Trainingsjahresplans gewählt werden.

Trainingsmethoden – Unterteilung

Entsprechend den jeweiligen Bedürfnissen einer Trainingsgruppe unter der Berücksichtigung vorhandener Trainingsmittel und im Hinblick auf pädagogisch-organisatorische Gegebenheiten sind Trainingsmethoden zielorientierte, planmäßige Verfahren zur Steigerung der konditionellen Voraussetzungen einer sportlichen Leistung.

Jeder geschulte Trainer überlegt vor einer Trainingseinheit:

■ Welche Methode wähle ich für das geplante Trainingsziel?

■ Welche Belastungsmerkmale sind methodentypisch hierfür notwendig?

■ Wie eignet sich die vorgegebene Gruppengröße für die Durchführung der beabsichtigten Trainingsmethode mit ihren Merkmalen?

■ Welchen Ordnungsrahmen oder welche gerätemäßi-

gen Trainingsmittel (siehe Abb. S. 114) setze ich ein, um dem Belastungsziel der gewählten Trainingsmethode gerecht zu werden?

Die Dauermethode

Kennzeichnend für die Dauermethode ist eine beabsichtigte Intensitätsbeanspruchung im »aeroben« Ausdauerbereich.

Das heißt, der Körper erhält für die energieliefernden Stoffwechselprozesse (Zitronensäurezyklus) eine ausreichende Sauerstoffzufuhr für die zu leistende Muskelarbeit.

Für Tennis-Leistungsspieler ist 2 bis 3mal wöchentlich ein Dauerlauftraining von bis zu 1 Stunde empfehlenswert, das nach WEINECK im Bereich von 160 Herzschlägen pro Minute (anaerobe Schwelle) als mittlere Herzfrequenz liegen sollte.

Breiten- und Freizeitsportler können risikolos entsprechend der Faustregel »180 minus Lebensalter« mit Herzfrequenzen beginnen, die unter 140 Schlägen pro Minute liegen und in Form eines 2maligen Dauerlauftrainings pro Woche von mindestens 20-minütiger Dauer durchzuführen ist (aerober Schwellenbereich). Nach regelmäßig absolvierten Trainingseinheiten, und auf über eine Stunde gesteigert, dient diese Belastungsform besonders der Anregung des Fettstoffwechsels und damit einer Gewichtsreduzierung.

Eine genauere Differenzierung der Dauertrainingsformen ist der Abbildung auf S. 118 zu entnehmen.

Die Intervallmethode

Die Intervallmethoden sind charakterisiert durch ihre auf Ausdauergewinn gezielten Belastungen und durch eine unvollständige Erholung nach dem Prinzip der »lohnenden Pause«. Darunter versteht man jenes erste Drittel der Zeit, die notwendig wäre, um sich wieder »vollständig zu erholen«. Das bedeutet, daß sich der Puls von einem Leistungswert bei 180 bis 200 Schlägen am Ende einer intensiven Belastung, wieder auf seinen ursprünglichen Ausgangswert von ca. 90 Schlägen pro Minute (nach einer Aufwärmarbeit) beruhigen würde; in diesem ersten Drittel der Erholungszeit findet aber bereits zwei Drittel der Erholung (daher lohnend!) statt, wie z. B. der Abbildung auf S. 118 unten zu entnehmen ist, weil in diesem Zeitraum die Pulsfrequenz von 180 auf 120 Schläge pro Minute sinkt.

Dauermethoden		
Kontinuierl. Methode	Wechselmethode	Fahrtspiel
Gleichförmige Laufge-schwindigkeit Puls zwischen 150 und 160 Schläge/Min. Stoffwechselbelastung immer im aeroben Bereich	Planmäßiger Wechsel der Laufgeschwindigkeit (vor-bestimmte Zwischenspurts) Puls zwischen 140 und 180 Schläge/Min. Stoffwechselbelastung kurzzeitig im anaeroben Bereich	Variable Gestaltung der Laufgeschwindig-keit je nach Gelände-form und Motivation Puls zwischen 140 und 180 Schläge/Min. Stoffwechselbelastung kurzzeitig im anaero-ben Bereich

Inhalte verschiedener Dauermethoden.

Intervalltrainingsformen bewirken bereits in der relativ kurzen Trainingszeit von einigen Wochen deutliche Vergrößerungen der Herzleistungswerte und somit der Sauerstoffaufnahmefähigkeit.

Je nach ihrer Durchführungsart unterscheidet man »extensives« und »intensives« Intervalltraining (siehe Abb. S. 119).

Belastungs- und Erholungsphasen bei der Intervallmethode.

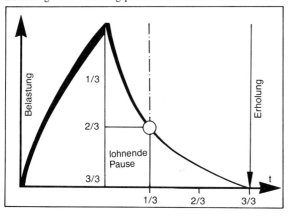

Die extensive Intervallmethode ist ähnlich wie die Dauermethoden für den Tennisspieler in den Vorbereitungsetappen besonders geeignet, da sie die notwendigen Ausdauergrundlagen für intensivere Trainings- und Wettkampfbelastungen zu schaffen in der Lage ist.

Die intensive Intervallmethode beabsichtigt vordringlich Beanspruchungen im »anaeroben« Ausdauerbereich. Das heißt, der Körper erhält für die energieliefernden Stoffwechselprozesse nicht genügend Sauerstoff für die zu leistende Muskelarbeit (siehe S. 38). Bei Tennis-Leistungsspielern werden komplexe Trainingswirkungen erzielt, wenn die Belastungsserien – unterbrochen durch lohnende Pausen – so angelegt sind, daß die Schlag- und Laufleistung in jeder Serie so intensiv ist, daß ca. 160 Herzschläge pro Minute (anaerobe Schwelle) überschritten werden.

Tennis-Breitensportler und Freizeitsportler sollten intensive Intervalltrainingsformen nur dann für ihr Ausdauertraining wählen, wenn sie nach ärztlicher Untersuchung und Beratung als unbedenklich empfohlen werden, wobei besonders nach längeren Trainings- bzw. Krankheitspausen und im Seniorenalter regelmäßige ärztliche Kontrollen wichtig sind und unbedingt durchgeführt werden müssen.

Belastungs-merkmale \ Trainings-methode	intensiv	extensiv
Belastungs-intensität	relativ hoch ca. 80—90%	gering bis mittel ca. 60—80%
Belastungs-dauer	bis zu 90 Sek., z.B. bei einer Topspin-Serie	bis zu 3 Min. z.B. bei Volley-Serien
Belastungs-dichte	längere »lohnende Pause« von ca. 90—180 Sek.	»lohnende Pause« von ca. 45—90 Sek.
Belastungs-umfang	mittel, z.B. 4—12 Top-spin-Serien	groß, z.B. 12—20 Flugballserien
Trainings-effekt	aerobe und anaerobe Aus-dauer, Schnellkraft, Kraft- und Schnelligkeits-ausdauer der Bein-, Rumpf- und Armmuskulatur	aerobe Ausdauer, lokale Haltekraftaus-dauer des Schlagarms und der Rumpfmusku-latur

Intervallmethode

Merkmale von intensiver und extensiver Intervallmethode.

Aus der Übersicht auf S. 116 kann weiterhin gefolgert werden, daß sich Belastungsintensität und Belastungsumfang gegenseitig bedingen:
Bei einem Grundlinienduell – abwechselnd in die Vorhand- und Rückhandecke eines Tennisplatzes – bedeutet eine Ballfolge von 2,5 bis 3 Sekunden (durch einen Trainer oder eine Ballwurfmaschine gespielt) eine intensive Belastung, bei der eine Serie einen relativ geringen Umfang von 30 bis 40 Schlägen haben kann (intensive Intervallmethode); dagegen erlaubt eine Ballfolge bei einer geringeren bis mittleren Intensität von 4 bis 5 Sekunden – je nach Leistungsstand – einen relativ großen Belastungsumfang von 100 bis 200 Schlägen pro Serie (extensive Intervallmethode).

Die Wiederholungsmethode
Im Hinblick auf das Erlernen der Tennistechnik mit ihren hohen Anforderungen an koordinativen Fähigkeiten und der notwendigen Stabilisation, dominiert diese Trainingsmethode. Sie ist gekennzeichnet durch die Aneinanderreihung sich wiederholender hoher Belastungen (Schlagserien, Laufserien usw.), zwischen denen sogenannte »vollständige Pausen« liegen, die zur vollständigen Erholung führen. Diese Methode eignet sich im Tennis besonders zur Verbesserung der Schlagtechnik nach dem Prinzip der gleichbleibenden Belastungen (vgl. später das Serienprinzip in der sogenannten Belastungstechnik mit der Ballwurfmaschine). Innerhalb komplexer Übungsformen angewendet, dient die Wiederholungsmethode auch der Verbesserung der verschiedenen motorischen Eigenschaften zum Erwerb einer tennisspezifischen Kondition.

Die Wettkampf- oder Kontrollmethode

Darunter ist im Tennissport eigentlich der Turniererfolg zu verstehen, denn er allein ist der wirkliche Wertmaßstab für alle vorangegangenen Bemühungen. Noch am nächsten kommen dieser – vor allem auch psychischen – Belastungssituation Ranglistenspiele und Vereinsmeisterschaften. Ebenfalls akzeptabel im Sinne dieser Methode ist für einen »Defensivspieler« ein Match, bei dem er jeden kürzeren Ball zum Angriff (Ziel: Netzspiel) zu nutzen hat; der Angriffsspieler dagegen sollte, um seine Defensivfähigkeiten zu verbessern, an der Grundlinie in erster Linie mit Topspin-, Lob- und Passierschlägen agieren.

Motorische Leistungsfaktoren

Die vielfältigen Bewegungsaufgaben eines Tennissportlers unter Vermeidung der Gefahr einer zu einseitigen Beanspruchung einer Körperseite, verlangen im Ausbildungsbereich der Motorik eine gezielte und möglichst vielseitige Steigerung aller Konditionsfaktoren. Beispiele für zusammengesetzte (komplexmotorische) Leistungsfaktoren sind in der Abbildung angeführt.

Motorische Leistungsfaktoren und ihre Kombination bezogen auf Anforderungen im Tennis.

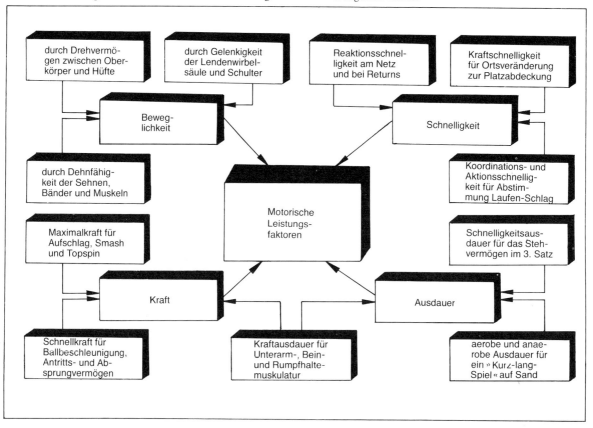

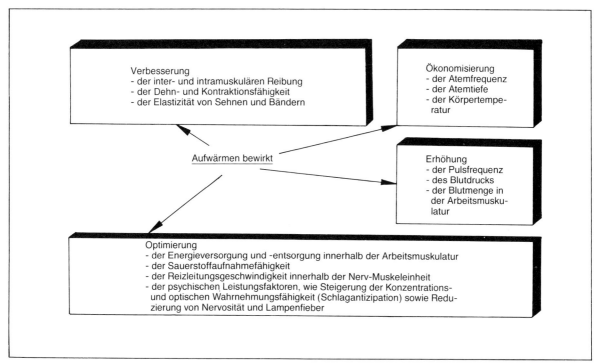

Auswirkungen des Aufwärmens.

Das Aufwärmen

Im Gegensatz zu fast allen anderen Sportarten wird dem Aufwärmen im Tennis immer noch zu geringe Bedeutung beigemessen, wie jeder Beobachter auf unterer und mittlerer Wettkampfebene bestätigen wird. Da aber für den Tennisbreiten- und -freizeitsportler ein sinnvolles Aufwärmen ebenso bedeutsam ist für eine Verletzungsvorbeugung (Prophylaxe) und optimale Matchleistung wie für jeden Tennisprofi, soll dieses Thema in einem eigenen Kapitel behandelt werden.

Das Aufwärmen hat die Aufgabe, einen Sportler in jenen »Vorstartzustand« zu versetzen, der ihm erlaubt, möglichst schnell und ohne größeres Verletzungsrisiko über seine volle Leistungskapazität für Training und Wettkampf zu verfügen. Aufwärmprogramme dürfen bei schlechtem Trainingszustand nicht zu umfangreich und intensiv angelegt scin, müssen nach dem Aufwa-

chen und bei geringen Außentemperaturen sehr allmählich gesteigert werden, und sind mit zunehmendem Alter zwar behutsam, aber um so länger und gründlicher durchzuführen.

Grundsätzlich wird vom »allgemeinen Aufwärmen« (Einlaufen, Stretching, dynamische Lockerungs- und Dehnungsübungen für die großen Muskelgruppen) zum »speziellen Aufwärmen« übergegangen, das immer sportartspezifisch ist. Im Tennissport bedeutet das den Übergang zur Arbeit mit Ball und Tennisschläger, wobei mit Ballgewöhnungsübungen und den verschiedenen Einschlagformen jene Muskelgruppen funktionstüchtig gemacht werden, die im Wettkampf besonders gefordert sind.

Allgemein begünstigen die *Wirkungen des Aufwärmens* den Erregungs-, Steuerungs- und Versorgungszustand der menschlichen Muskulatur. Hinsichtlich der Bccinflussung von Atmungs-, Herz-Kreislauf- und Stoffwech-

selvorgängen erfolgen Voranpassungen auf die zu erwartende Wettkampfbelastung (siehe Abb. S. 121).
Zusätzlich ist eine zumeist positive Wirkung auf verschiedene psychische Leistungsfaktoren festzustellen, wie Selbstbewußtsein, Lampenfieber und Wahrnehmungsfähigkeiten. Weitere Einzelheiten bezüglich der wichtigsten Wirkungskomponenten sind der Übersicht zu entnehmen. Tennisbezogene Aufwärmbeispiele finden Sie im Kapitel »Aufwärmen vor dem Spiel« ab S. 133 in diesem Lehrbuch.

Trainingsmethoden – Anwendung am Beispiel von Ballwurfmaschinen

Die Besonderheit von Ballwurfmaschinen – im Vergleich zu Trainingspartnern – liegt darin, daß Belastungsqualitäten »exakt abgestuft (dosiert) und jederzeit identisch wiederholt (reproduziert) werden können. Hiermit ist eine optimale individuelle Trainingssteuerung und -kontrolle möglich« (WEBER). Diese Feststellung und die gegebene Situation, daß selten Trainer oder Trainingspartner gerade zu jener Zeit verfügbar sind, in der der einzelne Zeit und Lust für Trainingseinheiten hat, läßt die Bedeutung von Ballwurfmaschinen als Trainingsmittel wachsen.
Für die folgenden Anwendungsbeispiele ist die Ballwurfmaschine so eingestellt, daß die Bälle mit geringem Vorwärtsdrall das Netz in ca. 1,5 m überfliegen und durch den konstanten Wechsel zwischen Vor- und Rückhandecke ein gleichbleibender Streuwinkel entsteht, indem jeder Ball innerhalb des Platzes etwa 3 m vor der Grundlinie und 2 m neben der Einzelseitenlinie aufspringt. Bei schnellen Hallenböden kann der Streuwinkel enger gefaßt sein. Es besteht damit die Absicht, daß ein Spieler zu Beginn der Trainingsperiode den Ball nach dem Aufsprung im abfallenden Teil seiner Sprungbahn in Hüfthöhe treffen und somit relativ bequem schlagen kann. Weiterhin wird durch diese genaue Festlegung bezweckt, mit zunehmender Automatisierung des tennistechnischen Anteils der Bewegung die Ballfolge schrittweise so zu steigern, daß durch die Belastungszunahme auch die konditionellen Voraussetzungen für die Lauf- und Schlagarbeit verbessert werden. Gesteuert werden die Übungsbelastungen über das persönliche Anspruchsniveau durch die Zahl der als »gut« gezählten Bälle, wobei der gesamte Tennisplatz oder einige bestimmte Feldsektoren als Ziel dienen können. Sinkt nach einer versuchten Steigerung die Erfolgsquote gegenüber der vorhergehenden Trainingseinheit zu stark ab, so sind entweder die konditionellen Leistungsfaktoren für die Bewegungstechniken (in erster Linie Laufarbeit) noch nicht ausreichend oder die koordinativen Fähigkeiten für die Schlagarbeit – jeweils zwischen den Vor- und Rückhandtreffpunkten – noch nicht genügend stabilisiert (Einzelheiten zu den Begriffen »Bewegungs- und Schlagtechniken« finden Sie im Tennis-Lehrplan 2), und somit ist die Ballfolge wieder zu verlangsamen.
Die anschließende Zuordnung der verschiedenen Schlagtechniken zu den einzelnen Trainingsmethoden ist begründet im Maß der aufzuwendenden Schnellkraft, Kraft- und Schnelligkeitsausdauer für die bewegungskonstante Durchführung der Schlagtechniken. Bezogen auf die Belastbarkeit eines fortgeschrittenen Tennisspielers in der Vorbereitungsperiode (siehe S. 130 »Prinzip der periodischen Belastung«), sind Reizintensität und Reizumfang für die Bewegungstechniken in einer Trainingsmethode gewählt in Abhängigkeit von Reizintensität und Reizdauer für die beanspruchte Muskulatur der entsprechenden Schlagtechnik.

Die kontinuierliche Dauermethode

Die hiermit angestrebte Verbesserung der aeroben Ausdauerfähigkeit (zu aerob, anaerob siehe S. 125, 126) läßt sich besonders gut verbinden mit der schlagtechnischen Stabilisierung von Vor- und Rückhandgrundschlag einschließlich der zugehörigen Beinarbeit:
Reizintensität: Mittel, d. h. nicht über 150 Pulsschläge pro Minute bei einer Ballfolge von 4 bis 5 Sekunden je nach Alter und Leistungsstand.
Reizdauer: Sehr lang für die Bein- und Rumpfmuskulatur, d. h. je nach Alter und Leistungsstand 20 bis 30 Minuten für Leistungsspieler; mittel für die Schlagarmmuskulatur, wobei ja Beuger und Strecker wechselweise und somit weniger beansprucht werden als die Haltemuskulatur.
Reizdichte: Ohne Pause für die Bein- und Rumpfmuskulatur, was verlangt, daß ein Trainingspartner stets für Ballnachschub sorgt; die Beuger und Strecker des Schlagarms haben bei der Ballfolge 3 bis 5 Sekunden infolge ihrer Erholungspause zwischen 6 und 10 Sekunden eine relativ geringe Reizdichte.

Reizumfang: Sehr hoch für die Bein- und Rumpfmuskulatur, da die Reizdauer mit mindestens 20 Minuten sehr lang ist;

für die Schlagarmbeuger und -strecker ist der Reizumfang bei einer Ballfolge mit 5 Sekunden innerhalb 30 Minuten eher mittel, denn das würde z. B. für die Beuger bedeuten 12 Schläge/Min. und somit 360 Schäge/30 Min. oder auch 360/TE (Trainingseinheit), falls keine zweite Serie an diesem Tag geplant ist.

Reizhäufigkeit: Ist gering für einen Spitzenspieler, falls nur diese eine Serie die einzige Trainingseinheit am Tag oder evtl. 2 bis 3 Serien pro Woche insgesamt stattfinden; für einen Freizeitspieler im Alter um 35 Jahre könnte diese Reiz- oder Trainingshäufigkeit pro Tag bzw. pro Woche genau richtig sein.

Die extensive Intervallmethode

Bewegungstechnisch soll hier der Slice einschließlich Beinarbeit bei Vor- und Rückhand im Wechsel im Vordergrund stehen;

Trainingsziel sind die aerobe Ausdauer und die lokale Muskelausdauer der Muskelgruppen für die Schlagtechnik.

Reizintensität: Mittel, d. h. je nach Alter und Trainingszustand 140 bis 160 Pulsschläge pro Minute, Ballfolge alle 3 Sekunden mit einem Aufsprungort wie auf Seite 122 unter Reizintensität beschrieben.

Reizdauer: Lang für die Bein- und Rumpfmuskulatur, d. h. je nach Alter und Leistungsstand 3 bis 5 Minuten und auch relativ lang für die Muskulatur des Schlagarmes, da auf Vor- und Rückhandseite jetzt hauptsächlich die Streckmuskulatur beansprucht wird.

Reizdichte: Immer im Sinne der »lohnenden Pause« (vgl. S. 117), die zwischen mehreren Serien wegen der Aufstockung der Ermüdung immer länger werden müssen, bis der entsprechende Pulswert wieder den Beginn einer neuen Serie erlaubt.

·Die Erholungspausen für die Schlagarmstreckmuskulatur sind im Vergleich mit der Reizintensität bei der kontinuierlichen Dauermethode wesentlich geringer (nur ca. 2 Sek.), so daß diese Trainingsform mit ihrer hohen Intensität in diesem Belastungsbereich schon nahe an die »intensive Intervallmethode« heranreicht.

Reizumfang: Gering bezüglich der Bein- und Rumpfmuskulatur pro Serie bei einem Leistungsspieler, deshalb sollten 3 bis 5 Serien in Betracht gezogen werden,

was einen Gesamtumfang von 3 bis 5 pro Trainingseinheit bedeutet.

Hoch für die Schlagarmstreckmuskulatur, d. h. 180 bis 300/TE (entstanden aus 3 Serien à 5 Minuten bzw. 5 Serien à 3 Minuten).

Reizhäufigkeit: Identisch mit Trainingshäufigkeit von etwa 1 (bei hoher Serienzahl) bis 2 (bei niedriger Serienzahl) pro Tag.

Aus Sicht eines optimalen Trainingserfolges für den aeroben Ausdauerbereich sollte ein Turnierspieler in der »Vorbereitungsphase« (vgl. Tennis-Lehrplan Bd. 5, S. 89 f.) 2 bis 3 TE/Woche kontinuierlich und 2 TE/Woche extensiv bis intensiv arbeiten. Dieser sog. »Methodenwechsel« ist wirksamer als die gleiche Gesamtzahl von TE pro Woche mit nur einer Trainingsmethode.

Die intensive Intervallmethode

Die reizintensive Ganzkörperbeanspruchung bei der Durchführung von Vor- und Rückhand-Topspinschlägen eignet sich besonders gut für die verschiedenartigen konditionellen Trainingseffekte, die im folgenden näher beschrieben werden.

Reizintensität: Hoch, d. h. bis zu 90% des maximalen Leistungsvermögens eines Spielers für beide Beanspruchungsbereiche unter den Laufbelastungs-Bedingungen der extensiven Methode, wobei der Puls bei Turnierspielern gegen Serienende auf 180 pro Minute steigen sollte. Hierbei gelangt man einige Zeit an oder über die Grenze der aerob-anaeroben Schwelle von ca. 4 mmol Laktat, und erzielt damit bei Bein-, Rumpf- und Schlagarmmuskulatur Trainingseffekte für den Gewinn von Schnellkraft, Schnelligkeitsausdauer und Kraftausdauer. Außerdem erreicht man auch eine Verbesserung der anaeroben Ausdauerfähigkeiten. Voraussetzung ist aber, daß die Technik mindestens in der Grobform beherrscht wird.

Reizdauer: Mittel bis lang für die Bein- und Rumpfmuskulatur, d. h. je nach Alter und Trainingszustand etwa zwischen 2 bis 3 Minuten pro Serie, da die Belastung deutlich intensiver ist im Vergleich zu den bisherigen Methoden und Durchführungsformen, besonders aber für die Bein- und Schlagarmbeuger und -strecker.

Reizdichte: Immer noch »lohnende Pause« zwischen den Serien, um kreislaufmäßig einen anaeroben Trainingseffekt zu erzielen, andererseits aber doch so lange, daß die Regenerierung des Reizleitungssystems jener motorischen Einheiten sichergestellt wird, die eine derart koordinativ aufwendige Schlagbewegung steuern müssen, ohne zu großen Effektivitätsabfall zu erleiden.

Reizumfang: Gering aus Sicht der Bein- und Rumpfmuskulatur, d. h. bei dieser hohen Intensität nicht mehr als 2 bis 3 Serien; hinsichtlich der Schlagarmbeanspruchung etwa um 120/TE als notwendige Wiederholungszahl für die unter Reizintensität genannten Trainingseffekte (aus 3 Serien à 2 Minuten oder 2 Serien à 3 Minuten).

Reizhäufigkeit: Identisch mit Trainingshäufigkeit etwa 1 bis 3 pro Woche je nach Alter, Trainingszustand und -absicht.

Nach WEBER unterscheidet sich das Leistungstraining »bezüglich seiner Auswirkungen auf das Herz-Kreislaufsystem nicht grundlegend vom Fitnesstraining«.... für Freizeit- und Alterssportler, außer in.... »der Reizhöhe (Trainingsqualität) und Reizvielfalt (Trainingskomplexität)«. Im Anwendungsfall für Freizeit-, Breiten- und Alterssportler, aber auch für Kinder bedeutet diese Aussage, daß Trainingsprogramme in Form von Dauermethoden (siehe S. 122) oder der extensiven Intervallmethode zu bevorzugen sind.

Die Wiederholungsmethode

Situationsbedingt steht sie bei Teilnehmerzahlen von über 10 für einen Übungsleiter oder Trainer im Vordergrund, denn seine pädagogische Zielsetzung muß lauten, »möglichst viele Spieler zur gleichen Zeit intensiv und zielorientiert« zu beschäftigen. Da vor allem im Winter das Arbeiten an Technikumstellungen im Vordergrund steht, und die Gruppenaufteilung zwischen Trainer und Ballwurfmaschine auf zwei Plätze beschränkt sein wird, bedeuten ca. 5 bis 6 Teilnehmern pro Ballwurfmaschine folgende Belastungsmerkmale:

Reizintensität: Hoch, d. h. 90 bis 100 % für alle zu trainierenden Schlagarten; Ballfolge an der Grundlinie (Aufsprung wie auf S. 122 linke Spalte beschrieben) 2,5 bis 3,5 Sekunden je nach Alter und Technikbeherrschung.

Reizdauer: So kurz wie noch lernpädagogisch vertretbar, d. h. 20 bis 40 Sekunden.

Reizdichte: »Vollständige Pausen« sind bei Gruppengrößen ab 4 Teilnehmern in diesem Organisationsrahmen gegeben.

Reizumfang: Möglichst hoch erstrebenswert. Geht man von 2 Unterrichtseinheiten, d. h. 90 Minuten Gesamtun-

terrichtszeit aus und subtrahiert 10 Minuten für den Aufwärm- und 20 Minuten für einen wettkampfbezogenen Schlußteil, so bleiben bei perfekter Organisation ca. 60 Minuten für eine Belastung mittels der Ballwurfmaschine im vorher geschilderten Sinne. Das bedeutet bei durchschnittlich 30 Sekunden Belastungsdauer für den einzelnen Gruppenteilnehmer und einer Ballfolge von 3 Sekunden 5 Vor- und Rückhände pro Serie; dann Bälle sammeln, bevor nach 5 Minuten seine nächste Serie innerhalb seiner Zehnergruppe beginnt; was bei 60 Minuten einem Gesamtumfang von ca. 120 pro Trainingseinheit entspricht und eigentlich nur im Anfängerunterricht zufriedenstellen dürfte.

Reizhäufigkeit: Trainingshäufigkeit müßte für alle Zielgruppen im Tennis möglichst hoch liegen, d. h. 3 bis 5 Trainingseinheiten pro Woche allein für die Arbeit mit Schläger und Ball. Hieraus kann nur die Folgerung resultieren, daß ein »nebenamtlicher« Übungsleiter ohne die Stellung von Hausaufgaben nicht auskommt, andererseits ohne Eigeninitiative der Teilnehmer und Eltern an der Ballwurfmaschine und im konditionellen Bereich eine Talentförderung bis zu einem überregionalen Leistungsniveau nicht möglich sein wird.

Die Wettkampf- und Kontrollmethode

In einer derart komplexen Sportart wie Tennis kann man unter dem Blickwinkel »Kontrolle« nur mit gewisser Vorsicht versuchen, bestimmte wettkampftypische Teilbereiche auszuwählen, sie besonders intensiv zu trainieren und sie auch – mit kritischer Distanz – für Testzwecke und Beurteilungen auszuwählen. Mit am aussagekräftigsten bezüglich vieler leistungsrelevanter Faktoren ist das »Match«-Training, also der Wettkampf.

Das gilt in besonderem Maße für die leistungsstärkeren Spieler, denn die vielzitierte Routine als taktische Erfahrungserfolge vieler Wettkampfbegegnungen (bei Kindern auch in anderen Sportarten), aber auch der »unbedingte Siegeswille« und die Wettkampfhärte in kritischen Situationen sich und anderen gegenüber sind Erfolgsfaktoren, die nur in Wettkämpfen und Turnieren erworben werden. WEINECK nennt allgemein die Wettkampfmethoden als die komplexeste aller Trainingsmethoden, weil sie in der jeweiligen Sportart alle speziellen Fähigkeiten zugleich schult (vgl. WEINECK 1980, 73). Er erwähnt aber einschränkend, daß eine zu

häufige Wettkampfteilnahme über einen Gewöhnungs-
effekt dazu führen kann, daß ein Sportler nicht mehr
ausreichend zu stimulieren und motivieren ist, was die
Wertigkeit dieser Methode beeinträchtigen könnte.

Beispiele zum Konditionstraining

Jeder gute Trainer und Übungsleiter muß immer wieder
bemüht sein, besonders im Ausdauerbereich die kondi-
tionsverbessernden Übungseinheiten möglichst mit Ball
auf dem Tennisplatz (Grillformen usw.) oder in Sporthallen (Fußball, Basketball, Handball oder Volleyball)
durchzuführen. Nur so ist die Mehrzahl der Tennisspieler bereit und motiviert, auch in diesem Konditionsbe-
reich bis an die persönliche Leistungsgrenze zu gehen.
Die folgenden Trainingsformen beschränken sich deshalb auf jene Übungsbeispiele, die im Winter und bei
Schlechtwetterperioden – möglichst ohne großen Aufwand – zu Hause oder in Schulturnhallen durchgeführt
werden können.
Als sog. »Hausaufgaben« sind sie selbständig – ohne
Traineranleitung – durchführbar und werden regelmäßig pro Woche im Schulsport im Rahmen anderer Hal-
lensportarten oder zu Hause absolviert. Sehr wesentlich
ist aber dabei eine regelmäßige Fortschrittskontrolle
alle 6 bis 8 Wochen und das Führen eines Trainingsbu-
ches mit der Aufzeichnung aller sportlichen Aktivitäten.

Circuit-Training mit anaerober Zielsetzung
Das vorliegende Übungsbeispiel mit 7 verschiedenen
Stationen ist einerseits bewährt, bietet andererseits zusätzlich den Vorteil, daß es ohne jeglichen Aufwand an
Sportgeräten zu Hause durchgeführt werden kann.
Damit ist es möglich, diese Übungszusammenstellung
den Teilnehmern als Hausaufgabe aufzugeben, die
selbstverantwortlich zu absolvieren ist und speziell im
Winter in einer Trainingswoche zu weiteren Kondi-
tionstrainingseinheiten verhilft.
Durch die beigefügte Testkarte, die regelmäßig geführt
motivierend wirkt (weil die Punktesteigerungen deutlich werden), und mittels gelegentlicher Kontrollen an
den Stützpunkttrainingstagen werden recht befrie-
gende konditionelle Zuwachsraten erzielt. Vor allem
auch ohne finanziellen und mit relativ geringem zeitlichen Aufwand. Zusätzlich sind derartige Testkarten

auch gut geeignet, motorische Schwächen im Vergleich
mit Alterskameraden aufzuzeigen und mit Zusatzpro-
grammen zu korrigieren. Neben den sozialaffektiven
Trainingszielen, wie Trainingsdisziplin, Selbständigkeit
und Eigenverantwortlichkeit steht bei diesem Zirkel die
Erhöhung der Organ- und Muskelkraft sowie die Verbesserung der anaeroben Allgemeinausdauer und loka-
len Muskelausdauer im Vordergrund.

Übung 1:
(Sprungmuskulatur, Herz- und Kreislaufsystem)
Aufgabe: Mit Sprungseil Seilhüpfen an Ort im Schluß-
sprung.
Hinweis: Ein Fuß fixiert die Mitte des Sprungseils auf
dem Boden, Hände fassen in Hüfthöhe; Zwischenfe-
dern möglich.
Wertung: ein Seildurchschlag = ½ Punkt.

Übung 2:
(Schultergürtel-, Brust- und Armmuskulatur)
Aufgabe: Bauchlage neben zwei Kissen (50 cm breit,
25 cm hoch), Aufrichten zum Liegestütz – Liegestützge-
hen seitwärts über die Kissen – Bauchlage neben die
Kissen – Händeklatschen hinter dem Rücken – Aufrich-
ten zum Liegestütz usw.
Hinweis: Das Überqueren erfolgt auf Brust- oder Hüft-
höhe.
Wertung: Bauchlage mit Händeklatschen = 1 Punkt.

Übung 3:
(Bauchmuskulatur)
Aufgabe: Rückenlage, Hände greifen unter einen bo-
denfreien Schrank (bzw. unter eine herausgezogene
Schublade), Arme gebeugt; Heben und Senken beider
Beine gleichzeitig zwischen Boden und Schrank in min-
destens 60 cm Höhe.
Hinweis: Beine dürfen gebeugt sein; es genügt die Fer-
senberührung am Boden und die Zehenspitzenberüh-
rung am Schrank.
Wertung: Jede Schrankberührung an oder unter der 60-
cm-Markierung (Tesakreppstreifen) = 1 Punkt.

Übung 4:
(Arm-, Schultergürtel- und Rückenmuskulatur)
Aufgabe: Liegestütz vorlings, gleichzeitiges Beugen
beider Arme und abwechselndes Rückspreizen eines
gestreckten Beines, wobei Stirn und Nase den Boden
berühren müssen.

Hinweis: Schwunghaft aus dem Liegestütz beginnen.
Wertung: Jede Lippen- oder Nasenberührung des Boden = 1 Punkt.

Übung 5:
Sprungmuskulatur, Herz- und Kreislaufsystem)
Aufgabe: Überspringen zweier Kissen (30 cm hoch), die 1 m Abstand voneinander haben, in Hocksprüngen mit jeweils einer halben Drehung nach dem zweiten Sprung.
Hinweis: Es muß unbedingt mit beiden Beinen gleichzeitig abgesprungen werden; die halbe Drehung kann während des zweiten Sprungs oder nach der beidbeinigen Landung erfolgen; Zwischenfedern ist möglich (aber Zeitverlust).
Wertung: Ein Durchgang (2 Schlußsprünge über beide Kissen) = 1 Punkt.

Übung 6:
(Rückenmuskulatur)
Aufgabe: Bauchlage, Kopf etwa ½ m von einer Wand entfernt, Aufrichten des Oberkörpers, so daß beide Hände gleichzeitig mindestens 50 cm über Bodenhöhe die Wand mit den Handflächen berühren können.
Hinweis: Arme und Beine können gebeugt sein.
Wertung: Jede Wandberührung = ½ Punkt.

Übung 7:
(Startschnelligkeit und Organkraft)
Aufgabe: Zwischen zwei Kissen im Abstand von 4 bis 5 m hin- und herlaufen, wobei mit beiden Händen jeweils der Boden außerhalb der Laufstrecke berührt wird.
Hinweis: Beginn mit Hochstart hinter einem Kissen.
Wertung: Jede Berührung des Bodens mit beiden Händen = 1 Punkt.

Aus Sicht der Belastungsmerkmale gelten für diese intervallartige Trainingsform in der Vorbereitungsphase (vgl. S. 128 »Trainingsplanung«) bei einem fortgeschrittenen Tennisspieler folgende Durchführungshinweise:

Reizintensität: 80–90% der Maximalleistung für alle Altersstufen.
Reizdauer: Mädchen 20 Sek. (30 Sek.). Buben 30 Sek. (40 Sek.). Erwachsene und Jugendliche 40 Sek. (60 Sek.).

Reizdichte: 60 Sek. Pause (»lohnende Pause«, Puls sinkt auf ca. 130).
Reizumfang: in den ersten beiden Wochen 1 bis 2 Durchgänge pro Tag, ab der dritten Woche Steigerung auf 3 bis 5 Durchgänge.
Reizhäufigkeit: 2 bis 3 Trainingseinheiten pro Woche, wobei ab der 3. Woche die Reizdauer auf die in Klammern angegebenen Werte steigt.
Bewertung: Bei einer Reizdauer von 40 Sekunden sind mindestens 200 Punkte »sehr gut«, mindestens 185 Punkte »gut« usw. Bewertungen können aber unterschiedlich durchgeführt werden.

Minutenläufe mit aerober Zielsetzung
Gerade im Winterhalbjahr ist es nicht einfach, zu den 2 bis 3 Lauftrainingseinheiten pro Woche zu kommen, ohne Erkältungen bei ungünstigen Witterungsbedingungen zu riskieren. Die im folgenden beschriebenen »Minutenläufe« eignen sich recht gut für eine Durchführung in Sporthallen vor oder nach Schulsportstunden, Übungsabende in Spielsportarten oder selbst nach Techniktrainingseinheiten in Tennishallen. Es sollte ein Laufen ohne übermäßige Anstrengung sein, d. h. Pulswerte von 160 bis 170 pro Minute sind als Grenzbelastung anzusehen. Die im folgenden angegebenen Zeitintervalle sind daher nur Richtwerte, wobei die Gehpausen nur so lange dauern sollten, bis der Puls im Bereich von 130 pro Min. (= »lohnende Pause«) angelangt ist.
Ab dem 16. Lebensjahr erfolgt wieder eine Umkehr der Belastbarkeit wie vor dem 11. Lebensjahr, in der Form, daß Buben/Männer längere Laufstrecken bewältigen sollten als die Mädchen bzw. Frauen.

Fahrtspiel mit aerober Zielsetzung
Eine erprobte Alternative für mildere Jahreszeiten stellt das Fahrtspiel in den beiden folgenden Ausführungsformen dar:

1. Beispiel:
Ca. 3 bis 4 Minuten Einlaufen mit verschiedenen Geh-, Lauf- und Sprungformen, zusätzlich kombiniert mit gymnastischen Übungen. Dann erfolgt ein Steigerungslauf von 20 bis 30 Sekunden, der ausklingend übergeht

in einen Slalom um 8 bis 10 Bäume; zur relativen Erholung folgt ein ruhiges Traben von 1 bis 2 Minuten, das in eine Gehpause mit Armkreisen überleitet. Anschließend folgt ein kontinuierlicher Lauf von ca. 3 Minuten Länge, der in einem Hopserlauf endet. Nach einer Minute Gehen ca. 3 Minuten ruhiges Traben mit mindestens 3 Zwischenspurts über 30 bis 50 m. Danach 4 bis 5 Klimmzüge an einem Ast mit einer längeren Hängepause. Abschließend folgt ein langsam beginnender Steigerungslauf von 1 bis 2 Minuten, der in einen Trab- und Gehausklang von 2 bis 3 Minuten mündet. Der Gesamtumfang liegt je nach Alter und Leistungsstand zwischen 15 und 25 Minuten.

2. Beispiel:
Ca. 5 bis 8 Minuten langsamer Trab; danach folgt ein zügiger Lauf über 600 bis 800 m, der in einem schnellen »sportlichen« Gehen ausklingt. Nach diesen 5 Minuten Gehen ein Trab von 2 Minuten, dem sich 3 bis 4 ca. 100-m-Laufstrecken anschließen, wobei sich wiederhold die 100 m immer in 15 bis 20 m Sprint und etwa 80 m Auslaufen unterteilen. Nach einer Gehpause von 1 bis 2 Minuten (Pulsberuhigung auf ca. 120 Schläge/Min.) aus einer Trabstrecke von insgesamt 300 bis 400 m erfolgen alle 30 m 3 bis 4 schnelle Schritte und schließlich ein Steigerungslauf von 50 bis 80 m (evtl. bergauf). Ausklang mit 1 Minute Gehen und 3 bis 4 Minuten Traben. Die Gesamtdauer beträgt ebenfalls ca. 25 Minuten.

Die Wiederherstellung der sportlichen Leistungsfähigkeit

Das Wissen um die Belastungsformen durch sportliches Training auf der einen Seite verlangt aber andererseits auch Kenntnisse von Übungsleitern und Trainern über Ermüdungs- und Erholungsvorgänge, nicht zuletzt auch mit der Absicht, einen Zustand des Übertrainings zu vermeiden.

Ermüdung
Die Ermüdung ist ein naturgegebener Schutzmechanismus des Menschen. Sie verhindert ein stetiges Beanspruchen der sog. »autonom geschützten Reserven« (vgl. Abb.) und damit eine evtl. Erschöpfung. Eine durch Doping erreichte »unnatürliche« und zu häufige Ausschöpfung der Reserven bis zur totalen Erschöpfung kann zum Tod führen.

Physiologisch führen nach derzeitigen Erkenntnissen folgende Ursachen zur Ermüdung:
- Erschöpfung der Energiereserven (ATP-Abnahme und Glykogenverarmung).
- Abnahme der Fermentaktivität (»saure« Stoffwechselprodukte im Blut hemmen die Katalyse des ATP-Umsatzes).

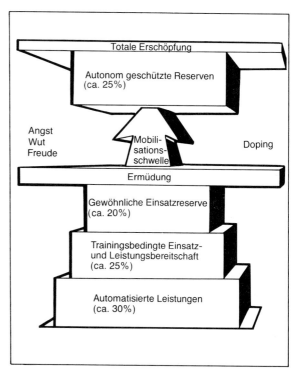

Gliederung der Leistungsfähigkeit.

- Störungen des Elektrolytstoffwechsels (Verluste und Konzentrationsverschiebungen im Ionenhaushalt der Zellen – vor allem bei Na, K, Mg und Ca – führen zur Verringerung der Muskelerregbarkeit, Krämpfen usw. und somit zu Leistungsminderungen in vielen Bereichen).

Erholung

Das Wissen um Belastungsfolgen und deren Beseitigung ist heute besonders wichtig, da im Leistungsbereich mehrmals täglich trainiert wird.

Die Wiederherstellung der Leistungsfähigkeit ist von vielen Faktoren abhängig:

- Konstitution: Muskelfasertyp bedingt genetisch, ob man ein »geborener« Langstreckler oder Schnellkraftsportler ist.
- Umweltfaktoren: berufliche oder private Sorgen, Beruf, Lebensweise, Suchtgewohnheiten usw.
- Trainingszustand: Anfänger oder Leistungsspieler, in der Vorbereitungs- oder Leistungsphase, in der Mitte oder am Ende einer Trainingswoche als Mikrozyklus usw.
- Belastungsart: man erholt sich schneller nach dynamischer als nach statischer Muskelarbeit, eher nach aeroben als nach intensiven anaeroben Ausdauertrainingsformen.
- Belastungsfolgen: im richtigen Wechsel zwischen Kraft- und Schnelligkeitstraining (beide belasten den Eiweißstoffwechsel) und Ausdauertrainingsformen (beanspruchen die Energiespeicher) ermöglichen mehr Trainingseinheiten pro Zyklus (vgl. S. 115, Überkompensation).

Übertraining

Unter Übertraining versteht man eine Vernachlässigung der Gesetzmäßigkeiten im Erholungsbereich. Negative Folgen für die Leistungsfähigkeit können sich im körperlichen wie im psychischen Bereich zeigen.

Die Ursachen liegen meist in »überstarken« Reizen (vgl. S. 116, 117):

- Im außersportlichen Umfeld: schulische, berufliche oder private Überforderung, fehlender Schlaf, Reizüberflutung, Fehlernährung (Nikotin, Alkohol usw.).
- Im sportlichen Trainingsbereich: zu schnelle Steigerung von Umfang und Intensität des Trainings, einseitige Trainingsmittel und -methoden, zu starke Anhäufung von Wettkämpfen, zu extreme Technikumstellungen oder zu hohe Anteile an Technikschulungseinheiten (z.B. Topspin-Grundlinienschläge, bzw. Twist-Aufschläge) im Gesamttraining.

Die Folgen sind häufig nicht sofort und deutlich erkennbar; verdächtige Symptome sind:

- Allgemeine Spiel- und Trainingsunlust.
- Gereiztheit, innere Unruhe, Geräuschempfindlichkeit.
- Appetitlosigkeit, unerklärliche Gewichtsabnahme.
- Erhöhte Körpertemperatur, Nachtschweiß, feuchte Hände.
- Beschleunigter Ruhepuls, deutlich verzögerte Einstellung des Erholungspulses nach gewohnten Belastungen.

Trainingsplanung

Aus dem bisher angeführten wird deutlich, daß sich eine sportliche Leistung aus den verschiedensten Komponenten zusammensetzt. Sie zu kennen, ihr Training aufzubauen, die einzelnen Abschnitte zu unterscheiden und zu planen sowie unter Berücksichtigung der Trainingsgrundsätze in die Realität des Sportalltags umzusetzen, ist die Aufgabe aller Trainer und Übungsleiter.

Entwicklungsabschnitte

Bei neuen Schülern oder unbekannten Trainingsgruppen ist es die vordringliche Aufgabe eines Tennistrainers und Übungsleiters, umgehend festzustellen, in welchem Entwicklungsabschnitt sich die Trainingsteilnehmer befinden. So kann sich ein 16jähriges Mädchen jederzeit in jedem der oben angeführten Trainingsstufen befinden. Entsprechend zielorientiert müssen Trainingsmittel, Trainingsmethoden und Trainingsorganisation gewählt werden.

Zeitabschnitte

Eine Trainingsplanung ist nicht nur inhaltlich, sondern auch zeitlich strukturiert. Sie muß langfristig (Mehrjahresplan), mittelfristig (meist ein Kalenderjahr) und kurzfristig (Monats-, Wochen- und Tagespläne) erfolgen.

Trainingsgrundsätze

Wenn Anwendung und Verständnis der Belastungsmerkmale zielgerichtet auf die verschiedenen Trainingsmethoden das »kleine Einmaleins« jedes Tennislehren-

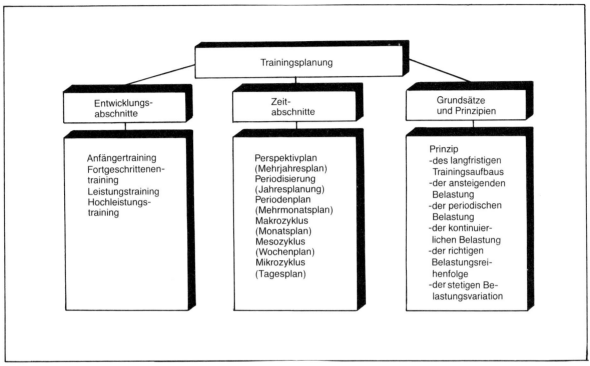

Einfluß von Entwicklung, Trainingszyklus und Belastungsprinzipien auf die Planung.

den ist, so ist die Bedeutung und der Einfluß der Trainingsprinzipien (-grundsätze) auf die Trainingsplanung mit dem »großen Einmaleins« vergleichbar.

Ein guter Tennistrainer wird – fast schon im Unterbewußtsein – einen ständigen Bezug zur Praxis seiner Trainingsaktivitäten und zur aktuellen Situation seines Schülers herstellen, um seine zielgerichtete Trainingsplanung an diesen Prinzipien zu orientieren.

Das Prinzip des langfristigen Trainingsaufbaus

In der koordinativ sehr anspruchsvollen Sportart Tennis ist davon auszugehen, daß eine Entwicklung vom Anfänger bis zum Hochleistungssportler – auch bei günstigsten Rahmenbedingungen – mindestens 12 Jahre in Anspruch nimmt.

Im Hinblick auf ein talentiertes Kind, kann dieser Zeit-abschnitt in die folgenden Trainingsetappen (-stufen) unterteilt werden:

Ein planvoller Beginn als Anfängertraining mit etwa 5 bis 8 Jahren soll in erster Linie auf spielerischer Basis die konditionellen Grundlagen möglichst allgemein schulen. Technisch orientiert sollte die Grobform der Grundschläge und ihrer Variationen erarbeitet werden und die ersten Taktikerfahrungen im »Minitennis« bei Einzel- und Doppelspielen erworben werden.

In der Stabilisierungsphase vom 8. bis 10. Lebensjahr sollte in der angeführten Reihenfolge gezielt Schnelligkeit, Beweglichkeit und Gewandtheit, Ausdauer und Kraft gesteigert werden. Technisch steht die Feinformung der Grund- und Spezialschläge im Vordergrund, während taktisch offensive wie defensive Wettkampfformen und das Stellungsspiel im Doppel zu schulen ist.

Die Aufbau- und Leistungsphase vom 11. bis 16. Lebensjahr hat als Lernziel die Vervollkommnung aller konditionellen wie technisch-taktischen Grundlagen eines Tennisleistungssportlers.

In der Hochleistungsphase, beginnend mit dem 17. Lebensjahr, ist es dann die Aufgabe der Leistungszentren, jene Vielzahl der Faktoren zu verwirklichen und zu optimieren, die eventuell dazu führen könnten, aus einem Talent einen »Weltranglistenspieler« werden zu lassen.

Das Prinzip der ansteigenden Belastung

Bei Trainingsgruppen mit ungleichem Leistungsstand hat der Übungsleiter sicherzustellen, daß kein Teilnehmer unterfordert, aber auch nicht überfordert wird (vgl. S. 128, Übertraining); hierbei sind folgende Grundsätze zu berücksichtigen:

- Die Verbesserung des Leistungsstandes verlangt immer höhere Belastungen, wenn ein Leistungsgewinn resultieren soll.
- Die Belastungserhöhung soll zunächst durch Vergrößerung des Belastungsumfangs, dann erst durch Steigerung der Belastungsintensität erfolgen.
- Die Belastungsänderungen müssen im Nachwuchsbereich mit kleinen Schritten, im Leistungsbereich aber sprunghaft erfolgen, wenn sie Trainingswirkungen erzielen wollen.
- Die Belastungssteigerungen durch die Teilbereiche der »äußeren Belastung« (vgl. S. 115) verbessert die Trainierbarkeit und ist das bestimmende Maß für die »innere Belastbarkeit«, d. h. das Verarbeiten von psychischen und sozialaffektiven Belastungskomponenten.
- Die Belastungsreihenfolge aus motorischer Sicht sollte z. B. in der Vorbereitungsphase eines Jahrestrainingsplans die folgende Reihenfolge haben: Ausdauertraining; 4 bis 6 Wochen, mit dem Ziel eine Grundlagenausdauer zu erwerben, die ermöglicht, bis zu einer Stunde zu laufen, ohne erschöpft zu sein. Maximalkrafttraining setzt nach ca. 4 Wochen ein, Belastungsmittel ist der eigene Körper, Ziel die Stärkung der Oberschenkel-, Bauch-, Rumpf- und Armmuskulatur. Schnelligkeitstraining und Steigerung der Koordinationsbeanspruchungsformen (Techniktraining).

Das Prinzip der periodischen Belastung

Besonders für Kinder gewinnt die vernünftige Planung von Leistungsspitzen und Erholungspausen im Turniergeschehen eines Tennisjahres eine immer größere Bedeutung, wenn die Freude am Tennissport erhalten bleiben soll. Hier ein richtiges Maß zu finden, das der Persönlichkeitsstruktur des Jugendlichen gerecht wird, ist vor allem Aufgabe und Anspruch an verantwortungsbewußte Eltern. Daher können die folgenden Ausführungen nur allgemeine Hilfen vermitteln. Die Rahmentrainingspläne für eine ganzjährige Belastung (»Periodisierung«) können sein:

- Eingipflig: Vorbereitungsperiode (allgemein und speziell), Wettkampfperiode, Übergangsperiode.
- Zweigipflig: 1. Vorbereitungsperiode (Nov.–Jan.), 1. Wettkampfperiode (Febr. und März), 2. Vorbereitungsperiode (April und Mai), 2. Wettkampfperiode (Juni–Aug.), Übergangsperiode (Sept. und Okt.).
- Wellenförmig: für das Kinder- und Jugendtrainings- und Wettkampfgeschehen bis zum mittleren Leistungsbereich. Es vermeidet nämlich durch den Wechsel von niedrigen und höheren Belastungsabschnitten in Zeiträumen zwischen 2 Wochen (Wettkampfperioden) und 6 Wochen (Vorbereitungsperioden) eine zu häufige Störung der Jahresplanung durch Verletzungen, Krankheit, Urlaub und evtl. schulische wie familiäre Belastungen. Das Prinzip geht von der Annahme aus, daß die (für eine Förderung durch den Verband) bedeutsamsten Turniere in den jeweiligen Ferienzeiten liegen müssen. Deshalb vermittelt die lineare Folge von 5 oder 10 Leistungsgipfeln den Eindruck von aneinander gereihten Wellen im Ablauf eines Jahrestrainingsplanes. Umfang und Intensität von Trainingsmaßnahmen werden dabei so gesteuert, daß vor allem die durch die Ausdauer limitierten Leistungskomponenten ihren Belastungshöhepunkt 3 bis 5 Tage vor einem Wettkampf haben, um genügend Zeit für die »Kohlenhydrat-Aufladung« (Glykogenspeicherung) aller Körperdepots zu erhalten.

Das Prinzip der kontinuierlichen Belastung

Die Psyche des Kindes und die Konkurrenz anderer Sportarten, besonders der »großen Spiele« machen es den Tennistrainern schwer, ihre Schützlinge bei der

Stange zu halten und so eine dauerwirksame Trainings- und Aufbauarbeit zu leisten; denn:

- Regelmäßige Belastungen müssen nahe dem Maximum der Überkompensation angesiedelt sein, wenn sie eine konstante Zunahme der sportlichen Leistungsfähigkeit sichern sollen.
- Notgedrungene Unterbrechungen durch Krankheit, Verletzungen usw. bedeuten immer ein Absinken der Leistungsfähigkeit und haben damit bei Wiederaufnahme des Trainings eine reduzierte Belastbarkeit zur Folge.
- Schnell erworbene Zuwachsraten in konditionellen Leistungsbereichen gehen bei Trainingspausen auch schneller verloren; längerfristig erworbene dagegen nur langsam zurück; so ist z. B. der Anpassungsgewinn von Herz-, Kreislauf- und Lungenfunktionen bei den Intervallmethoden größer als bei den Dauermethoden, dafür aber auch weniger gefestigt. Das Gleiche gilt auch für das Erlernen und Beherrschen koordinationsaufwendiger Bewegungs- und Schlagfertigkeiten.

Das Prinzip der wechselnden Belastung

Da Tennis eine sehr komplexe Sportart ist, in der eine Vielzahl von motorischen Leistungsfaktoren (vgl. S. 120) entwickelt und verbessert werden müssen, ist ein dichtes Aufeinanderfolgen der inhaltlich unterschiedlichsten Trainingseinheiten notwendig.

Hier ist eine genauere Kenntnis der Wiederherstellungsvorgänge nach Belastungen erforderlich. Folgende Aspekte sind im Sinne eines Wechsels zu beachten:

- Ausdauerbelastungen (lokal oder allgemein, aerob oder anaerob, Kraft- oder Schnelligkeitsausdauer) benötigen je nach Alter, Trainingsstufe und Trainingsperiode etwa zwischen 16 und 72 Stunden zur Regeneration und Auffüllung des Glykogenspeichers.
- Krafttraining dagegen beansprucht ein anderes Funktionsgefüge des Stoffwechsels (Eiweißmetabolismus zum Muskelzuwachs) und kann daher in die gleiche Trainingseinheit eingebaut werden, womit Umfang und Intensität des Gesamttrainings gesteigert wird.

Das Prinzip der richtigen Belastungsreihenfolge

Wegen einer optimalen Zeiteinteilung und einer möglichst ökonomischen Nutzung einer Trainingseinheit

sind fundierte Kenntnisse für Tennisschüler wie Trainer in dieser Thematik von großer Bedeutung.

Für einen Tennisspieler müssen daher nach dem Aufwärmen Trainingsformen stehen, die eine nachfolgende »vollständige« Erholungspause fordern, also Übungen zur Koordinations-, Schnelligkeits-, Schnellkraft- oder Maximalkraftschulung. Anschließend sollten mehr intervallartige Beanspruchungsformen folgen, deren Effektivität an die »unvollständige« Pause gebunden ist, wie Schnelligkeitsausdauer- und Kraftausdauerübungen, wie z. B. ein Cooper-Lauf mit seiner eher aeroben Beanspruchung.

Im weiteren Sinn beinhalten diese beiden letzten Prinzipien eine Reihe von Folgerungen, die für die Praxis der Trainingsplanung und des Trainingsaufbaus eine nicht unerhebliche Rolle spielen:

- Das Verhältnis von allgemeinem zu speziellem Tennistraining im langfristigen Trainingsprozeß eines »Tennis-Sportlerlebens«.
- Das Verhältnis der konditionell, technisch und taktisch orientierten Trainingsinhalte in Abhängigkeit von dem momentanen Entwicklungsabschnitt des Tennisspielers.
- Das Verhältnis der konditionell, technisch und taktisch orientierten Trainingsinhalte in Abhängigkeit von der Jahresperiodisierung eines Leistungsspielers.
- Das Verhältnis und die Reihenfolge der konditionell, technisch und taktisch orientierten Trainingsinhalte innerhalb einer komplexen Trainingseinheit von 180 Minuten (= 4 Unterrichtseinheiten an einem Trainingsvormittag oder -nachmittag), bezogen auf die pädagogisch immer vorgegebene Dreiteilung in Einleitungs-, Haupt- und Schlußteil (siehe S. 132, Beispiel für eine Trainingseinheit).
- Das Verhältnis und die Verteilung von 8 Trainingseinheiten innerhalb einer Trainingswoche, gedacht für einen jugendlichen Spitzenspieler in der speziellen Vorbereitungsperiode.

Das Prinzip der Belastungsvariation

Besonders zwei Probleme bedeuten für einen verantwortungsbewußten Trainer und Übungsleiter eine stetige Herausforderung:

Zunächst ist eine frühzeitige Spezialisierung auf Tennis allein unbedingt zu vermeiden; zusammen mit einer speziellen Ausgleichsgymnastik für die »Nicht-Schlagseite« des Körpers können so auf lange Sicht gesehen chronische orthopädische Veränderungen (Rundrükken, Skoliosen usw.) zumindest eingeschränkt werden. Aber auch im psychischen Bereich sollen die negativen Seiten einer Individualsportart, wie Egozentrik und Starallüren in jungen Jahren möglichst durch Mannschaftssportarten gemildert werden. Weiterhin muß die Anwendung des oben genannten Trainingsprinzips vermeiden helfen, daß – vor allem bei Mädchen gegen Ende der Pubertät – die zunehmende Trainingsarbeit bei gestiegenem Interesse für andere Lebensbereiche nicht dazu führt, sich völlig vom »Leistungstennis« abzuwenden. Deshalb sollte

- im Anfänger- und Grundlagentennistraining bereits ein ständiger Wechsel der Trainingsmittel, -inhalte und -methoden stattfinden; denn in erster Linie helfen Abwechslung und immer neue Spiel- und Wettkampfformen die Motivation für Tennis zu erhalten;
- im Leistungs- und Hochleistungstennis (neben den eben angeführten Aspekten) eine Variation von Trainingsinhalten und Trainingsmethoden erreicht werden, die eine etwaige Ausbildung des sog. »Bewegungs-Stereotyps« (d. h. fehlende Gewandtheit zur Situationsbewältigung) oder das Entstehen einer »Geschwindigkeits-« oder »Kraftbarriere« verhindert.

Beispiel für eine Trainingseinheit

Einleitungsteil

Allgemein: Lauf- und Körperschule ohne Geräte, mit Sprungseilen oder Medizinbällen (vierfach strukturiert: Laufteil, Gymnastikteil, Partnerübungen und abschließender Wettkampf- bzw. Staffelteil mit koordinativ aufwendigen, möchlichst tennisähnlichen und dehnungsbetonten Bewegungsphasen);
speziell: Ballgewöhnungs- und Einspielformen, möglichst mit einem Bezug zu den beabsichtigten Technik- und Taktiktrainingsformen, deren Durchführung im Hauptteil der Trainingseinheit beabsichtigt ist.

Hauptteil

Anfangs: beweglichkeitsbezogen, koordinationsbezogen, schnelligkeitsbezogen, schnellkraftbezogen und maximalkraftbezogene Übungen, wie z. B. intensives Schlagtraining von Halbflug- und Flugbällen, Grund-

schläge sowie Topspinbälle aus vollem Lauf als sog. »Killer«-Schläge für direkte Punkte; aber auch »erste« Aufschläge und Twistaufschläge benötigen nach jeder Serie eine »vollständige« Erholungspause, denn der optimale Trainingserfolg ist abhängig von einer differenzierten sensomotorischen Steuerung, bei voller Konzentration und frühestmöglicher Antizipation sowie einem ausgeruhten Nerv-Reizleitsystem zur ausführenden Muskulatur.
Später: Schnelligkeits- und Kraftausdauerübungen, wie z. B. umfangbetonte Grill- und Ballwurfmaschinentrainingsprogramme, deren Wirksamkeit auf der »unvollständigen« Pause der Intervalltrainingsmethoden beruht.

Schlußteil

Zunächst: »Match«-Training oder wettkampfspezifische Spielformen mit höheren anaeroben Trainingsanteilen.
Abschließend: aerobes Lauftraining, je nach Jahreszeit und Witterung als Fahrtspiel bzw. als Wechselmethode oder kontinuierliches Laufen von mindestens 20 Minuten (bei großer Kälte notfalls in Hallen oder um Hallenplätze).

Vorbemerkungen zu den folgenden Kapiteln

Der folgende Bereich der »Tennispraxis« beschränkt die theoretische Darstellung der Tennistechnik bewußt auf ein Mindestmaß, weil bei Traineranwärtern technische Fertigkeiten und Demonstrationsfähigkeit in den verschiedenen Schlagarten vorausgesetzt werden.
Das Hauptaugenmerk der Kapitel liegt auf der Darstellung vieler praktischer Beispiele für den Unterricht auf dem Platz. Ergänzend wird auf die DTB-Lehrpläne Band 2 und 3 verwiesen, die nach den Rahmenrichtlinien des DTB zur Pflichtlektüre bei der Übungsleiter- und B-Trainerausbildung gehören.

Schulung der speziellen Kondition

Aufwärmen vor dem Spiel

Das Aufwärmen vor dem Spiel, sei es in Training oder Wettkampf, verbessert Schnelligkeit, Beweglichkeit und Konzentrationsfähigkeit. Außerdem beugt es Verletzungen vor. Es muß stets der besonderen Situation angepaßt sein, vor allem dem augenblicklichen physischen Zustand des Spielers. Durchschnittlich werden 10 Minuten angemessen sein, weil das Einschlagen hinzukommt.

Leichtes *Vorwärmen* ist Voraussetzung. Dies kann durch Einlaufen im Joggingtempo und durch Seilspringen geschehen. Für die wichtigsten Muskelgruppen werden im folgenden Beispiele für das anschließende *Dehnen und Lockern* gegeben.

Hals- und Nackenmuskulatur
- Kopfkreisen (Kopf nach vorne geneigt).
- Langsames kontrolliertes Kopfdrehen.
- Neigen des Kopfes zur Seite (links/rechts).

Hand-, Arm-, Schulter- und Rumpfmuskulatur
- Gleichzeitiges Armkreisen (vor- und rückwärts).
- Mühlkreisen (gegengleich; vor- und rückwärts).
- Flechtgriffstrecken: Arme in Hochhalte, Hände im Flechtgriff verschränkt, Beugen und Strecken der Arme, dabei jede Streckung 8 Sekunden halten; 4 bis 6 mal wiederholen.
- Schulterblätterdrücken: Hände hinter dem Rücken zusammenführen, Schulterblätter 8 Sekunden zusammenziehen; 4 mal wiederholen.

- Ellenbogenziehen: Mit der linken Hand den rechten Ellenbogen locker hinter den Kopf ziehen, 10 Sekunden Spannung halten, bewußt locker lassen (Gegenseite ebenso).
- Rumpfseitbeugen: Arme nach oben strecken, Hände verschränken, Oberkörper bei leicht gebeugter Beinstellung zur Seite neigen; jede Seite 8 bis 10 Sekunden halten.
- Rumpfdrehen: Aus mittelweiter Grätschstellung mehrmaliges Rumpfdrehen beidseits; Arme und Kopf mitdrehen.
- Bogenspannung: Mit dem Rücken vor den Zaun stellen, Abstand ca. 40 cm, Hände über den Kopf zum Zaun führen.
8 bis 10 mal wiederholen.

Gesäß- und Leistenmuskulatur
- Beckenkreisen: Leichte Grätschstellung, Hände an den Hüften, mehrmaliges Beckenkreisen /Hula-Hoop).
- Oberschenkelziehen: In Rückenlage wird ein Bein angezogen, die Hände umfassen verschränkt die Fußsohle und pressen den Oberschenkel an den Oberkörper, Kopf liegt am Boden auf; 10 Sekunden halten; Gegenseite ebenso.
- Adduktorensitz: Fußsohlen aneinander, Ellenbogen auf Kniehöhe, Hände umfassen die Unterschenkel von vorne, Oberschenkel nach außen drücken, anschließend die Knie 15 Sekunden gegen den Widerstand der Unterarme nach innen bewegen; Vorgang drei mal wiederholen; dann entspannen.

Beinmuskulatur

- Fersendrücken: An den Zaun gelehnt werden die Fersen im Wechsel je 8 bis 10 Sekunden zum Boden gedrückt; 8 bis 10 mal wiederholen.
- Unterschenkelziehen: Im Stand Unterschenkel des rechten Beines mit rechter Hand am Fußrist fassen und Oberschenkel so weit wie möglich nach hinten ziehen; 10 Sekunden halten; Gegenseite ebenso; 8 bis 10 mal wiederholen.
- Pfostenschritt: Ferse eines Beins auf den Netzpfosten (ca. Hüfthöhe), Rumpfbeuge vorwärts (Oberkörper gerade, Kopf im Nacken); 10 Sekunden halten, 3 mal wiederholen.

Das Aufwärmen endet mit 3 bis 4 *Steigerungsläufen* über 30 bis 40 m (maximale Belastung 60%) und lockerem *Auslaufen* mit abwechselndem Hopserlauf. Die Pause bis zum Beginn des Wettkampfes sollte nicht mehr als 15 Minuten betragen.

Übungen mit dem Sprungseil

Das Seilspringen erfüllt die Kriterien eines aeroben Trainings, wenn mit angemessener Intensität (60 bis 80% der maximalen Pulsfrequenz) trainiert wird und zwar jeden zweiten Tag mindestens 10 Minuten. Nur unter diesen Voraussetzungen werden die erwünschten Änderungen im Herz-Kreislauf-System erzielt. 15 Minuten Seilspringen entspricht den konditionellen Anforderungen von 3 Sätzen Tennis!
Die richtige *Grundhaltung:*

- Griffhaltung: Der Daumen liegt genau am Griffende fest.
- Oberkörper: Stets aufrecht.
- Arme: Liegen beim Springen dicht am Körper an.
- Hände: Befinden sich immer auf Taillenhöhe.
- Knie: Bleiben immer leicht gebeugt.
- Seilbewegung: Die Handgelenke bewegen das Seil, nicht die Arme.
- Sprunghöhe: So gering wie möglich.
- Landung: Nur auf den Fußballen landen.

Trainingshinweise

- Nicht barfuß springen; Schuhe sollten im Ballenbereich gepolstert sein.

- Immer auf Zeit springen; mit im Griff eingebautem Zählwerk kann zusätzlich die Zahl der Sprünge kontrolliert werden.
- Regelmäßig trainieren (wenigstens jeden zweiten Tag).
- Steigern: Nur so lange springen, wie ein weiches Federn aus den Fußgelenken möglich ist.
- Mit Musik trainieren; damit wird eine bessere Automatisierung erreicht.
- Dehnungsübungen einschieben.

Übungsgrundformen

- Beidfüßiges Springen.
- Abwechselndes Springen je auf einem Bein.
- Umsteigespringen (wie beim Skifahren).
- Kreuzschwung: Überkreuzen des Seils vor dem Körper.
- Skipping: Laufen auf der Stelle mit hohem Knieheben.
- Rumpfdrehen: Springen mit abwechselndem Rumpfdrehen.
- Doppelsprung: Seil je Sprung 2 mal durchziehen.

Gymnastik mit dem Tennisschläger

Diese Form bietet sich für das Gruppentraining vor oder nach dem Tennistraining an. Die Blockaufstellung ist zu bevorzugen (siehe S. 138). Auf ausreichenden Abstand der Schüler zueinander achten (Verletzungsgefahr!).

Beispiele mit funktionaler Verwendung des Schlägers

- Oben/Unten: Schläger in Vorhalte bei Schwebesitz; ein Bein abwechselnd über und unter dem Schläger durchstrecken.
- Klappmesser: Schläger im Sitzen an beiden Enden fassen; in der Klappphase berühren die Fußspitzen den Schläger.
- Kehrenzug: Schläger in der Kehre (wie beim Aufschlag); Schlägerkopf tiefer ziehen; Übung auch gegengleich ausführen.
- Doppelschläger: Aufschlagbewegung ohne Ball mit zwei Schlägern in einer Hand ausführen.

Training mit Kindern und Jugendlichen

Die theoretischen Grundsätze des Trainings sind in der Trainingslehre (vgl. S. 111) dargestellt. Zusätzlich stellt die Sportpädagogik (vgl. S. 53) die unerläßlichen Grundlagen zur Verfügung. Das vorliegende Kapitel gibt nur praktische Beispiele zur Durchführung der Übungsstunden, setzt also die Kenntnis der Trainingslehre und der Sportpädagogik voraus.

Speziell für das *Kindertennis* sollten folgende Grundsätze beachtet werden:

- Altersgerecht üben (nach biologischem Alter und Entwicklungsstufe).
- Fordern, aber nicht überfordern.
- Methodisch aufbauen, nicht nur »beschäftigen«.
- Vielseitig üben.
- Stunden einfach aufbauen, so daß auch das Kind es versteht.
- Positiv bestärken, aber nicht nur immer loben.

Zu einer guten Unterrichtsvorbereitung gehört alles, was im Unterrichtsvorbereitungsblatt (siehe S. 70) vorgesehen ist. Das Trainerbuch (siehe S. 31) stellt nur Minimalforderungen.

Ballgewöhnungsübungen

Einzelübungen ohne Tennisschläger

- Bodenwurf: Mit einer Hand Ball auf den Boden werfen; den Ball mit der anderen Hand (oder mit zwei Händen) wieder auffangen.
- Hochwurf: Ball mit langem Arm etwas hochwerfen und mit beiden Händen wieder auffangen.
- Wandwurf: Ball aus 2 bis 6 m Entfernung gegen eine Wand werfen und wieder fangen.
- Pirouette: Ball etwas hochwerfen; nach ganzer Körperdrehung wieder auffangen (ebenso mit Absitzen möglich).
- Kopfball: Ball nur wenig hochwerfen und versuchen Kopfball zu spielen (ebenso mit Oberschenkel; evtl. Softbälle nehmen).
- Schaukel: Arme in Seithalte, Handflächen nach oben; Ball von einer Hand in die andere werfen und fangen.
- Rückentrick: Ball hochwerfen und hinter dem Rücken wieder auffangen.
- Bodenprellen: Ball mit flacher Hand und langem Arm auf Boden prellen (im Stand; im Gehen, Laufen, Springen; in der Hocke, abwechselnd links/rechts; abwechselnd mit flacher Hand/mit Handkante).

Partnerübungen ohne Tennisschläger
(siehe S. 138)

- Aufspringen: Ball dem Partner so zuwerfen, daß er vorher aufspringt (auch im Dreieck, Viereck, Kreis); die Handfläche zeigt nach unten.
- Zuwerfen: Ball direkt zuwerfen und fangen.
- Doppelwurf: Beide Spieler werfen sich gleichzeitig je einen Ball zu (mit Aufspringen oder direkt).
- Parallel-Lauf: Die Partner laufen nebeneinander her und werfen sich den Ball zu (in verschiedenen Formen).
- Wandwurf: Beide Partner werfen sich den Ball so zu,

daß er zwischendurch von einer Wand abprallt (Abstände verändern; Stellung nebeneinander oder hintereinander).

- Linienwurf: Drei Spieler stehen in einer Linie und werfen sich den Ball zu; dabei dreht sich der Mittelmann jeweils um 180° (siehe S. 138).
- Reaktionstest: Spieler 1 steht mit dem Rücken zu Spieler 2, welcher ruft und wirft; Spieler 1 dreht sich um und fängt den Ball (Zuwurf variieren).

Ballgewöhnung mit Tennisschläger
(siehe S. 138)
- Bodenprellen: einmal mit Fangen; forlaufend; im Stand, Gehen, Laufen; in der Hocke; mit 360°-Drehung; Arm gestreckt/gebeugt; Wechsel zwischen Vor- und Rückhandseite; mit Besaitung/mit Schlägerkante.
- Luftprellen: Ball wenig nach oben prellen (Formen wie Bodenprellen).
- Wechselprellen: Boden-/Luftprellen abwechselnd.
- Ballfangen: Nach oben geprellten Ball weich aus der Luft mit Schläger auffangen (dem Ball mit dem Schläger weit entgegengehen).
- Schneiden: Durch seitliches Wegziehen (Schneiden) den Ball nach oben spielen (Vorhand/Rückhand/im Wechsel).
- Prellpirouette: Ball um den Körper prellen.
- Ballwand: Ball gegen eine Wand prellen (verschiedene Formen).

Alle Übungen sollten auch je mit der anderen Hand ausgeführt werden. Viele der Übungen eignen sich als Partnerübungen.

Staffelwettkämpfe
(siehe S. 138)
Die Staffeln stehen an der Grundlinie und laufen mit Tennisschläger und Ball um einen Gegenstand (z. B. Reifen, Eimer):
- Eierlauf: Der Tennisball muß auf dem Tennisschläger liegen bleiben.
- Prellball: (in verschiedenen Formen; siehe oben).
- Rollball: Den Tennisball mit dem Tennisschläger rollen (auch um Hindernisse; im Slalom).
- Pyramidentransport: Ca. 20 Tennisbälle auf einen Schläger legen; bei der Übergabe Bälle auf die Schlagfläche des anderen Schlägers legen.

Kindertennis mit der Ballmaschine

Einführung

Mit Hilfe von Spiel- und Übungsreihen mit der Ballmaschine wird die Grobform der standardisierten Technik in Teilschritten gelehrt. Durch die aufgezeichneten Aufgabenstellungen (siehe die Abbildung zu den Stundenbeispielen) lernen die Kinder mit vielseitigen Spielsituationen fertig zu werden.

Vorteile der Ballmaschine:
- Bessere Ball-Antizipation.
- Gedankliche Lösung der Spielsituation ohne stets geänderten Zeitdruck.
- Keine variierende Ballgeschwindigkeit.
- Flugkurve, Richtung und Drall gleichbleibend.
- Überschaubarkeit der methodischen Übungsreihe bis zum Lernziel.
- Bessere Übersicht im Gruppenwettkampf.

Nachteile der Ballmaschine:
- Kein Kontakt zum Partner.
- Gleichförmigkeit.
  Also Einsatz dosieren!

Organisation

- Alter der Kinder: 5 bis 8 Jahre.
- Anzahl der Kinder: Bis zu 16 Kinder in zwei Gruppen.
- Anzahl der Bälle: Mindestens 200 Stück.
- Verschiedene Zieleinrichtungen bereitstellen (z. B. Doppelnetz, Schnur, Slalomstangen, Eimer usw.).
- Position der Ballmaschine: Auf Mittellinie, 3 bis 4 m vom Netz entfernt.
- Auswurfgeschwindigkeit: Möglichst gering.
- Streuwinkel: 1 m von der Seitenlinie des Aufschlagfeldes und 2 m von der Aufschlaglinie in Richtung Netz.
- Netzhöhe: Um 15 bis 20 cm verringern.

Stundenbeispiele

Erste Stunde (siehe S. 139)
- Ball ausrollen lassen bis zur Grundlinie und ergreifen (beid- oder einhändig; in der Hocke, im Sitzen; Kör-

per links/rechts drehen); Ball nach dem Ergreifen in eine Zielrichtung werfen oder transportieren.

- Ball im Kleinfeld aufspringen lassen und fangen (3 mal, 2 mal, 1 mal aufspringen lassen; fangen links/rechts, in der Hocke, über Kopfhöhe usw.); Staffel zur Ballmaschine bilden und Ball hineinwerfen lassen.

Zweite Stunde (siehe S. 139)
- Ball direkt fangen (ein-, beidhändig; links/rechts; Fuß-, Brust-, Kopfball); nach dem Fangen hochwerfen, direkt/indirekt über das Netz werfen.
- Ball direkt mit der flachen Hand als Vorhand schlagen (direkt/indirekt über das Netz; in eine Zielrichtung; nicht zu kräftig schlagen!).

Dritte Stunde (siehe S. 139)
Mit dem Kindertennisschläger (Größe nach Alter und Entwicklung). Gespielt wird im Kleinfeldbereich. Der Schläger wird am Hals genommen (kürzester Hebel).
- Ball aufhalten (Schläger in rechter/linker Hand, in beiden Händen); nach dem Aufhalten Ball mit dem Schläger tragen, rollen, prellen oder indirekt über das Netz schlagen.
- Ball direkt als Vorhand über das Netz schlagen (ungezielt oder in Zieleinrichtung; nicht zu kräftig schlagen!); gleiches als Rückhand.

Vierte Stunde (siehe S. 139)
Organisation wie vierte Stunde.
- Flugball Vorhand/Rückhand; zwei Gruppen in Netzposition; ohne/mit Zieleinrichtung (auch als Gruppenwettkampf).

- Flugball mit Kreislauf: Auf Zieleinrichtungen spielen; dann Ball holen und in Korb oder Maschine werfen.
- Flugball mit Doppelnetz (oder dünner Schnur; Zwischenraum 1 m): Spiel durch den Zwischenraum, über das Doppelnetz je ohne oder mit Zieleinrichtung (auch als Gruppenwettkampf; wer nicht trifft, muß zur Aufschlaglinie und zurück laufen; Treffer zählen).

Fünfte Stunde und weitere (siehe S. 140)
Organisation wie vierte Stunde.
- Ball in verschiedenen Stellungen treffen: Ball 2- bis 3mal, 1- bis 2mal aufspringen lassen; Vorhand/Rückhand in Zieleinrichtung; Ball in Hüft-, Kniehöhe, in seitlicher Stellung, über Kopfhöhe schlagen.
- Slalomlauf: Ball darf nur noch 1mal aufspringen; vor oder nach dem Treffen Lauf durch Slalomstangen und wieder zurück (auch als Gruppenwettkampf).
- Netzanschlag: Ball in Zieleinrichtung spielen; nach dem Treffen Lauf zum Netz mit Anschlag und zurück.
- Langer Zielball.
- Zielspiel mit Doppelnetz: Wie vierte Stunde, aber an der Aufschlaglinie geschlagen; Länge des geschlagenen Balles variieren.
- Zielspiel mit Doppelnetz und hängenden Zielen: Am Doppelnetz oder an der Schnur hängen Büchsen, Reifen, Eimer, Tennisschläger; Geräte oder Tennisschläger stecken am unteren Netz (auch als Gruppenwettkampf).

Tennispraxis

○	Schüler	�𝄃�𝄃	Schülerposition
●	Trainer/Ü-Leiter	👣	Trainerposition
--▶	Weg des Schülers	👣	Positionsveränderung
↗	Ball vom Schüler		
↗	Ball vom Trainer		
■	Ballkiste		
▼	Ballmaschine		
?	Mögliche Spielzüge		Aufgestellte Ziele

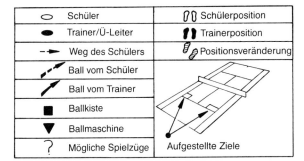

Zeichenerklärung für die
folgenden Grafiken

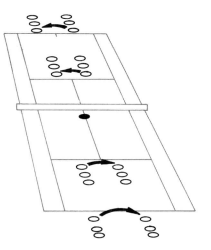

Ballgewöhnung ohne Tennisschläger (siehe S. 135).

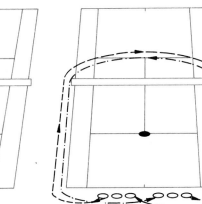

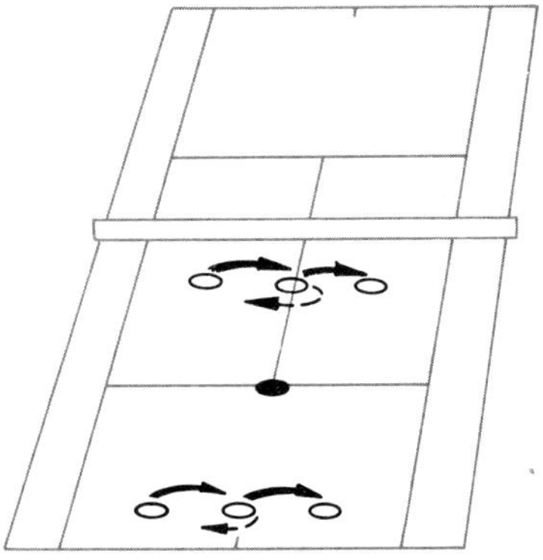

Ballgewöhnung ohne Tennisschläger: Linienwurf (siehe S. 136).

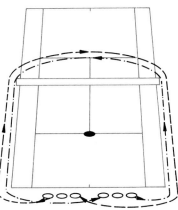

Staffelwettkämpfe:
Ballgefühlsübung (siehe S. 136).

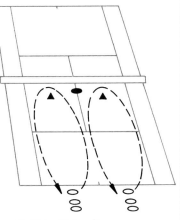

Staffelwettkämpfe:
Ballgefühlsübung (siehe S. 136).

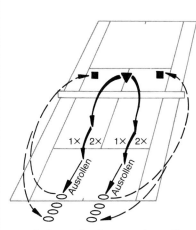

Ball ausrollen lassen und ergreifen (siehe S. 136).

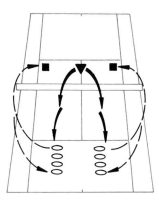

Ball aufspringen lassen und fangen (siehe S. 137).

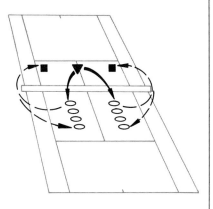

Ball direkt fangen oder mit der Hand schlagen (siehe S. 137).

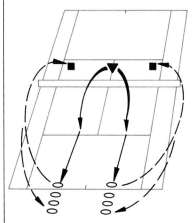

Ball aufhalten, rollen, prellen (siehe S. 137).

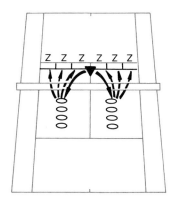

Ball im Flug treffen (siehe S. 137).

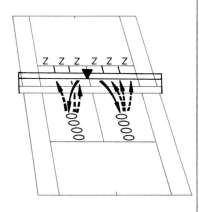

Wie Übung links, aber mit Doppelnetz (siehe S. 137).

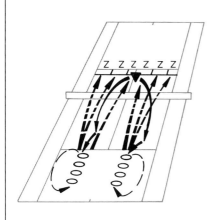

Ball in verschiedenen Stellungen treffen (siehe S. 137).

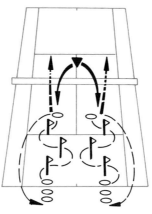

Slalomlauf, schlagen (siehe S. 137).

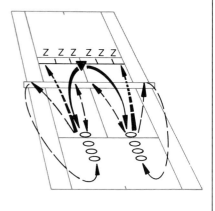

Netz berühren, in verschiedene Ziele spielen (siehe S. 137).

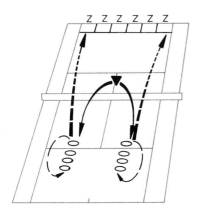

Langer Zielball, Gruppe mit 1 Schläger (siehe S. 137).

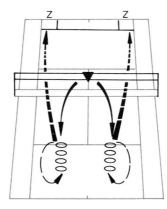

Zielspiel mit Doppelnetz (siehe S. 137).

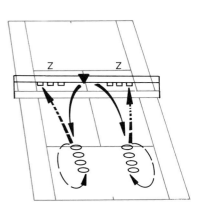

Zielspiel mit Doppelnetz, hängende Ziele (siehe S. 137).

Kennzeichnung: Die Grafiken zum Gruppentraining zielen auf das Training mit ca. 10 Spielerinnen oder Spielern vor allem mit geringerer Spielstärke. Eine geringere Teilnehmerzahl ist anzustreben. Die vorgegebenen Übungen ändern sich dadurch nicht.

Augabenstellung/Zielsetzung: Sie ergeben sich aus den Übungen von selbst. Im Vordergrund steht die Technikverbesserung. Der Tennistrainer sollte Aufgabenstellung und Zielsetzung jeweils kurz erläutern.

Organisation: Die Trainingsabläufe sind so gestaltet, daß weder der Trainer noch der Schüler von gespielten Bällen getroffen werden können.

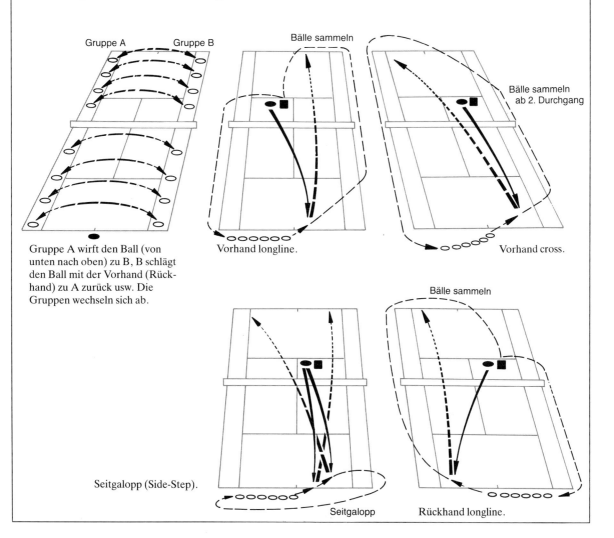

Gruppe A   Gruppe B

Bälle sammeln

Bälle sammeln ab 2. Durchgang

Gruppe A wirft den Ball (von unten nach oben) zu B, B schlägt den Ball mit der Vorhand (Rückhand) zu A zurück usw. Die Gruppen wechseln sich ab.

Vorhand longline.

Vorhand cross.

Bälle sammeln

Seitgalopp (Side-Step).

Seitgalopp

Bälle sammeln

Rückhand longline.

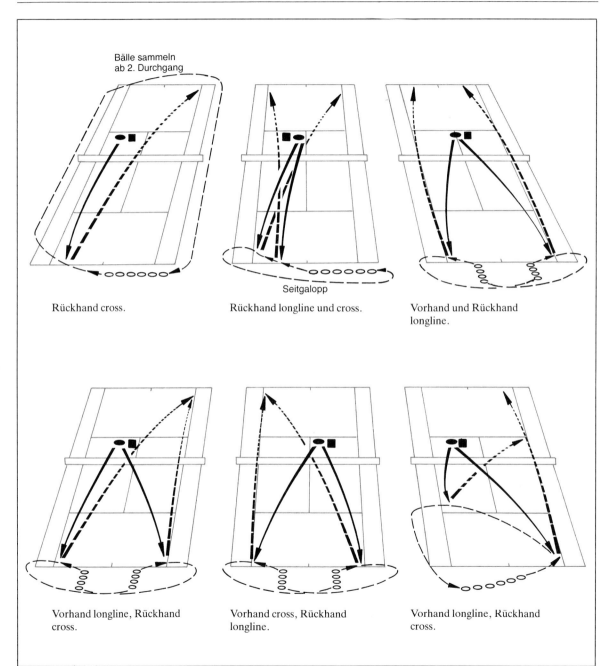

Bälle sammeln
ab 2. Durchgang

Seitgalopp

Rückhand cross.

Rückhand longline und cross.

Vorhand und Rückhand
longline.

Vorhand longline, Rückhand
cross.

Vorhand cross, Rückhand
longline.

Vorhand longline, Rückhand
cross.

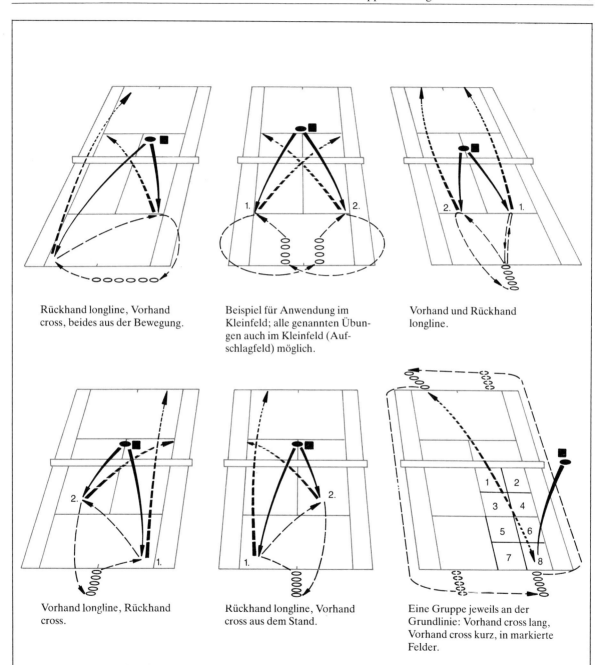

Rückhand longline, Vorhand cross, beides aus der Bewegung.

Beispiel für Anwendung im Kleinfeld; alle genannten Übungen auch im Kleinfeld (Aufschlagfeld) möglich.

Vorhand und Rückhand longline.

Vorhand longline, Rückhand cross.

Rückhand longline, Vorhand cross aus dem Stand.

Eine Gruppe jeweils an der Grundlinie: Vorhand cross lang, Vorhand cross kurz, in markierte Felder.

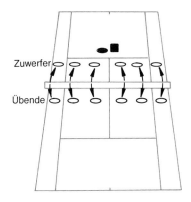 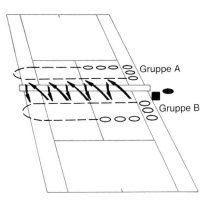

Vorhand, zugespielte Bälle fangen und wieder zuwerfen (Ballzuwurf von unten nach oben); Gruppen wechseln.

Die Spieler der Gruppe A spielen im Gehen paarweise Flugball mit den Spielern der Gruppe B. A Vorhand-Volley von oben, B Rückhand-Volley (Zuspiel von unten).

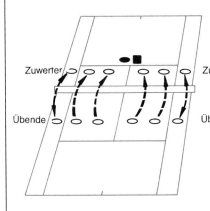 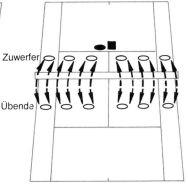 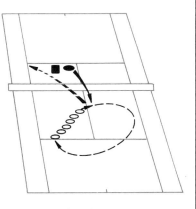

Rückhand, zugespielte Bälle fangen und wieder zuwerfen (Ballzuwurf von unten nach oben).

Vorhand und Rückhand abwechseln.

Vorhand cross.

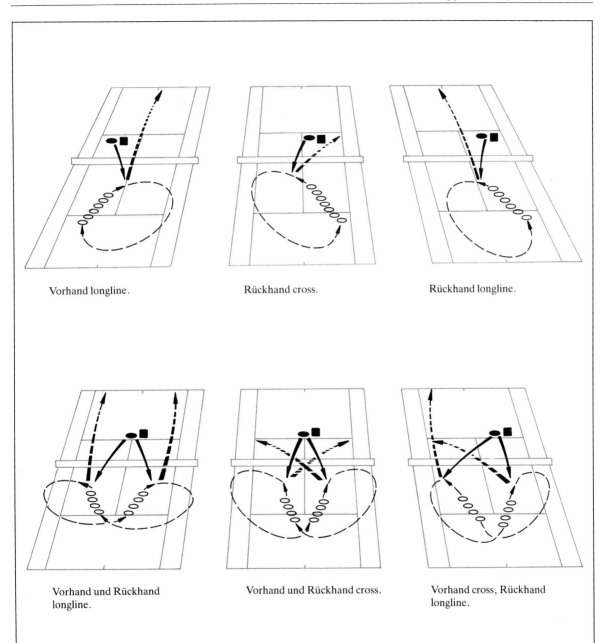

Vorhand longline.

Rückhand cross.

Rückhand longline.

Vorhand und Rückhand
longline.

Vorhand und Rückhand cross.

Vorhand cross, Rückhand
longline.

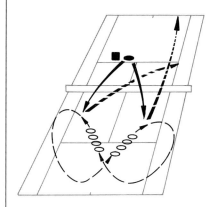

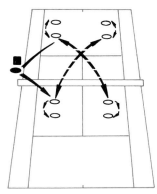

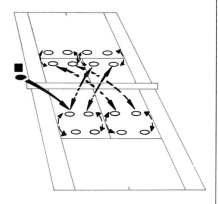

Rückhand cross, Vorhand longline; Gruppe wechseln.

Vorhand cross, Rückhand cross; Gruppe wechseln, Wechsel innerhalb des Paares nach 5 Bällen.

Vorhand cross, Rückhand cross; Gruppe wechseln, Wechsel innerhalb des Paares nach 5 Bällen.

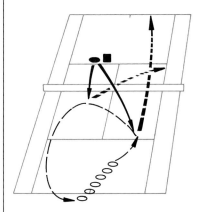

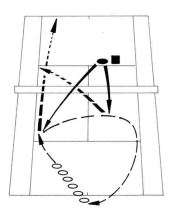

Tiefer Vorhandflugball longline, Rückhandflugball cross.

Tiefer Rückhandflugball longline, Vorhandflugball cross.

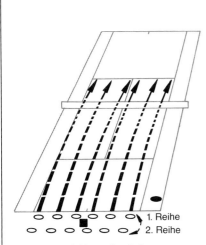

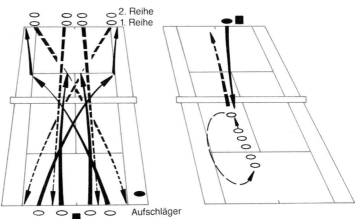

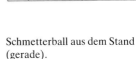

Genügend Abstand zwischen Reihe 1 und 2 halten. Reihe 2 übt ohne Ball. Wenn der Ballkorb leer ist, Bälle sammeln und wieder abwechselnd aufschlagen.

Aufschlag und Rückschlag. Immer gleichzeitig aufschlagen!

Schmetterball aus dem Stand (gerade).

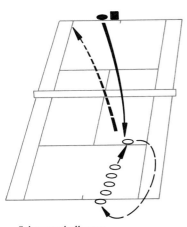

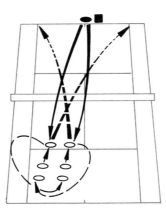

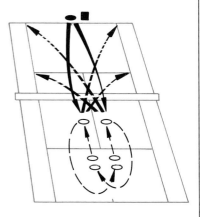

Schmetterball cross.

Schmetterball cross, einmal von rechts, einmal von links.

Schmetterball cross (1. Ball lang, 2. Ball kurz), sonst wie Übung links, jedoch jeder zwei Bälle.

Die Ballback-Wand gibt Gelegenheit zum Variieren des Einzel- und Gruppentrainings. Sie hilft beim Training der Reflexe und bei der Schulung von Gewandtheit und Geschicklichkeit. Sie macht auch das Aufschlagüben interessant. Übungen sind auch ohne Partner möglich.
Die Ballback-Wand ist 1 m mal 2 m groß. Winkelveränderungen müssen möglich sein. Die Entfernung zum Netz wird je nach Spielform verändert.

Die Zahl der Teilnehmer der nachfolgenden Übungen liegt zwischen 5 und 10 Spielern (einschließlich Bällesammler).
Bei fast allen Übungen wird mit dem Aufschlag auf die Ballback-Wand begonnen. Alle 3 Minuten wird gewechselt. Punktezählen erhöht die Aufmerksamkeit.

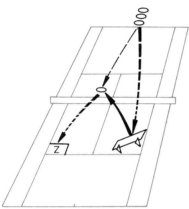

Aufschlag von rechts. Flugball Vorhand in die Ecke des anderen Aufschlagfeldes.

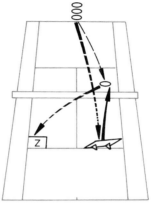

Aufschlag von rechts. Flugball Rückhand in die Ecke des anderen Aufschlagfeldes.

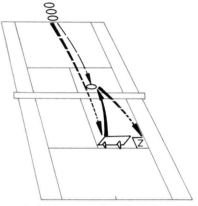

Aufschlag von rechts. Flugball Rückhand in die Ecke desselben Aufschlagfeldes.

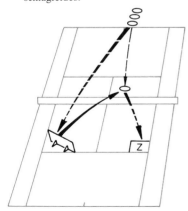

Aufschlag von links. Flugball Rückhand in die Ecke des anderen Aufschlagfeldes.

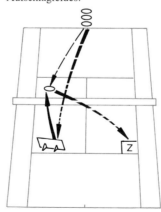

Aufschlag von links. Flugball Vorhand in die Ecke des anderen Aufschlagfeldes.

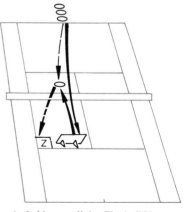

Aufschlag von links. Flugball Vorhand in die Ecke desselben Aufschlagfeldes.

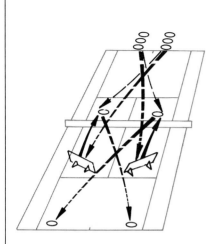

Abwechselnd von rechts und links (evtl. 2 Gruppen) Serve-and-Volley nach Aufschlag cross.

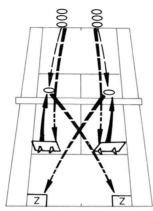

Abwechselnd von rechts und links (evtl. 2 Gruppen), Serve-and-Volley nach Aufschlag long-line.

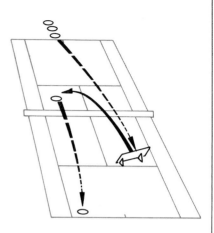

Aufschlag mit anschließendem Schmetterball (von links und von rechts; evtl. 2 Gruppen).

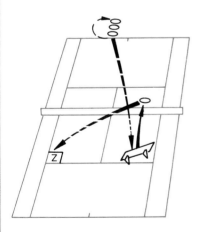

Aufschlag cross. Spieler am Netz spielt ins Ziel (Z) (evtl. 2 Gruppen).

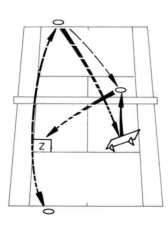

Longline-Ballwechsel mit Flug-ball cross.

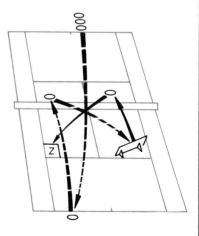

Dreierdoppel mit Ballback-Wand.

Kennzeichnung: Im Mannschaftstraining ist Spieleranzahl der verschiedenen Mannschaften zu beachten (4 bzw. 6 Spieler, evtl. Ersatzspieler). Auch die Besonderheiten des Doppelspiels müssen berücksichtigt werden.

Aufgabenstellung/Zielsetzung: Sie ergeben sich aus dem Zweck des Mannschaftstrainings zur Vorbereitung auf Verbandsspiele (Medenspiele, Poensgen-

spiele usw.). Im Vordergrund stehen Verbesserung von Technik und Taktik.

Organisation: Die Sicherheit von Trainer und Spielerinnen/Spielern ist ein wesentlicher Gesichtspunkt bei der Gestaltung der dargestellten Trainingsformen. Daran sollte auch bei selbst zusammengestellten Übungen gedacht werden.

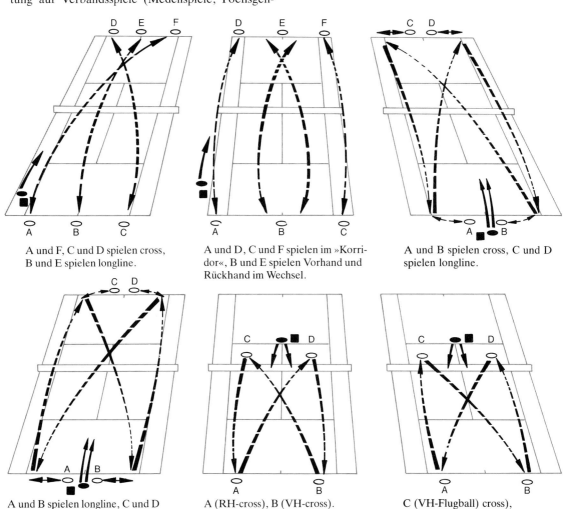

A und F, C und D spielen cross, B und E spielen longline.

A und D, C und F spielen im »Korridor«, B und E spielen Vorhand und Rückhand im Wechsel.

A und B spielen cross, C und D spielen longline.

A und B spielen longline, C und D spielen cross.

A (RH-cross), B (VH-cross).

C (VH-Flugball) cross), D (RH-Flugball, cross).

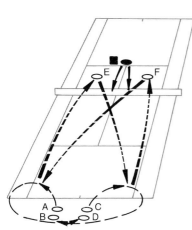

A, B, C und D spielen longline, E und F Flugball cross. Trainer bringt Bälle ins Spiel.

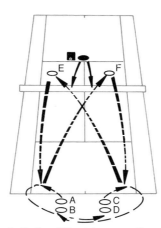

A, B, C und D spielen cross, E und F Flugball longline. Trainer bringt Bälle ins Spiel.

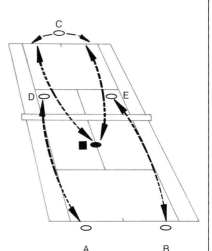

A (RH), B (VH), D und E (Flugball). Trainer (Flugball) spielt C abwechselnd auf Vorhand und Rückhand.

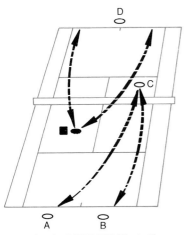

A (RH), C (VH-RH-Flugball), B (VH); Trainer (Flugball) spielt D abwechselnd auf Rückhand und Vorhand. Spieler wechseln im Uhrzeigersinn, damit jeder mit dem Trainer spielt.

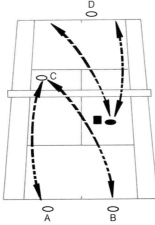

Wie Übung links, aber nach der anderen Seite.

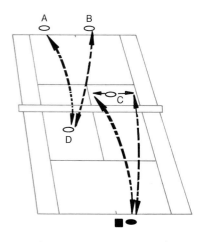

C spielt abwechselnd Vorhand- und Rückhand-Flugball zum Trainer. D ebenso zu A und B. Spielpositionen werden gewechselt.

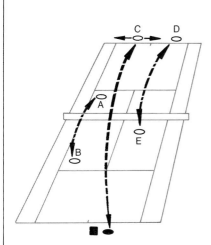

C spielt im Wechsel Vorhand und Rückhand zum Trainer, A und B spielen Flugball, E spielt Flugball zu D (Grundschläge). Spielerpositionen werden gewechselt.

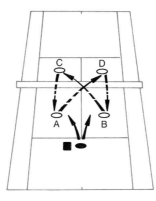

Flugball, A und B nur cross, C und D nur longline. Trainer bringt Bälle ins Spiel.

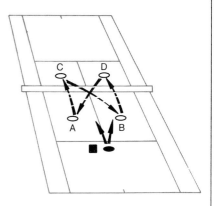

Flugball, A und B nur longline, C und D nur cross. Trainer bringt Bälle ins Spiel.

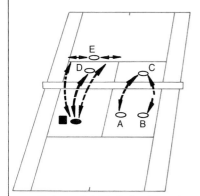

Trainer spielt Flugball auf D und E im Wechsel. D spielt Flugball gefühlvoll zum Trainer, Trainer zu E (VH), E zu Trainer, Trainer zu D, D zu Trainer usw. A, B und C spielen Flugball. Spielpositionen werden gewechselt.

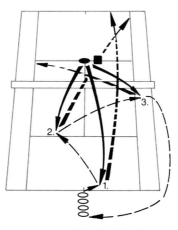

Vorhand longline, Rückhand cross, Vorhand-Flugball cross.

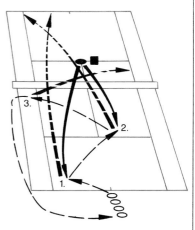

Rückhand longline, Vorhand cross, Rückhand-Flugball cross.

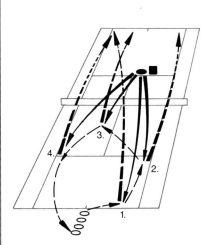

Vorhand cross, Vorhand long-line, Rückhand-Flugball long-line, Rückhand-Schmetterball longline.

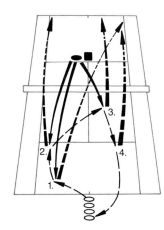

Rückhand cross, Rückhand long-line, Vorhand-Flugball longline, Vorhand-Schmetterball longline.

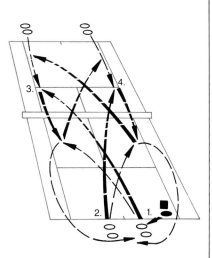

Aufschlag cross, Flugball cross. Gruppen wechseln.

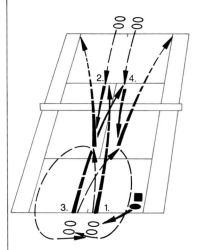

Aufschlag zur Mitte, Schmetter-ball. Gruppen wechseln.

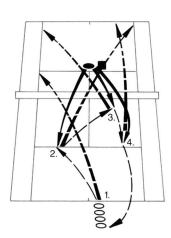

Aufschlag cross, Halbflugball cross, Flugball cross, Netz berühren und Schmetterball longline.

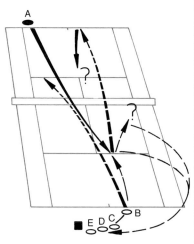

B schlägt auf, Trainer = A retourniert auf das Aufschlag-T, B spielt Flugball und den Punkt mit A aus. C schlägt auf usw.

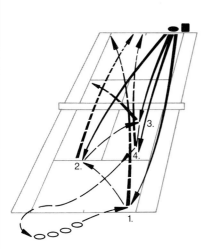

Vorhand cross, Halbflugball longline, Flugball cross, Schmetterball in Richtung Mittelzeichen.

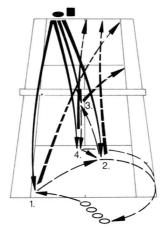

Rückhand cross, Halbflugball longline, Flugball cross, Schmetterball in Richtung Mittelzeichen.

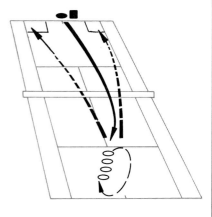

Schmetterbälle mit Zielangabe (Reifen usw.)

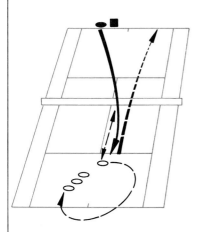

Schmetterball, Netz mit Schläger berühren, Schmetterball im Sprung, Netz mit Schläger berühren usw. (jeder 5mal).

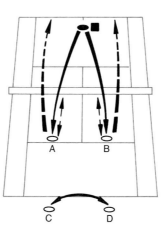

A und B schmettern im Wechsel mit Tip ans Netz, C und D spielen hinter der Grundlinie Flugball, alle Spieler wechseln die Positionen.

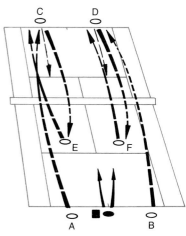

Trainer bringt Bälle ins Spiel (C oder D), C und D spielen Lobs, E und F Schmetterbälle. Wenn E und F überlobbt werden, spielen A und B Lobs zu.

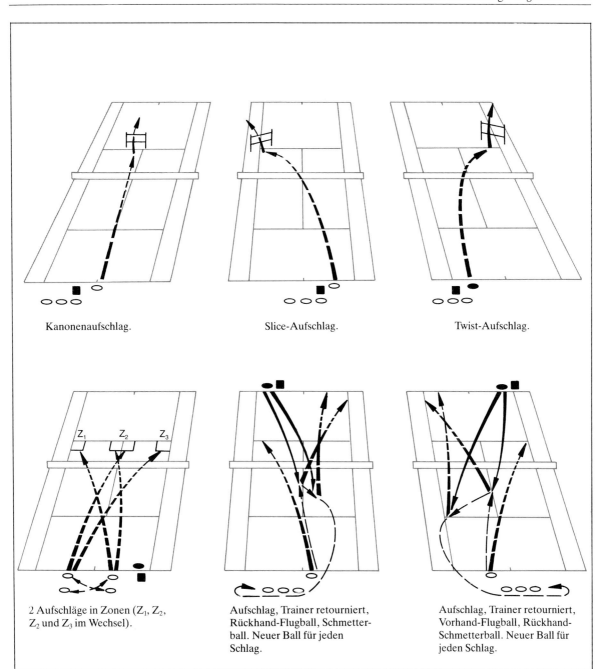

Kanonenaufschlag.

Slice-Aufschlag.

Twist-Aufschlag.

2 Aufschläge in Zonen (Z_1, Z_2, Z_2 und Z_3 im Wechsel).

Aufschlag, Trainer retourniert, Rückhand-Flugball, Schmetterball. Neuer Ball für jeden Schlag.

Aufschlag, Trainer retourniert, Vorhand-Flugball, Rückhand-Schmetterball. Neuer Ball für jeden Schlag.

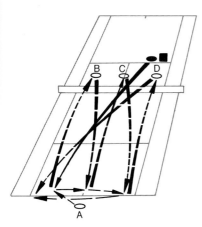

A spielt longline zu B, C und D, die cross spielen. Trainer bringt bei Ballverlust neuen Ball ins Spiel.

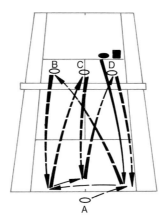

A spielt abwechselnd cross zu B, C und D, die longline spielen. Sonst wie Übung links.

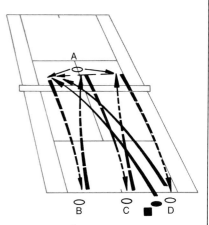

Wie Übung links, jedoch spielt A Flugbälle longline.

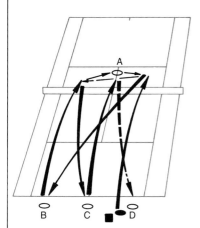

Wie Übung oben Mitte, jedoch spielt A Flugbälle.

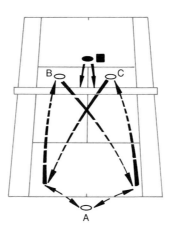

A spielt longline, B und C spielen Flugball cross.

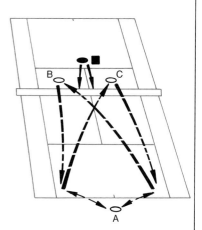

A spielt cross, B und C spielen Flugball longline.

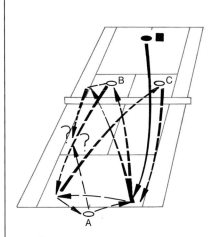

Wie Übung vorne, B und C spielen aber nach Belieben kurz oder lang.

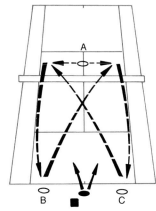

A spielt Flugball longline, B und C spielen cross (Variante: A spielt Flugball beliebig lang).

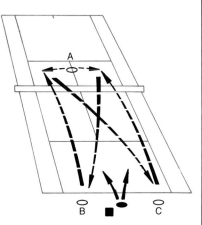

A spielt Flugball cross, B und C spielen longline (Variante wie Übung links).

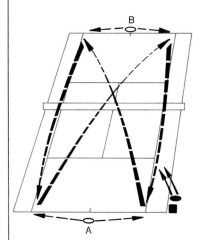

Die vorhergehenden Übungen sind auch mit 2 Spielern möglich.

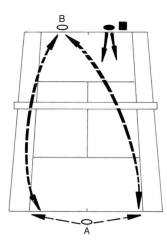

A spielt zu B. Trainer bringt bei Ballverlust neuen Ball ins Spiel.

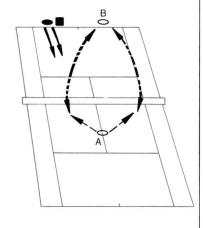

Wie Übung links, jedoch spielt A Flugbälle.

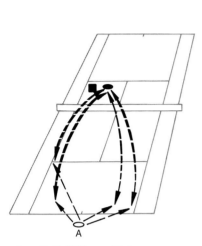

A muß alle Bälle zum Trainer
zurückspielen. Trainerposition
kann geändert werden.

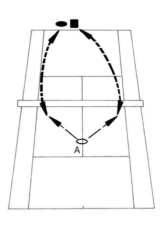

Wie Übung links, nur spielt A
Flugbälle.

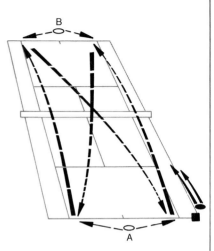

A und B spielen nur Slice oder
Topspin, oder A Slice und B
Topspin.

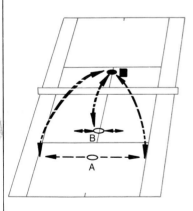

Trainer (T) spielt Flugball mit A
und B im Wechsel: T zu B, B
spielt Flugball gefühlvoll zum T,
T spielt mit Druck Flugball zu A
(VH), A zum T, T zu B. usw.

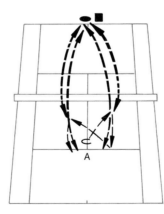

A spielt Flug- und Schmetterbälle im Wechsel.

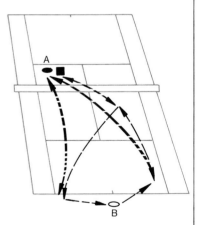

Trainer = A spielt zu B (VH),
B zu A, A spielt Volley-Stop,
B spielt Gegenstop, A spielt
Lob, B spielt zu A, A zu B (VH).
usw.

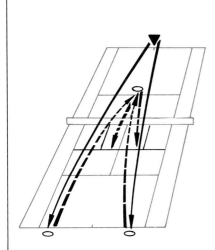

Evtl. mit Seitenwechsel der Rückschläger. 5 Minuten oder Punkte.

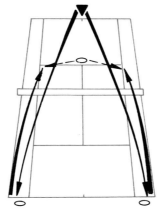

Evtl. mit Seitenwechsel der Rückschläger. 5 Minuten oder Punkte.

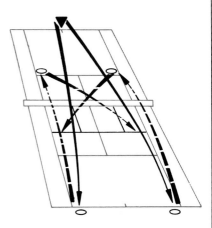

2-2-Wechsel. Wechsel auf Zuruf.

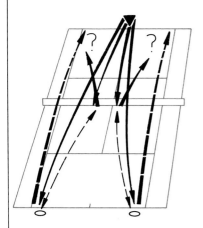

Doppel mit Wechsel auf Zuruf von der Grundlinie zum Netz und zurück. 5 Minuten und/oder Punkte.

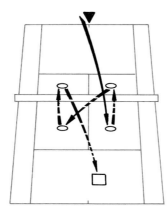

Konzentration/Sicherheit: Ballfolge 2 Sekunden, 5 Minuten und/oder Punkte.

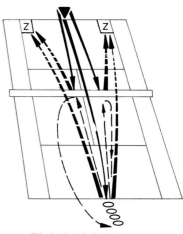

Wechsel zwischen Angriffsball und Flugball. 3 verschiedene Übungen! Spiel hinter der Grundlinie und vor der Aufschlaglinie. Je 30 Sekunden.

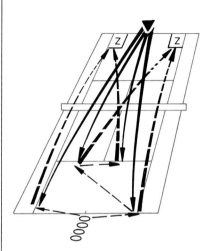

Aufschlag: vorgeschriebene
Spielzüge mit Zieleinrichtungen
(z. B. 4 Spielzüge).

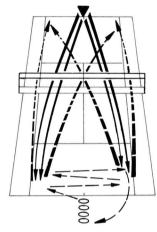

Mit Doppelnetz: Alles Drive unter Doppelnetz, länger als Aufschlaglinie. Rückhand longline,
Vorhand longline, Rückhand
cross, Vorhand cross.

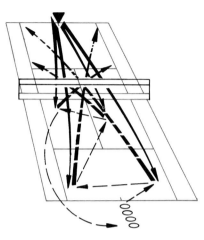

Mit oder ohne Doppelnetz: Vorhand cross, Rückhand cross,
Flugball Vorhand cross, Flugball
Rückhand cross. Ballfolge 2 Sek.
4 Spieler. Alles Drive unter Doppelnetz.

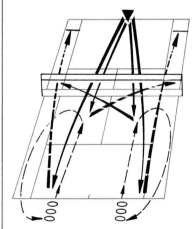

A spielt Vorhand longline in
Ziel, B spielt Rückhand longline
in Ziel. A spielt Flugball cross in
Korridor, B ebenfalls. 5 Minuten
Punkte.

Kennzeichnung: In den folgenden Grafiken werden nur ganz allgemeine Grundstrukturen für die Arbeit im Anfängerunterricht vorgegeben. Die Praxis zeigt, daß vor allem bei Traineranwärtern auch in diesem Bereich Unsicherheit herrscht. Die Unterrichtsmethode wird durch diese Vorgaben nur gering eingeschränkt. Sie muß aber selbstverständlich in der Trainerausbildung vertieft werden.

Aufgabenstellung/Zielsetzung: Die Zeichnungen betreffen nur die allerersten Anfänge des Unterrichts (etwa die ersten 10 Stunden).
Organisation: Die Grafiken zeigen den Anfängereinzelunterricht. Die Übertragung auf den Anfängergruppenunterricht ist problemlos möglich.

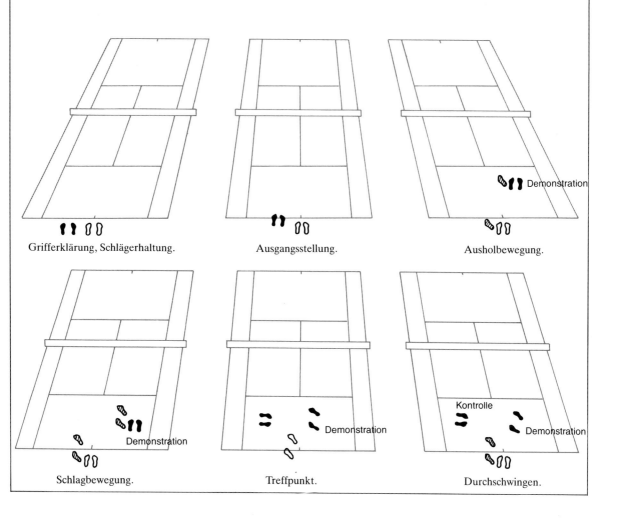

Grifferklärung, Schlägerhaltung.

Ausgangsstellung.

Ausholbewegung.

Schlagbewegung.

Treffpunkt.

Durchschwingen.

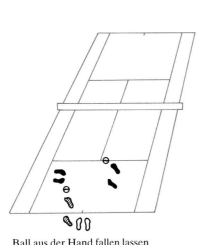

Ball aus der Hand fallen lassen
(durch Trainer), Kontrollschlag
von Trainer und Schüler.

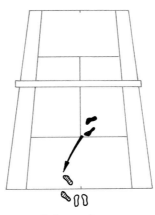

Ball zuwerfen.

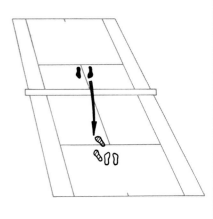

Ball zuspielen.

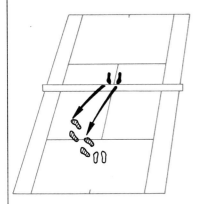

Flugballzuspiel zum Schüler.

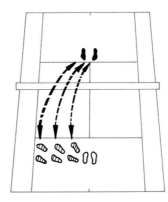

Sicherheitsspielen: Ballwechsel
(mindestens 15mal).

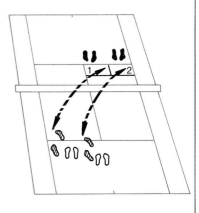

Zielspielen: Ballwechsel 20mal,
5mal Treffeld 1, 5mal Treffeld 2.

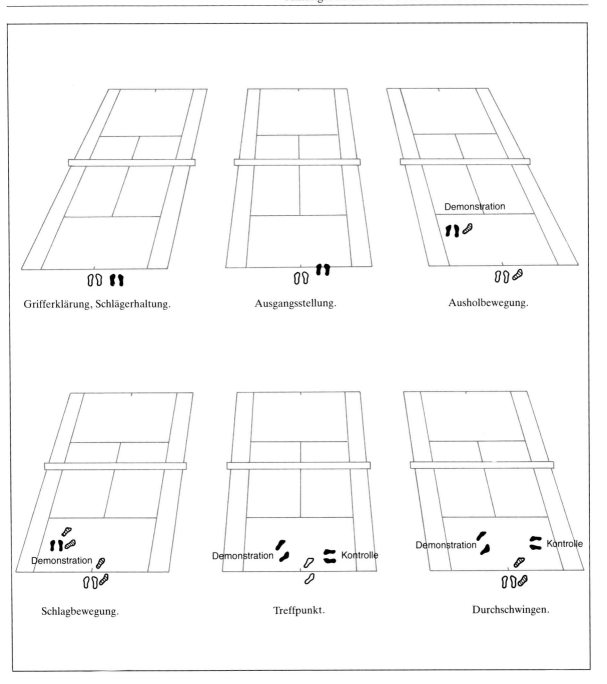

Grifferklärung, Schlägerhaltung.

Ausgangsstellung.

Ausholbewegung.

Schlagbewegung.

Treffpunkt.

Durchschwingen.

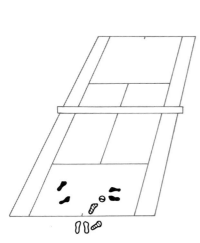

Ball aus der Hand fallen lassen
(durch Trainer), Kontrollschlag
von Trainer und Schüler.

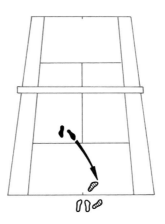

Ball zuwerfen.

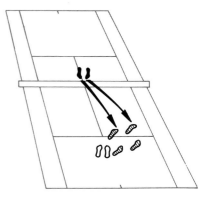

Ball zuspielen.

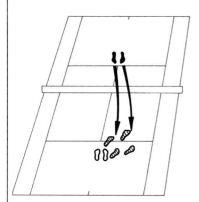

Flugballzuspiel zum Schüler.

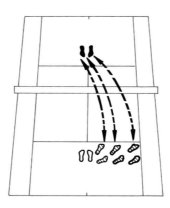

Sicherheitsspielen: Ballwechsel
(mindestens 15mal).

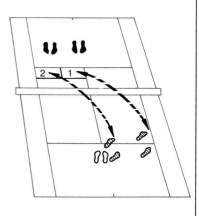

Zielspielen: Ballwechsel 20mal,
5mal Treffeld 1, 5mal Treffeld 2.

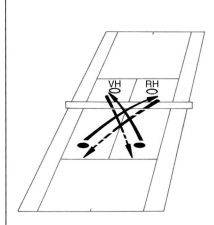

Zuwurf des Balles von unten
nach oben.

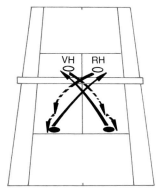

Zuspiel des Balles mit Boden-
berührung.

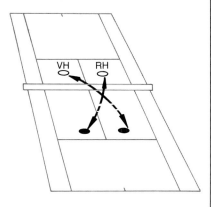

Zuspiel des Balles ohne Boden-
berührung.

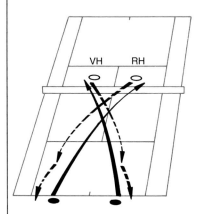

Zuspiel des Balles von der
Grundlinie.

Literaturverzeichnis

BÄUMLER, G./SCHNEIDER, K.: Sportmechanik. München 1981.
BAUMANN, H./REIM, H.: Bewegungslehre. Frankfurt 1984.
BAUMANN, S.: Praxis der Sportpsychologie. München 1986.
BORNEMANN, R./ZEIN, B.: Tennismethodik. Ahrensburg 1982.
BORNEMANN, R./ZEIN, B.: Tennistraining. Ahrensburg 1983.
BRADEN, V.: Tennisbuch. München 1977.
BUCHER, W.: 1002 Spiel- und Übungsformen im Tennis. Schorndorf 1981.
CLERICI, G.: 500 Jahre Tennis. Berlin 1979.
CRATTY, B. J.: Motorisches Lernen und Bewegungsverhalten. Frankfurt 1975.
CUBE, F. v.: Kybernetische Grundlagen des Lernens und Lehrens. Stuttgart 1968.
DSB, DEUTSCHER SPORT BUND: Lehrbriefe, Materialien für Übungs-Jugend-Organisationsleiter. Frankfurt 1984.
DTB, DEUTSCHER TENNIS BUND: Tennislehrpläne Bd. 1, 2, 3, 4, 5. München 1985.
DTB, DEUTSCHER TENNIS BUND: Lehrbuch Tennis. München 1986.
DTB, DEUTSCHER TENNIS BUND: Mannschaftsmehrkampf für „Unter 12jährige". Hannover 1986.
DTB, DEUTSCHER TENNIS BUND: Modellversuch Tennistalent. Hamburg 1987.
DTB, DEUTSCHER TENNIS BUND: Tennisjahrbuch (jährlich). Hannover.
EBERSPÄCHER, H.: Sportpsychologie. Reinbek 1982.
FETZ, F.: Allgemeine Methodik der Leibesübungen. Bad Homburg 1975.
FETZ, F.: Bewegungslehre der Leibesübungen. Bad Homburg 1980.
FISCHER, N.: Richtig Jugendtennis. München 1984.
GABLER, H.: Praxis der Psychologie im Leistungssport. Berlin 1979.
GABLER, H./ZEIN, B.: Talentsuche und Talentförderung im Tennis. Ahrensburg 1984.

GABLER, H.: Tennis, Unterrichtsmaterialien zur Sportlehrerausbildung für den schulischen und außerschulischen Bereich. Schorndorf 1982.
GALLWEY, T.: Tennis und Psyche. München 1977.
GIESELER, K.-H.: Der Sport in der Bundesrepublik Deutschland. Wiesbaden 1983.
GILLMEISTER, H.: Aufschlag für Walther von der Vogelweide, Tennis seit dem Mittelalter, Knaur Sachbuch. München 1986.
GLASBRENNER, G./REETZ, E.: Perfektes Tennistraining. München 1977.
GÖHNER, U.: Bewegungsanalyse im Sport. Schorndorf 1979.
GRISOGONO, V.: Sportverletzungen erkennen und behandeln, mit Hinweisen zur Selbsthilfe. München 1986.
GRÖSSING, S.: Einführung in die Sportdidaktik. Bad Homburg 1975.
HACKS, J./MIERZINSKY, TH.: Tennis Wettkampf- und Turnierfibel. München 1982.
HEINEMANN, K.: Einführung in die Soziologie des Sports. Schorndorf 1980.
HELD, F.: Skriptum zur Trainingslehre. München 1980.
HESS, H.: Der taktische Ball. Bad Homburg 1982.
HESS, H.: Siegen lernen im Tennis. Bad Homburg 1985.
HOLLMANN, W./HETTINGER, TH.: Sportmedizin, Arbeits- und Trainingsgrundlagen. Stuttgart 1980.
HUBER, R./FUCHS, H.: Der Tennis-Übungsleiter. Heimertingen 1979.
HÜLLEMANN: Sportmedizin. Stuttgart 1983.
KAISER, U.: Tennisstars. Bad Homburg 1980.
KAISER, U./TINGAY, L.: Wimbledon. Bad Homburg 1981.
KEMMLER, R.: Psychologisches Wettkampftraining. München 1973.
KRÖNER, S.: Tennis Lernen und Spielen. Schorndorf 1976.
LEMPART, T.: Trainerbibliothek Bd. 6. Berlin 1973.
LETZELTER, M.: Trainingsgrundlagen. Hamburg 1978.

LÜSCHEN, G./WEIS, K.: Die Soziologie des Sports. Darmstadt 1976.

MARÉES, DE H.: Sportphysiologie. Köln 1981.

MARKWORTH, P.: Sportmedizin, Bd. 1, physiologische Grundlagen. Hamburg.

MARTIN, D.: Grundlagen der Trainingslehre. Schorndorf 1973.

MEIER, M.: Tennis – Lernen, Üben, Trainieren. Schorndorf 1980.

MEINEL, K.: Bewegungslehre. Berlin 1977.

MENSING, E.: Tennis als Leistungssport im Kindes- und Jugendalter. »Leibesübungen – Leibeserziehung« 4/1987.

PFAFFRATH, H./WÜNSCHIG, M.: Neue Schule Tennis. Bad Homburg 1985.

PFÖRRINGER, W./ROSEMEYER, B./BÄR, H.-W.: Sport, Trauma und Belastung. Erlangen 1985.

PÖTTINGER, P./MENSING, E.: Tennissport. Böblingen 1986.

PÖTTINGER, P.: Zum sozialen und sportlichen Status von Tennisleistungsspielern. „bayern-tennis" 4/1987, S. 24/26.

RENSTRÖM, P./PETERSON, L.: Verletzungen im Sport. Köln 1981.

REUBER, H.-G.: Die Besteuerung der Vereine. Stuttgart 1983.

RITZDORF, W.: Visuelle Wahrnehmungen und Antizipation. Schorndorf 1982.

RÖTHIG, P.: Sportwissenschaftliches Lexikon. Schorndorf 1977.

SCHÖNBORN, R.: Die neue Tennispraxis: Niedernhausen 1981.

STOJAN, S.: Tennis mit Spaß, Spaß mit Tennis. München 1981.

TILMANIS, G.: Tennis für Spieler und Trainer. München 1979.

THOMAS, A.: Einführung in die Sportpsychologie. Göttingen 1978.

THOMAS, A.: Sportpsychologie. München 1982.

UNGERER, D.: Zur Theorie des sensomotorischen Lernens. Schorndorf 1977.

WEBER, K.: Tennisfitness. Gesundheit, Training, Sportmedizin. München 1982.

WEINECK, J.: Optimales Training. Erlangen 1980.